细节做事
宽心做人

连山　编著

北京联合出版公司
Beijing United Publishing Co.,Ltd.

图书在版编目（CIP）数据

细节做事　宽心做人 / 连山编著 .—北京：北京联合出版公司，2014.7
（2023.7 重印）

ISBN 978-7-5502-3182-5

Ⅰ . ①细… Ⅱ . ①连… Ⅲ . ①人生哲学—通俗读物Ⅳ . ① B821-49

中国版本图书馆 CIP 数据核字（2014）第 126111 号

细节做事　宽心做人

编　　著：连　山
出 品 人：赵红仕
责任编辑：张　萌
封面设计：李艾红
图文制作：北京东方视点数据技术有限公司

北京联合出版公司出版
（北京市西城区德外大街 83 号楼 9 层　　100088）
德富泰（唐山）印务有限公司印刷　新华书店经销
字数 369 千字　710 毫米 × 1000 毫米　1/16　20 印张
2014 年 8 月第 1 版　2023 年 7 月第 4 次印刷
ISBN 978-7-5502-3182-5
定价：29.80 元

人一生中最重要的东西是什么？用一句话来概括，那就是：做事、做人。起点看起来没有什么差别的人，为什么若干年后命运会变得大不相同？有人感叹人生无常，有人感慨环境弄人，也有人归咎于自己没碰到"贵人"。这些都不成为理由，真正能解释这种差别的答案，就是做事与做人。这对于每个人来说，都是人生的必修课，谁忽略了它，谁就会失败；反之，就能铸就成功。做事做人，说难也易。难者，难在缺乏宽心而常常自寻烦恼；易者，易在注重细节而处处左右逢源。细节是做事成功的保障，宽心是做人成功的前提。如果说做人、做事是一门学问，那么在细节处做事，于宽心处做人，则是一门高深的艺术。

细节做事是成功的保障。老子说过："天下难事，必做于易；天下大事，必做于细。"做事大而化之、不注重细节的人，无论从事何种事业都不可能有大的成就；而小心谨慎，关注做事的每一个细节的人即使才能一般，他也可以拥有自己的一片天空。但现实情况是，太多的人总不屑于关注小事或者事情的细节，太自信于"做大事者，不拘于小节"。那么这些人是怎样对待"大事"的呢？比如绕行地球，很多人都觉得这是人生中不可能完成的事。但是，任何一个人，从18岁到60岁，每天徒步半个小时，就可以绕行地球一周。决定人一生命运的往往是一些看似无关紧要的细节，而这些细节体现的恰恰是一个人的教养、人格、胸襟和能力。一个人要想建功立业，就要从平平常常、实实在在的细节做起，正所谓"千里之行，始于足下"。那种认为小事、细节属于"表面化"、"低层次"的眼高手低的人，要成就大业是很难的。就算你已经成了一个大人物，也不可忽略细节的作用。正如柏拉图所说："对于将军或政治家来说，如果只注意大事而忽略小节，他们的结果也不会太好；如果没有小石头，大石头也不会稳稳当当地矗立着。"其实，人生就是由无数琐碎、细致的小事组成的，人们也是在这无数平凡的小事中创造出不平凡的业绩的。于细处可见不凡，于瞬间可见永恒。对于追求成功的人来说，轰轰烈烈的成功时刻往往是短短的一瞬间，而默默地埋头于细节却贯穿于人生的整个过程。无论是纵身职场，还是创业经商；无论是面对爱情，还是讲究个人形象，都要从细节做起，一点一滴不断积累。

1

　　宽心，是一种心态与状态：心宽一点，烦恼就少一些；心宽一点，快乐就多一些；心宽一点，日子就顺一些；心宽一点，成就就更多一些。宽心，是智者的一种必然选择。以一颗宽容之心来面对人事的纷纷扰扰，看淡世事沧桑，内心安然无恙。凡事顺其自然，遇事处之泰然；得意之时淡然，失意之时坦然。心量小的人装不下大格局。而有成就的人往往是心量宽广的人。宽心是一双深邃慧眼：世界在近处，自己在远处，把渺小的自己放在博大的世界中，还有什么放不下，还有什么看不开；宽心是一种精神状态：心旷为福门，心狭为祸根。心窄了，阳光大道也变成了逼仄的陋巷，有福也被挤了出去。其实，每一个人的心量都是一个可以开合的容器，当我们只顾自己的私欲，它就会愈缩愈小；当我们能站在别人的立场上考虑，它又会渐渐舒展开来。若事事斤斤计较，便把自心局限在一个很小的框框里。这种处世心态，既轻薄了自身的能力，又贬低了自己的品格。心量是大还是小，在于自己愿不愿意敞开。一念之差，心的格局便不一样，它可以大如宇宙，也可以小如微尘。我们的心，要和海一样，任何大江小溪都要容纳；要和云一样，任何天涯海角都愿遨游；要和山一样，任何飞禽走兽都不排拒；要和路一样，任何脚印车轨都能承担。这样，我们才不会因一些小事而心绪不宁、烦躁苦闷！长镜头看烦恼，特写看幸福，时时把心放宽，才不枉费这短暂的人生。一个人有了海阔天空的心境和虚怀若谷的胸怀，就能自信达观地笑对人生的种种困难和逆境，并从中解脱出来，视世间的千般烦恼、万种忧愁如过眼烟云，不为功名利禄所缚，不为得失荣辱所累。把心放宽，把手放开，这是人生的一大智慧。

　　做事时须重细节，做人时则须宽心。在细节中寻求事业成功，于宽心处看淡成败得失。"小事成就大事，细节成就完美"，任何一件事，哪怕是天大的事，都是由一个个小细节组成的，并且内部是环环相扣的，只有做好每一处细节，才可能取得成功。而人生难免有烦恼和痛苦，心灵难免会被束缚，让我们用宽心的智慧为心灵松绑，行到水穷处，坐看云起时，在从从容容中得到圆满的人生。知道如何做事、如何做人，通晓细节做事、宽心做人的哲学，会让你在事业上顺风顺水，在人际交往中无往不利，在人生道路上处处受欢迎、事事皆顺利。虽然社会环境复杂多变，但是只要把握好做事做人的准则，便可在人生舞台上走好每一步、扮好每一个角色。

目 录
CONTENTS

上篇 **细节做事**

下篇　宽心做人

上篇

细节做事

小事成就大事，
细节成就完美。

第一章 做人做事，重视细节

要事总是第一

因为人们要做的事情很多，而时间又极为有限，所以一定要分清事情的轻重缓急。在此，要坚持的原则就是：重要的事情先做。

曾有一位杰出的时间管理专家做了这么一个试验：

这位专家拿出了一个1加仑（约3.8升）的阔口瓶放在桌上。随后，他取出一堆拳头大小的石块，把它们一块块地放进瓶子里，直到石块高出瓶口再也放不下为止。

他问："瓶子满了吗？"

所有的学生应道："满了。"

他反问："真的？"说着他从桌下取出一桶砾石，倒了一些进去，并敲击玻璃瓶壁使砾石填满石块间的间隙。

"现在瓶子满了吗？"

这一次学生有些明白了，"可能还没有。"一位学生低声应道。

"很好！"

他伸手从桌下又拿出一桶沙子，把它慢慢倒进玻璃瓶。沙子填满了石块的所有间隙。他又一次问学生："瓶子满了吗？"

"没满！"学生们大声说。

然后专家拿过一壶水倒进玻璃瓶，直到水面与瓶口齐平。他望着学生："这个例子说明了什么？"

一个学生举手发言："它告诉我们：无论你的时间表多么紧凑，如果你真的再加把劲，你还可以干更多的事！"

"不，那还不是它真正的寓意所在，"专家说，"这个例子告诉我们，如果你不先把大石块放进瓶子里，那么你就再也无法把它们放进去了。"

其实，"大石块"就是一种形象的说法，它喻指的就是我们人生和工作中的重要之事，只有明智地选择先将"大石块"解决掉，才会利于你高效地工作和做事。

对待日常工作，一定要注意区分轻、重、缓、急，集中力量在重要的事情上，而不是每天完成一大堆既不重要又不紧急的事情以自慰。员工里尔就曾为此付出代价。

这天，老板让里尔准备好明天与某公司董事长会谈的资料，并拟写一份会谈提纲。然而接下来的时间里，里尔却忙于完成另外的几件事：寄出几封信，发出几份传真，接待一个没有预约的会谈，打几个无关紧要的电话，给老板的一位朋友买了束鲜花，为他贺喜。终于把一切安排妥当，此时已经到了下班的时间，晚点走吧，又三番两次被一个个无关紧要的电话打扰，于是他决定回家加班。吃过饭，他又忍不住要看一场球赛，看完后已是晚上 11 点，于是提笔拟写提纲。结果，匆促准备，难免出错。在会谈的过程中，幸好老板经验丰富，这场会谈倒进行得还顺利。但事后，里尔受到了严厉的批评。

事实也是如此，在你往前奔跑时，你不可以对路边的蚂蚁、水边的青蛙太在意，当然毒蛇拦路除外。但如果要先搬掉所有的障碍才行动，那就什么也做不成。一个人如果想把所有事都做好，他就不会把最重要的事做好。

伯利恒钢铁公司总裁理查斯·舒瓦普，为自己和公司效率低而十分忧虑，就去找效率专家艾维·李寻求帮助，希望李能卖给他一套思维，告诉他如何在短短的时间里完成更多的工作。

艾维·李说："好！我 10 分钟就可以教你一套至少提高效率 50％的方法。"

"把你明天必须要做的工作记下来，按重要程度编上号码，最重要的排在首位，次重要的排在第二位，以此类推。早上一上班，马上从第一项工作做起，一直做到完成为止。然后用同样的方法对待第二项工作、第三项工作……直到你下班为止。即使你花了一整天的时间才完成了第一项工作，也没关系。只要它是最重要的工作，就坚持做下去。每一天都要这样做。你对这种方法的价值深信不疑之后，叫你公司的人也这样做。"

"这套方法你愿意试多久就试多久，然后给我寄张支票，你认为值多少就给我多少。"

舒瓦普认为这个思维很有用，不久就填了一张 25000 美元的支票给艾维·李。舒瓦普后来坚持使用艾维·李教给他的那套方法，5 年后，伯利恒钢铁公司从一个不为人知的小钢铁厂一跃成为最大的不需要外援的钢铁生产企业。舒瓦普常对朋友说："要事第一，与各种所谓高深复杂的办法相比，是我学到的最简单最得益的一种，我和整个班子坚持拣最重要的事情先做。我认为这是我的公司多年来最有价值的一笔投资！"

艾维·李的方法告诉我们，做任何事情都要有计划性，要分清轻重缓急，然后全力以赴地行动，这样才能获得成功。

有句话说得好，一个人一生中只能做一件事。排除极个别天才人物，绝大多数成功者都是致力于一件事情，数十年如一日地做，做好了，追求更好。因为万事艰难，而人的能力与时间又极为有限，贪多往往一事无成。所以，最好是把重要的事情放在前面做，一次做好一件事情。

某家医药公司的总经理在刚上任的头几年，就将全部精力都集中在研究工作上，考虑发展方向，制订研究计划，搜罗研究人才。这家公司原先从来不曾在研究领域占有过优势，就是跟在别人后面也常常感到非常吃力。这位总经理虽然不是一位科学家，但他明确地意识到公司绝不能再花 5 年时间去做别人 5 年前就已经在做的事了。公司必须要有自己的发展方向，要开发自己的产品。就这样，他花了 5 年时间，终于在两个重要领域使公司处于了世界领先的地位。

如果一个人想要集中精力于当急的要务，就得排除次要事务的牵绊，此时需要有说"不"的勇气。

特别是在职场中，学会说"不"是办公室政治中的重要策略。这关系到你是否做得顺心如意。然而有些人几乎是到了鞠躬尽瘁的地步。主管交给他的任务，他从来不打马虎眼，要求他额外超时加班，他也毫无怨言，同事拜托他的事，不管是不是他分内的职责，他总是不忍拒绝。其实，他早已忙得分身乏术、焦头烂额，但他还是强打精神说："没事！没事！"没有人知道他累得半死，但是，他就是不愿开口对人说"不！"

大多数时候，我们碍于情面而不敢说"不"，或者因为不好意思说"不"，结果很多原本明明不该是自己的事，统统落在自己头上。要不就是所做的事大大超过自己的能力负荷，让自己面临崩溃的边缘。而自己的重要之事却被迫拖延，久而久之，也会给上司留下不好的印象，因为任何一位老板都不会欣赏只喜欢帮人做琐事，而不注重做事要领的"老好人"。

柯维先生在书中举过一个例子：

他在一所规模很大的大学任师生关系部主任时，曾聘用一位极有才华又独立自主的撰稿员。有一天，柯维有件急事想拜托他。

他说："你要我做什么都可以，不过请先了解目前的状况。"

他指着墙壁上的工作计划表，显示超过 20 个计划正在进行，这都是他俩早已谈妥的。

然后他说："这急事至少要占去几天时间，你希望我放下或取消哪个计划来空出时间？"

他的工作效率一流，这也是为什么一有急事柯维会找上他。但柯维无法要求他放下手边的工作，因为比较起来，正在进行的计划更为重要，柯维只有另请高明了。

要事第一的习惯如此重要，如果你要自己成为工作中的高效能人士，那就要切记：

只有养成做要事的习惯，对最具价值的工作投入充分的时间，工作中的重要的事才不会被无限期地拖延。这样，工作对你来说就不会是一场无止境、永远也赢不了的赛跑，而是可以带来丰厚收益的活动。

不因无谓琐事得罪人

两千多年前，雅典政治家伯利克里曾经给人类说过一句忠言："请注意啊！先生们，我们太多地纠缠于一些小事了！"这句话，对今天的人们来说仍然值得品味和借鉴。

说句老实话，对于一般人来说，生活就是由无数的小事所组合而成的，甚至对那些大人物来说也是如此。每个人的生活中，小事都是无处不在、无时不有的，如果你过多地拘泥、计较小事，那么人生就根本没有什么乐趣可言了，触目所及的必然都是矛盾和冲突。

想一想，你挤公共汽车时，有人不小心踩了你的脚，或者你去买菜时，有人无意间弄脏了你的裙子；有时走在路上，说不定从道旁楼上落下一个纸团，打在你头上……此时此刻，如果你不是大事化小、小事化了，而是口出污言秽语，大发雷霆之怒，说不定会闹出什么祸事来。

20 世纪 80 年代末，在辽宁某地曾经发生过这样一件事：有一个年轻女子在看电影时，被后面的男观众无意间碰了一下脚，尽管男观众当面道歉，但那名女子仍然不依不饶。她硬说对方是耍流氓，竟然回家叫来丈夫用刀将那个人砍伤解气。结果，因触犯刑律，夫妻双双锒铛入狱。

有另一个故事，故事的主人公是英国著名作家迪埃德·基普林。

基普林跟佛蒙特州的一个名叫卡罗琳·巴勒斯蒂的姑娘结了婚。婚后，基普林便在该州的布拉特利博罗市修建了一幢非常漂亮的房子，然后搬到那儿住下来度过他的垂暮之年。卡罗琳的兄弟比特·巴勒斯蒂是他最要好的朋友，他俩工作休息都常在一块儿。

后来基普林买下了巴勒斯蒂一块地皮，并互相说定：巴勒斯蒂有权收割这块地上的青草，可是有一天巴勒斯蒂看见基普林正把这块草地改建成花园，这可把他气炸了，当即出言不逊，骂了起来，基普林也不示弱。于是这块草地之争便结下了两个朋友之间的冤仇。

几天之后，基普林骑着一辆自行车在路上碰见了巴勒斯蒂。后者坐在一辆双套马车上挡住了去路，硬要基普林下自行车让他过去。就因为这么一点小事，基普林丧失了理智，发誓要到法院去告他。一场耸人听闻的案子就这样发生了。新闻记者们从各大城市蜂拥而至。消息传遍全世界。基普林从这次官司中得到了什么呢？一无所获。相反，他还不得不按照法庭宣判，跟他的妻子一起永远离开这幢住宅！就因为这么一点小事，就因为园子里的一些青草，带来了这许多怨恨和痛苦，又何必呢？"要是你能保持内心的平静，而不管他人如何有负于你就好了！"

何苦要气？气便是别人吐出而你却接到口里的那种东西，你吞下便会反胃，你不看他时，他便会消散了。气是用别人的过错来惩罚自己的蠢行。

夕阳如金，皎月如银，人生的幸福和快乐尚且享受不尽，哪里还有时间去气呢？

在古老的西藏有一个叫艾迪巴的人，每次生气和人起争执的时候，就用很快的速度跑回家去，绕着自己的房子和土地跑三圈，然后坐在田地边喘气。艾迪巴工作非常勤劳努力，他的房子越来越大，土地也越来越广，但不管房子和土地有多大，只要与人争论生气，他还是会绕着房子和土地绕三圈。艾迪巴为何每次生气都绕着房子和土地绕三圈？所有认识他的人心里都起疑惑，但是不管怎么问他，艾迪巴都不愿意说明。

直到有一天，艾迪巴很老了，他的房子和土地已经非常大，他又生气了，于是他挂着拐杖艰难地绕着土地跟房子走了三圈，等他好不容易走完，太阳都下山了，艾迪巴独自坐在田边喘气，他的孙子在身边恳求他："阿公，您年纪大了，这附近也没有什么人的土地比你的更大，您不能再像从前一样，一生气就绕着土地跑啊，您可不可以告诉我这个秘密，为什么您一生气就要绕着土地跑上三圈?"

艾迪巴禁不住孙子的恳求,终于说出隐藏在心中多年的秘密,他说:"年轻时,我一和人吵架、争论、生气,就绕着房子和土地跑三圈,边跑边想:'我的房子这么小,土地这么少,我哪有时间哪有资格去跟人家生气?'一想到这里,气就消了。于是就把所有时间用来努力工作。"

孙子又问:"阿公,您年纪这么大又变成最富有的人,为什么还要绕着房地跑?"艾迪巴笑着说:"我现在还是会生气,生气时绕着房子和土地走三圈。边走边想:'我的房子这么大,土地这么多,我又何必跟人计较?'一想到这,气就消了。"

人生中有许多梦想要去实现,有许多事要去做,如果把大好光阴消耗在生气上,既浪费了时间,又伤害了自己和他人。

还有一个实际的例子,就是唐代有一位著名的诗人李贺。他思路敏捷,才华过人,被人称为"奇才",写出的诗连当时的大文豪韩愈也赞不绝口。只可惜他心胸狭窄,常为一些芝麻绿豆大的小事而抑郁寡欢,愁肠百结。最后他只活了短暂的 27 岁,成为文学史上的一桩憾事。

古语云:"让一让,三尺巷。"人生之事,只要不是原则性的大事,得过且过又何妨?人活在世上,理应开朗、豁达,活得超脱一些;凡事斤斤计较,只是徒增烦恼罢了。

豁达乐观的人从不因为小事而得罪人。因为他们知道,因小事得罪人无异于自找苦吃,自缚手足,自己给自己设绊,因而怎么会成功呢?

不过在生活中因计较小事而得罪别人,以及自寻烦恼的人很多,特别是有些年轻人。如有的年轻人对个人名利过于苛求,得不到便烦恼不安;有的人性情多疑,老是无端地觉得别人在背后说他的坏话,常常感到莫名其妙的烦恼;有的人嫉妒心重,看到别人的成就与事业超过自己,心里就不舒服。最为典型的自寻烦恼是把别人的问题揽到自己身上自怨自艾,这无异于引火烧身。

聪明的人往往虽处在一些烦恼的环境中,但自己却能够寻找快乐。因烦恼本身是一种对已成事实的盲目的、无用的怨恨和抱憾,除了给自己的心灵以一种自我折磨外,没有任何积极意义。为了不让烦恼缠身,最有效的方法是正视现实,摒弃那些引起你烦恼不安的幻想。世界上不存在你完全满意的工作、配偶和娱乐场地,不要为寻找尽善尽美的道路而挣扎。实际上,并不是所有在生活中遭受磨难的人,在精神上都会烦恼不堪。相信很多人对生活的磨难、不幸的遭遇,往往是付之一笑,看得很淡;倒是那些平时生活安逸平静、轻松舒适的人,稍微遇到不如意的事情,便会大惊小怪起来,引起深深的烦恼。这说明,情绪上的烦恼与生活中的不幸并没有必然的联系。生活中常碰到的一些不如意的事情，仅仅是可能引起烦恼的外部原因之一，烦恼情绪的真正根源，应当从烦恼者的内心去寻找。大部分终日烦恼的人，实际上并不是遭到了多大的个人不幸，而是在自己的内心素质和对生活的认识上，存在着某种缺陷。因此，当一个人受到烦恼情绪袭扰的时候，就应当问一问自己为什么会烦恼，从内在素质方面找一找烦恼的原因，学会从心理上去适应你周围的环境。

狄斯雷利说过："生命太短促，不能再只顾小事。"

"这些话，"安德烈·摩瑞斯在《本周》杂志里说，"曾经帮我捱过很多痛苦的经历。我们常常被一些小事情、一些应该不屑一顾并忘了的小事情弄得非常心烦……我们活在这个世上只有短短的几十年，而我们浪费了很多不可能再补回来的时间，去愁一些在一年之内就会被所有的人忘了的小事。不要这样，让我们把我们的生活只用在值得做的行动和感觉上，去运用伟大的思维，去经历真正的感情，去做必须做的事情。因为生命太短促了，不该再顾及那些小事。"

英国作家萨克雷有句名言："生活是一面镜子，你对它笑，它就对你笑；你对它哭，它也对你哭。"确实，不管你生活中有哪些不幸和挫折，你都应以欢悦的态度，微笑着对待生活。下面介绍几条原则，只要你反复地认真实行，就可能会减轻或者消除你的烦恼。

最后，还有一句话，你一定要牢记："生气就是拿别人的错误来惩罚自己！"

在任何时候要留有余地

与人相处要记得时刻给别人留有余地，只有不把事做绝，不把话说死，于情不偏激，于理不过头，才能在与人相处时游刃有余。很多年轻人眼中揉不进一点儿沙子，发现别人的错误，不管什么场合、什么时机，非狠狠地给予批评和抨击不觉得心安。殊不知，自己的批评已经把对方逼入绝境了，更不知对方已经讨厌自己了。说话办事都要顾及别人的感受，都要给别人留一点回旋的余地。在与别人方便的同时，也给了自己成功的可能。

在克劳利任纽约中央铁路局的总经理期间，一次差点就出了大事故。有两个工程师，他们都在铁路上服务了很长时间，但就是这样的两个人犯下了大错：由于他们的疏忽，差点使两列火车迎头撞上。这么严重的事是完全无可推诿的，上司命克劳利解雇这两名员工。但是克劳利却持反对意见。

"像这样的情况，应当给予相当的考虑，"他反对说，"确实，他们的这种行为是不可宽恕的，是理应受到严厉惩罚的。你可以对他们进行严厉的处罚和教训，但是不可剥夺他们的位置，夺去他们惟一可以为生的职业。总的看来，这些年，他们不知创造了多少好成绩，为铁路事业的发展立下了多少汗马功劳。仅仅由于他们这次的疏忽，就要全盘否定他们以前的功绩，这样未免太不公平。你可以惩治他们，但是不可以开除他们。如果你一定要开除他们的话，那么，就连我也开除吧。"

结果克劳利取得了胜利，两名工程师被留了下来，一直都在那里，后来他们都成了忠诚而效率极高的员工。

克劳利给下属留下了余地，同时也给了自己事业更好的发展之路。反之，如果你逞一时之快断尽别人的退路，那么当危机来临之时，没有一扇门会为你打开。

没有人可以永远一帆风顺，也没有人可以保证自己在生活中永远高枕无忧。平日里再风光、再得意，有一天也会面临失败的危机。当你面临危机时，会有朋友扶你一把吗？你的同事会热心地伸出援助之手，还是冷漠地袖手旁观呢？这一切，都取决你平日里的所作所为。若是你为别人留余地，那么这时你就会发现，有很多双手拉你出泥沼。而如果你总是切断别人的退路，总把别人逼入绝境，还有谁会帮你呢？他们不落井下石就是对你的仁慈了。

俗话说："人活脸，树活皮。"此话道出了人性的一大特点：爱面子。可是我们不能只爱自己的面子，而不给他人面子。每个人都有一道最后的心理防线，一旦我们不给他人退路，不让他人走下台阶，他只好使出最后的一招——自卫。因此，当我们遇事待人时，应谨记一条原则：给别人留点余地。

一句或两句体谅的话，对他人宽容一点，这些都可以减少对别人的伤害，保全他的面子，给他留点余地。

多年以前，通用电气公司面临一项需要慎重处理的工作：免除查尔斯·史坦恩梅兹某一部门的主管之职。史坦恩梅兹在电器方面是第一等的天才，但担任计算部门主管却彻底失败。然而公司不敢冒犯他，绝对解雇不了他——而他又十分敏感。于是他们让他担任"通用电气公司顾问工程师"——工作还是和以前一样，只是换了一个头衔——并让其他人担任部门主管。

史坦恩梅兹十分高兴。通用公司的高级职员也很高兴。他们已平稳地调动了他们这位最暴躁的大牌明星职员，而且他们这样做并没有引起一场大风暴——因为他们让他保全了面子。

让他人保全面子，这是十分重要的，而我们却很少有人想到这一点！我们残酷地抹杀了他人的感情，又自以为是。我们在其他人面前批评员工，找差错，发出威胁，甚至不去考虑是否伤害到别人的自尊。然而，一两分钟的思考、一句或两句体谅的话，对他人的态度作宽容的了解，都可以减少对别人的伤害。

下一次，当我们必须解雇员工或惩戒他人的时候，不要忘了这一点。

一位审定合格的会计师马歇·葛伦杰说："解聘别人并不有趣，被人解雇更是没趣。我们的业务具有季节性，所以，在所得税申报热潮过了之后，我们得让许多人离开。我们这一行有句笑话：没有人喜欢挥动斧头。因此，大家变得麻木不仁，只希望事情赶快过去。通常，例行谈话是这样的：'请坐，史密斯先生。旺季已经过去了，我们已没什么工作可以给你做。当然，你也清楚我们只是在旺季的时候雇用你，因此……'

"这种谈话会让当事人失望，而且有一种损及尊严的感觉。所以，除非不得已，我绝不轻言解雇他人，而且会委婉地告诉他：'史密斯先生，你的工作做得很好（如果他是做得很好）。上次我们要你去纽瓦克，那工作很麻烦，而你处理得很好，一点也没有出差错，我们要你知道，公司以你为荣，也相信你的能力，愿意永远支持你，希望你别忘了这些。'结果如何？被遣散的人觉得好过多了，至少不觉得'损及尊严'。他们知道，假如我们有工作的话，还是会继续留他们做的，或是等我们又需要他们的时候，他们还是很乐意回来。"

其实，在生活中人人都可能做出尴尬的事情，生活中也随时可能碰到尴尬的事情。处于尴尬境地的人一定会觉得颜面尽失，在这个时候如果你能为他找一个台阶下，不但能立刻博取对方的好感，而且也会建立良好的社交形象。追求成功的人要学会如何处理这类事情。

新中国建立之初，周恩来总理率团慰问驻旅大的苏联军队。在我方举行的招待宴会上，一名苏军中尉翻译总理讲话时，译错了一个地方。我方代表团的一位同志当场做出了纠正。这使总理感到很意外，也使得在场的苏联驻军司令大为恼火。因为部下在这种场合下的失误使他很没面子，他马上走过去，要撕下中尉的肩章和领章。宴会厅里的气氛顿时紧张起来。这时，周总理不失时机地给对方找了一个"台阶"。他温和地说："两国语言要做到恰到好处地翻译是很不容易的，也可能是我讲得不够完善。"并慢慢重复了译错的那段话，让翻译仔细听清，等翻译准确地翻译出来时，还特地同翻译单独干了一杯。周总理的善意举动使苏军的将领和那个翻译都特别感动，晚宴十分成功，尽欢而散。

周总理的这种宽厚的行为告诉我们，要给出错的人面子和"台阶"，因为此时他的自尊心和虚荣心都特别强烈，如果你能帮他保住面子，维护他的尊严，他会对你产生非同一般的好感。而你的这种举手之劳，也许会对你以后的事业产生重要的影响。

　　良好的人际关系是一个人立足于社会的重要资本，更是一个人取得成功不可或缺的重要因素，而这需要尊重他人、包容他人，因为只有这样才能得到他人的理解与尊重。试想，如果连周围接触的人都适应不了，又如何能够受人爱戴与尊重？又如何能够获取别人的帮助与支持？又如何能够实现竞争与合作，并达成成功的人生呢？

指出他人过错时一定要讲究方法

　　如果你率直地指出某一个人不对，不论你是有意亦或是无意的，这一细节将会给对方造成很大的损害。你指责别人剥夺了他人的自尊，致使自己成为不受欢迎的人。

　　卡耐基在年轻时，总喜欢给别人留下深刻印象，所以写了一封可笑的信给当时刚出现在美国文坛上，颇引人注意的理查使·哈丁·戴维斯。那时，卡耐基正好帮一家杂志撰文介绍作家，便写信给戴维斯，请他谈谈他的工作方式。在这之前，卡耐基收到一个人的来信，信后附注："此信乃口授，并未过目。"这话留给他极深的印象，显示此人忙碌又具重要性。于是，卡耐基在给戴维斯的信后也加了这么一个附注："此信乃口授，并未过目。"实际上，他当时一点也不忙，只是想给戴维斯留下深刻的印象。

　　戴维斯根本不劳心费力地写信给卡耐基，只把卡耐基寄给他的信退回来，并在信后潦草地写了一行字："你表现出恶劣的风格。"身为一个自负的人，卡耐基觉得很恼怒，甚至10年后卡耐基获悉戴维斯过世的消息时，第一个念头仍然是××实在羞于承认——自己受到过他的伤害。

　　的确，卡耐基是弄巧成拙了，受到指责并没有错，但是戴维斯过于直白的指责，使二人产生了隔阂，令卡耐基在戴维斯去世后仍然对他的指责耿耿于怀。以后，假如你想引起一场令人终身难忘的怨恨，只要发表一点刻薄的批评即可。

　　用间接的方式"建议"，而不是直接下"命令"，不但能维护对方的自尊，而且能使他乐于改正错误，并与你合作。

　　一次，社交界的名人戴尔夫人讲述了这样一件事：

　　"最近，我请了少数几个朋友吃午饭，这种场合对我来说很重要。当然，我希望宾主尽欢。总招待艾米，一向是我的得力助手，但这一次却让我失望。午宴很失败，到处看不到艾米，他只派个侍者来招待我们。这位侍者对第一流的服务一点概念也没有。每次上菜，他都是最后才端给我的主客。有一次，他竟在很大的盘子里上了一道极小份的芹菜，肉没有炖烂，马铃薯油腻腻的，糟透了。我简直气死了，我尽力从头到尾强颜欢笑，但不断对自己说：等我见到艾米再说吧，我一定要好好给他一点颜色看看。

"这顿午餐是在星期三。第二天晚上，听了为人处世的一课，我才发觉：即使我教训了艾米一顿也无济于事。他会变得不高兴，跟我作对，反而会使我失去他的帮助。

"我开始试着从艾米的立场来看这件事：菜不是他买的，也不是他烧的，他的一些手下太笨，他也没有法子。也许我的要求太严厉，火气太大。所以我不但不准备苛责他，反而决定以一种友善的方式作开场白，以夸奖来开导他。这个方法效验如神。第三天，我见到了艾米，他带着防卫的神色，严阵以待准备辩解。我说：'听我说，艾米，我要你知道，当我宴客的时候，你若能在场，那对我有多重要！你是纽约最好的招待。当然，我很谅解：菜不是你买的，也不是你烧的。星期三发生的事你也没有办法控制。'我说完这些，艾米的神情开始松弛了。

"艾米微笑着说：'的确，夫人，问题出在厨房，不是我的错。'我继续说道：'艾米，我又安排了其他宴会，我需要你的建议。你认为我们是否可以再给厨房一次机会呢？'

"艾米说：'呵，当然，夫人。当然，上次的情形不会再发生了！'

"下一个星期，我再度邀人午宴。艾米和我一起计划菜单，他主动提出把服务费减收一半。

"当我和宾客到达的时候，餐桌上被两打美国玫瑰装扮得多彩多姿，艾米亲自在场照应。即使我款待玛莉皇后，服务也不能比那次更周到。食物精美滚热，服务完美无缺，饭菜由四位侍者端上来，而不是一位，最后，艾米亲自端上可口的甜美点心作为结束。散席的时候，我的主客问我：'你对招待施了什么法术？我从来没见过这么周到的服务。'

"她说对了，我对艾米施行了友善和诚意的法术。"

当我们犯错误时，我们会对自己承认，如果别人以温和的方法来处理，我们也会对他们认错，甚至觉得爽直坦白是很光荣的。但如果别人当众指责我们的过错，就会把事情扩大，而且会伤及彼此的感情。还不如像戴尔这样处理事情呢！这样对方会因为你维护了他的自尊而对你心存感激，同时你也是在鼓励他改正错误。这也是一种间接处理问题的方式，给对方一个缓冲余地。

波士顿是一家工程公司的安全协调员，他的职责之一是监督在工地工作的员工戴上安全帽。他一碰到没有戴安全帽的人，就官腔官调地批评他们没有遵守公司的规定。员工虽然接受了他的训导，却满肚子的不高兴，常常在他离开以后，又把安全帽拿了下来。

于是，他决定停止批评，开始从细节上考虑如何说服员工。当他发现有人不戴安全帽的时候，就问他们是不是戴起来不舒服，或者有什么不适合的地方。然后他以令人愉快的声调提醒他们，戴安全帽的目的是保护他们不受伤害，建议他们工作的时候一定要戴安全帽。结果遵守规定戴安全帽的人愈来愈多，而且没有造成怨恨或情绪上的不满。

在不指责对方的错误，也不伤害他的自尊心而进行说服时，有一个不可忽视的技巧就是在应该批评对方的时候采取"沉默态度"。例如，孩子考试成绩不理想，担心父母会责骂，当孩子把试卷拿给父母看时，做父母的不要责骂他，只要默默地接过来。这样，本来做好了挨骂的心理准备的孩子会产生自己努力用功的念头，在以后的考试中取得好成绩。

一位高中棒球队的教练曾经讲过一个与此很相似的例子：有一次，一个选手未经教练许可，擅自离队去看电影。后来，事情被发现了，他想这次一定会受到教练的严厉斥责，结果教练一句话也没说。从此以后那个选手再也没有逃过训练。当教练在选手们的聚会上见到了已经步入社会的他时，他说："那时，虽然教练没有批评我，但那比批评还令我难受。"

像这样不指责对方的失败和错误而采取沉默的态度，也是一种极具效果的说服术。这样就等于是给对方提供了扪心自问、冷静反思的机会。这也是一种间接提醒的方式。

一家著名的电机制造厂召开管理员会议，会议的主题是"关于人才培训的问题"。会议一开始，瑞恩斯董事就用他那特有的声音提出自己的意见："我们公司根本没有发挥人才培训的作用，整个培训体系形同虚设，虽然现在有新进职员的职前训练，但之后的在职进修却成效不彰。职员们只能靠自己的摸索来熟悉自己的工作，很难与当今经济发展的水平相适应，因而造成公司职员素质普遍低下、效率不高。所以我建议应该成立一个让职员进修的训练机构，不知大家看法如何？"

总经理说："你所说的问题的确存在，但说到要成立一个专门负责培训职员的机构，我们不是已经有职员训练组织了吗？据我了解，它也发挥了一定的作用，我认为这一点可以不用担心……"

瑞恩斯说："诚如总经理所说，我们公司已经有职员训练组织，但它是否发挥实际作用了呢？实际上，职员根本无法从中得到任何指导，只能跟着一些老职员学习那些已经过时的东西，这怎么能够将职员的业务水平迅速提升呢？而且我观察到许多职员往往越做越没有信心。"

总经理说："瑞恩斯，你一定要和我唱反调吗？好，我们暂时不谈这个话题，会议结束后，我们再作一番调查。"

就这样，一个月后公司主管们重新召开关于人才培训的会议。这次总经理首先发言：

"首先我要向瑞恩斯道歉，上次我错怪了他。他的提案中所陈述的问题确实存在。这个月我对公司的职员培训进行了抽样调查，结果发现它竟然未能发挥应有的功效。因此，今天召集大家开会是想讨论一下应该如何改变目前人才培训的方法。请大家尽量发表意见吧！"

总经理的话一出口，大家就开始七嘴八舌地提出建议，但令人奇怪的是，这一次瑞恩斯董事却一语不发地坐在原位，安静地听着大家的建议，直到最后他都没说一句话。

会议结束以后，总经理把瑞恩斯董事叫进办公室晤谈："今天你怎么啦？为什么一句话也不说？这个建议不是你上次开会时提出来的吗？"

"没错，是我先提出来的。不过上次开会我把该说的都说了，其实那无非是想引起总经理你对这个问题的重视罢了，现在目的已经达到，我又何必再说一次呢？还不如多听听大家的建议。"

"是吗？不错，在此之前我反对过你的提议，你却连一句辩解也没有。今天大家提出的各种建议都显得很空洞，没有实际的意义，反倒是你的沉默让我感到这个问题带来的压力。这样吧，这件事就交给你去办好了！从今天起由你全权负责公司的人才培训工作。请好好工作吧！"

"是，谢谢您对我的信任，我一定会努力把这件事做好！"

看了上面这个例子，你有何感想？这是个典型的沉默说服法成功的事例。如果你真能适时地利用沉默，有时发挥的作用反而要比雄辩来得快，不过话说回来，沉默只能算是一种辅助法，是一种间接提醒的方法。

另外，能以一种幽默的方式责备对方，这是最好不过的了。在玩笑中提醒了对方，也在玩笑中告诉了对方自己不在意。

总之，在工作和生活中如果觉察他人有过错，如果你要说服他，就应该采取适当的方式并且善意地、真诚婉转地指出这才是最有效的批评方式。

记住：指责和愤怒于事无补，只会把事情弄得更糟。

遇事要多考虑3分钟

发明家爱迪生谈自己的做事原则时说："有许多我自以为是的事，一经实地试验之后，往往就会发现错误百出。因此，我对于任何事情，都不敢过早地妄下决定，而是经过仔细权衡斟酌后才去做。"

古人说："三思而后行。"只有事前经过反复思考和斟酌，才能增加成功的几率。养成这样一种工作习惯，处理事情才会更有把握。

一个人在工作中如果遇到事情不假考虑就去做，很容易给人留下一种鲁莽的感觉，而如果他能在遇事时多考虑，不但会给人留下成熟稳重的印象，而且还有利于任务的完成。

所以，你在以后的工作中，遇事时一定要深思熟虑。尤其是在做要紧的事情且没有把握的时候，成败常常取决于你是否谨慎地思考和权衡过。

小李是某个报社的记者，他有一次奉上司之命去采访一个事件。本来这次采访工作有相当的困难，当上司问他有没有问题时，小李却不假思索地拍着胸脯回答说："没问题，包你满意！"

过了3天，小李没有任何动静。上司追问他进展如何，他才老实地说："不如想像的那么简单！"当时上司虽然没说什么，对他却已形成了做事草率的印象，并且开始对他有些反感。由于他工作的延误，导致整个部门的工作都无法正常完成。后来，上司再也不派他做重要的工作了。

这就是做事欠缺思考的结果，如果小李当初仔细分析一下困难在哪儿，提出比较好的采访方案，即使晚几天，上司也会理解，可他没有那么做，轻率地答应下来，才落得工作没做好反而被冷落的下场。

当你遇到问题，一时难以决定怎么做时，不要盲目行动，而应仔细地考虑一番。等到你对那个问题完全了解，对于解决方法也有了充分的把握之后，那你就不妨作决定，因为这时你已经无所顾忌了。

决定做事的成败，往往取决于对实际情况的掌握程度，千万不要在事实还不允许作决定之前，便草率行事。在许多时候，遇事多考虑考虑，就能避免出现一些意想不到的差错。

曾国藩带湘军镇压太平天国之时，清廷对其有一种极为复杂的态度：不用这个人吧，太平天国声势浩大，无人能敌；用吧，一则是汉人手握重兵，二则曾国藩的湘军是其一手建立的子弟兵，怕对自己形成威胁。在这种指导思想作用下，对曾国藩的任用上经常是用其办事，却不给高位实权。苦恼的曾国藩急需朝中重臣为自己撑腰说话，以消除清廷的疑虑。

忽一日，曾国藩在军中得到胡林翼转来的肃顺的密函，得知这位精明干练的顾命大臣在慈禧太后面前荐自己出任两江总督。曾国藩大喜过望，咸丰帝刚去世，太子年幼，顾命大臣虽说有数人，但实际上是肃顺独揽权柄，有他为自己说话，再好不过了。

曾国藩提笔想给肃顺写封信表示感谢。但写了几句，他就停下了。他知道肃顺为人刚愎自用，很有些目空一切的味道，用今天的话来说，就是有才气也有脾气。他又想起慈禧太后，这个女人现在虽没有什么动静，但绝非常人，以曾国藩多年的阅人经验来看，慈禧太后心志极高，且权力欲强，又极富心机。肃顺这种专权的做法能持续多久呢？慈禧太后会同肃顺合得来吗？

思前想后，曾国藩没有写这封信。

后来，肃顺被慈禧太后抄家问斩。在众多官员讨好肃顺的信件中，独无曾国藩的只言片语。

"三思而后行"救了曾国藩一条命。

世上的事情都有一个恰到好处的分寸。有一分谨慎就有一分收获，有一分疏忽就有一分丢失。十分谨慎就会成功，完全疏忽就会彻底失败。办事只在讲究一个谨慎用心。

许多人在办事时，开始比较谨慎，过不了多久，就松懈下来了；有的人对大事、难事比较谨慎，对小事、容易事就疏忽。生活中不是常常有因忽略小事而酿成大祸的惨痛教训吗？到了困难的事情面前一筹莫展，还不是在容易事前疏忽大意而造成的吗？如果不想失败，就要十分谨慎。

英国一家公司的市场部经理亨利，在一桩生意中赔了一大笔钱后，若不是经过深思熟虑，几乎就铸成大错。

那一笔失败的生意，几乎使他多年辛苦经营的所得全部付诸东流，当时他十分沮丧、寝食难安。他认为自己在经营方面永无希望了，甚至想要从头开始去做一个普通职员，因为当时还有许多听起来不错的职位供他选择。

当天下午，他打算离开他几年来辛苦供职的公司，把所有的东西都束之高阁。

就在这时，原来一家经常与他有业务来往的公司经理去拜访他，"乔，你知道吗？我……"亨利把自己的烦恼都告诉乔。乔听后，平静地说："现在是晚餐时间了，吃过饭再谈这件事吧。"

两人来到一家俱乐部，点了很多美味可口的饭菜。席间两人东拉西扯，十分高兴。饭后，乔又和亨利打了几盘桌球，亨利几乎忘掉了烦恼。

分手的时候，乔问亨利："有什么麻烦需要我帮助吗？"亨利脱口而出："没什么大不了，那只不过是我一时冲动而已。"

回到家后，亨利美美地睡了一觉。第二天醒来，他感到一种前所未有的放松。这时他又想起昨天做的决定，不禁觉得十分可笑。从那天起，他决定在他的职位上继续努力，不再因任何阻力而放弃。后来，他的努力给企业带来了巨大利润，远远超出了他所造成的损失。

当一个人在精神上受到了刺激、情绪低落或身体不适时，千万不要草率地作决定，因为那时你的判断力已不再准确。你应该调整好自己的情绪，在充分考虑的情况下，综合各方面的实际情况再作决定，否则事后你一定会为你的草率而后悔不已。

聪明人都喜欢行险招，结果往往是聪明反被聪明误。美国前参议员加利·赫特的事例就为我们敲响了警钟。

赫特曾被《纽约时报》誉为"当代美国政界最有智慧的人之一"。1987年初，他竞选民主党候选人。胜算极大。当时有传言说他有婚外情，于是他傲慢地向新闻记者挑战："跟踪我吧。"那些记者真的去跟踪他了。结果发现他和当时著名的模特儿当娜·莱斯在一起。一张小报刊出了赫特在游艇"胡闹"号上把莱斯抱在怀里的照片后，赫特想成为总统的美梦随即破碎了。这是他做事不顾后果的结果。

可见，做事不计后果，最终只会吃苦果。一个真正的聪明人要想不犯这样的错误，做事一定要三思而后行。

杰克的妻子不幸去世了，留给他一个3岁的儿子。这使他的生活受到很大的打击。在工作之余，他还要身兼母职，照顾儿子，因而感到压力很大。

一年后，杰克宣布再婚。新任妻子立即负起照顾家庭的重担，杰克也重新将全身心投入到自己的工作中。然而，新家庭很快就出现了问题，他妻子的脾气变得越来越不好，甚至有精神抑郁的情形。到后来，她甚至对家里的事情不闻不问，也不再理睬孩子。

杰克为此感到非常苦恼，他找到了一位牧师，问："我是不是应该与这样的太太离婚呢？"他是一个虔诚的基督教徒，所以很希望牧师能给自己一个满意的答案。

牧师听说杰克能把整本《圣经》的故事倒背如流，于是问他："如果你是基督的话，你会怎样处理这个局面呢？"

杰克一听，不禁感到有些恼火："耶稣是伟大的神，而我只是一个凡人罢了。我怎么能和耶稣相比呢！"

牧师笑着说："你说得没错。可是，我还是想请你设想一下：假如耶稣也有一位太太，而他太太的表现跟你的太太一模一样，他会怎么做？"

杰克一下子呆了，他想了又想，终于开口说："耶稣连他的敌人都爱，更何况是自己的太太呢？我得对太太多关心、多了解，让她知道我其实是很爱她的。"

于是，杰克回家后主动向太太道歉，并且许下诺言：以后绝对不会再忽略她。

他的太太十分感动，终于对他说出了心中埋藏很久的怨言。她说："和你结婚后，我就立即成为孩子的母亲，你知不知道我的身心压力有多大？然而，你不仅从不替我分担，反而一天比一天更加沉迷于工作，对我不闻不问。我在未嫁前就已经担心，你和我结婚只不过是要替孩子找一个全职保姆罢了。你对我的疏忽，更加验证了我的忧虑。"

这时候，杰克才恍然大悟，明白了自己的过错。从此，他对太太更加关爱、体贴了。他们一家人的生活也变得越来越快乐幸福。

试想，如果杰克没有仔细考虑就直接和太太离了婚，他能拥有后来幸福的家庭生活吗？如果他草率地做出决定，他就永远不可能知道问题出在哪里。就算他再婚，恐怕也难幸福。

前面几则故事中蕴涵的道理值得我们仔细品味、学习。

任何刚开始创业的青年人，都要养成善于思考的习惯。就是在下决心之前，一定要对自己多发问，注意整理自己的思路，想想自己为什么会有这种决定。这个过程虽然看起来简单，但在处理难题的实际情况中往往会收到奇效。

一个很成功的推销员曾这样说："我的成功源于勤于思考，多问自己几个为什么。""我甚至还想出一个秘诀来这样做，"他说，"去拜访顾客之前，我一定要先静下心，喝杯咖啡，擦擦皮鞋。这样一来，在我真正踏入顾客办公室之前，我有一个最后思索的机会——想想如何表现自己。所得到的效果好极了！除了能使我从容地应付对方所提的问题外，还使我推销了很多东西。"

所以我们说，无论所作决定重大与否，一定要在此之前给自己以思考的时间，多对自己发问。

及时原谅别人的错误

世界上如果没有宽容和信任，一切亲情、友情、爱情都将失去存在的基础，每个角落都是尔虞我诈的欺骗，社会将毫无温情可言。

只因偶尔的过错完全否定自己的朋友，以至于不再信任他了，这不仅是对朋友的背叛，也是对自己的背叛。你本人最清楚：这个朋友正是你自己寻觅到的。

过错有轻重之别，有的过错不可原谅，有的过错可以原谅。对朋友偶尔犯下的过错，只要他承担了自己应负的责任，作为朋友理当予以原谅。

在一个小镇上有一个出名的地痞，整日游手好闲，酗酒闹事，人们见到他惟恐躲避不及。一天，他醉酒后失手打伤了前来上门讨债的债主，被判刑入狱。

入狱后的地痞，幡然悔悟，对以往的言行感到深深懊悔。

一次，他成功地协助监狱管理人员制止了一次犯人的集体越狱出逃，获得减刑的机会。

地痞（原谅这样继续称呼他）从监狱中出来后，回到小镇上重新做人。他先是想找个地方打工赚钱，结果全被拒绝。食不果腹的地痞又来到亲朋好友家借钱，遇到的都是一双双不信任的眼睛，他那一颗刚充满希望的心，开始滑向失望的边缘。后来，地痞少年时代的朋友听说了，就取出了100美元送给他，地痞接钱时没有显出过分的激动，他平静地看了一眼"昔日的朋友"后，消失在镇口的小路上。

数年后，地痞从外地归来。他靠100美元起家，苦命拼搏，终于成了一个腰缠万贯的富翁，不仅还清了亲朋好友的旧账，还领回来一个漂亮的妻子。他来到了昔日的朋友家，恭恭敬敬地奉上了200美元，然后，流着泪说道："谢谢你！你是我真正的朋友，是你的宽容之心和真诚的信任给了我站起来的勇气。"

可见，宽容他人、信任他人，即是对人性的肯定，也是对人的帮助，其意义超过了金钱的支援。

包容他人，也是善待自己的一种方式。

春秋时期，楚庄王是个既能用人之长又能容人之短的人。

有一次庆功会上，楚庄王的爱妻许姬为客人们倒酒。忽然一阵风吹来，把点燃的蜡烛刮灭了，大厅里一片漆黑。黑暗中有人拉了一下许姬的衣袖。聪明的许姬便趁势摘下了那个人的帽缨，接着便大声请求庄王掌灯追查。大度的庄王没多作考虑马上原谅了这个人。庄王对许姬说："武将们是一群粗人，喝多了酒，见了你这样的美人，谁能不动心？如果查出来治罪，那就没趣了。"他立即宣布，此事不必追查。还让在座的人都在黑暗中取下帽缨，并为这次宴会取名为"摘缨会"。

后来，吴国攻打楚国。有个叫唐狡的将军作战英勇，屡立战功。事后，他找到庄王，当面认罪说："我就是那天晚上被摘掉帽缨的人！"

由于楚庄王胸襟开阔，宽厚待人，对下属不搞求全责备，才保住了人才，调动了他们的积极性。

要做到胸襟开阔，一般需要认识到"人无完人"，做到"得理让人"，"宽容别人"。

小赵大学毕业初入社会，在一家公司外贸部就职。他的顶头上司每天下班后总是跟着外方科长拼命"加班"，无事瞎忙，把白天理好的文件弄得一团糟，出了错，又把责任推给小赵。小赵的稚嫩决定他不是一个会"争"的人，只好忍气吞声地等日本科长长出"火眼金睛"，看出此中曲直来，结果等了3个月，还是等不来一句公道话。

一气之下，小赵辞职去了另一家公司，在那里，他的出色工作博得了许多同事的称赞，但无论怎样也没法使苛刻、暴躁的经理满意。心灰意冷间，他又萌动了跳槽之念，于是向总经理递交了辞呈。总经理没有竭力挽留小赵，只是告诉他自己处世多年得出的一个经验：如果你讨厌一个人，你就要试着去爱他。总经理说，他就像鸡蛋里挑骨头一样在一位上司身上找优点，结果，他发现了老板的两大优点，而老板也逐渐喜欢上了他。

小赵依旧讨厌他的经理，但已悄悄收回了辞呈。作为一个成熟的人，应该放开心胸去包容一切，爱一切。

就算我们没办法爱我们的敌人，起码也应该更多爱惜自己。不要让敌人控制我们的心情、左右我们的健康以及外表。

有一位叫伦纳的年轻人急需找一份工作。由于他通晓好几种语言，所以想找个进出口公司担任文书的工作。可是大多数公司都回信说因为战争的缘故，他们目前暂时没有招人的打算，但他们会保留他的资料等等。其中有一个人却回信给伦纳说："你对我公司的理解完全是错误的。你既笨又蠢。我根本都不需要文书。即使我真的需要，我也不会聘用你，你连瑞典文字也写不好，在你的信中更是错误百出。"

伦纳看到这封回信，气得要发疯。这个瑞典人居然敢挖苦他不懂瑞典话！

其实看看这份恼人的回信才知道什么是错误百出呢。于是伦纳写了一封足够气死对方的信准备回击。可是他停下来想了一下，劝自己说："等等，我怎么知道他不对呢？我学过瑞典文，但它的确不是我的第一语言，也许我犯了自己都不知道的错误。真是这样的话，我应该再加强学习才是。这个人可能还帮了我一个忙，虽然他本意并非如此。他语言表达得缺乏修养，但这也不能抵销我欠他的这个人情。"

伦纳把他写好的那封信撕掉，另外写了一封信："您本来不需要文书，还不厌其烦地回信给我，真是太感谢您了。我对贵公司理解错误，实在很对不起。我写那封信是因为我查询时，别人告诉我，您是这一行的领导人物。我不知道我的信犯了文法上的错误，我很抱歉也很难过，我会再努力学好瑞典文，减少错误。我要谢谢您帮助我找到了不足。"

然而，没过几天，伦纳又收到一封回信，那人竟邀请伦纳去办公室见面。伦纳去了，并得到了一份工作。伦纳自己从中悟出了一个做人的道理："以柔克刚。"

当然，人非圣贤，要去爱我们的敌人也许真的有点强人所难，但出于自身的健康与幸福，学习宽恕敌人，甚至忘了所有的仇恨，也可以算是一种明智之举。有句名言说："无论被虐待也好，被抢掠也好，只要忘掉就行了。"

实际上，在生活中，人都会有难堪的时候、做错事的时候、有求于人的时候，如果这时你处在评判的一方，尤其是他们的那些错处或什么事情牵涉到你的利益时，甚或他们与你有深仇大恨时，你会怎样做呢？不同的人可能有不同的做法。一般来说，愚昧的人或心胸狭窄的人爱为难别人，他们不愿意帮助人，不为人遮掩难堪，不包容或原谅人。他们甚至会乘人之危，鸡蛋里头挑骨头，抓住把柄不放，且洋洋自得。这种不良行为正是他们愚昧阴暗心理的下意识表露。至于和他们有深仇大恨的人，就更不可能息事宁人了。但是在生活中，你也会经常处在难堪、有错、有求于人的位置上，比如你不巧弄脏了别人的衣裤，违反了交通规则，为讲义气与别人结了仇，等等。在这种情况下，你极需要他人的包容。将心比心，同情他人，宽容他人，不为难他人是一种美德。这种美德能够感化人，巩固人们之间的互助亲善关系，让社会形成一种宽厚的向善风气，小人就可能不会产生，阴暗的东西就会更少一些，自己有了不幸的时候，也更容易得到他人的帮助。

我们每个人都应该认识到，通过包容来获得别人的好感是非常重要的。我们惩罚别人，每每是因为一种愚蠢的自傲心在背后作祟。而这又每每是在法律的面具之下，为私人的不快进行报复，表面上则装得冠冕堂皇，一副大公无私的样子。卫斯汀·豪斯曾经这样说过："任何组织，包容必须从上面做起，这是重要的。如果上面的人希望下面的职员包容，就必须先对职员包容。"

能不苛责的时候就不要苛责，多给人台阶下，多放人过关。这应该成为我们为人处世的原则。

总之，不要抓住他人的错误或缺点不放，得饶人处且饶人，这样不仅会减少矛盾，也会提升自己的善良品质，进而会形成一种良好的社会风气。这种与人为善的品德，正是人类生存所需要的美德。谁没有需要别人帮助的时候呢？从根本上说，谁又有资格装出主的样子来审判和惩罚他人呢？谁没有偶尔疏忽或急中出错，需要别人宽恕的时候呢？如果你拘泥于这种低层次的偏执，则不仅会使他人难堪，也会让自己无端生仇，天上降下个大灾难。而且在人的这种相互计较中，社会阴暗面扩大了。从某种意义上说，向善高于任何对错是非和人间法律。记住我们的话，不为难人，得饶人处且饶人。不仅对一般人，也包括那些与我们结有仇怨，甚至是怀有深仇大恨的人。做人要给他人善缘，社会要给人宽容。

别人可能恨你，但别人恨你不管用，除非你也恨他们，而这样你便毁灭了自己。这个世界需要包容，当然有时需要包容的对象是仇深似海的敌人，这当然有很大的难度，但是只要你勇敢地战胜自我，还是可以实现的。包容他人，也是善待自己的一种方式。

第二章　细节入手，赢得人脉

握手的细节

据说握手礼最早来自欧洲，当时是为了表示友好，手中没有武器的意思。但现在已成为被最普遍采用的世界性"见面礼"。

握手是人们日常交际的基本礼仪，从握手可以体现一个人的情感和意向，显示一个人的虚伪或真诚。握手在人际交往中如此重要，可有人往往做得并不太好。

艾丽是个热情而敏感的女士，目前在中国某著名房地产公司任副总裁。那一日，她接待了来访的建筑材料公司主管销售的韦经理。韦经理被秘书领进了艾丽的办公室，秘书对艾丽说："艾总，这是××公司的韦经理。"

艾丽离开办公桌，面带笑容，走向韦经理。韦经理先伸出手来，让艾丽握了握。艾丽客气地对他说："很高兴你来为我们公司介绍这些产品。这样吧，让我看一看这些材料，我再和你联系。"韦经理在几分钟内就被艾丽送出了办公室。几天内，韦经理多次打电话，但得到的是秘书的回答："艾总不在。"

到底是什么让艾丽这么反感一个只说了两句话的人呢？艾丽在一次讨论形象的课上提到这件事，余气未消："首次见面，他留给我的印象不但是不懂基本的商业礼仪，他还没有绅士风度。他是一个男人，位置又低于我，怎么能像个王子一样伸出高贵的手让我来握呢？他伸给我的手不但看起来毫无生机，握起来更像一条死鱼，冰冷、松软、毫无热情。当我握他的手时，他的手掌也没有任何反应，好像在他看来我的选择只有感恩戴德地握住他的手，只差要跪吻他的高贵之手了。握手的这几秒钟，他就留给我一个极坏的印象，他的心可能和他的手一样冰冷。他的手没有让我感到对我的尊重，他对我们的会面也并不重视。作为一个公司的销售经理，居然不懂得基本的握手方式，他显然不是那种经过专业职业训练的人。而公司能够雇用这样素质的人做销售经理，可见公司管理人员的基本素质和层次也不会高。这种素质低下的人组成的管理阶层，怎么会严格遵守商业道德，提供优质、价格合理的建筑材料？我们这样大的房地产公司，怎么能够与这样作坊式的小公司合作？怎么会让他们为我们提供建材呢？"

握手是陌生人之间第一次的身体接触，只有几秒钟的时间，但是正是这短短的几秒钟却如此关键，立刻决定了别人对你的喜欢程度。握手的方式、用力的轻重、手掌的湿度等等，像哑剧一样无声地向对方描述你的性格、可信程度、心理状态。握手的质量表现了你对别人的态度是热情还是冷淡，积极还是消极，是尊重别人、诚恳相待，还是居高临下、屈尊地敷衍了事。一个积极的、有力度的正确的握手，表达了你友好的态度和可信度，也表现了你对别人的重视和尊重。一个无力的、漫不经心的、错误的握手方式，立刻传送出了不利于你的信息，让你无法用语言来弥补，它在对方的心里留下了对你非常不利的第一印象。有时也会像上面的那位销售经理，会失去极好的商业机会。因此，握手在商业社会里几乎意味着经济效益。

玛丽·凯·阿什是美国著名的企业家，她是退休后创办化妆品公司的。开业时，雇员仅仅10人，20年后发展成为拥有5000人，年销售额超过3亿美元的大公司。

玛丽·凯在其垂暮之年为何能取得如此巨大的成就？她说，她是从懂得真诚握手开始的。

玛丽·凯在自己创业前，在一家公司当推销员，有一次，开了整整一天会之后，玛丽·凯排队等了3个小时，希望同销售经理握握手。可是销售经理同她握手时，手只与她的手碰了一下，连瞧都不瞧她一眼，这极大地伤害了她的自尊心，工作的热情再也调动不起来。当时即下定决心："如果有那么一天，有人排队等着同我握手，我将把注意力全部集中在站在我面前同我握手的人身上——不管我多么累！"

果然，从她创立公司的那一天开始，她多次同数人握手，总是记住当年所受到的冷遇，公正、友好、全神贯注地与每一个人握手，结果她的热情与真诚感动了每一个人，许多人因此心甘情愿地与之合作，于是她的事业蒸蒸日上。

握手是很有学问的。美国著名盲聋作家海伦·凯勒写道："我接触的手，虽然无言，却极有表现力。有的人握手能拒人千里。我握着他们冷冰冰的指尖，就像和凛冽的北风握手一样。有些人的手充满阳光，他们握住你的手，使你感到温暖。"

为了在这轻轻一握中，传达出热情的问候、真诚的祝愿、殷切的期盼、由衷的感谢，我们有必要把握握手的分寸，掌握握手的细节。

1. 应当握手的场合

（1）遇到较长时间没见面的熟人。

（2）在比较正式的场合和认识的人道别。

（3）在自己作为东道主的社交场合，迎接或送别来访时。

（4）拜访他人后，在辞行的时候。

（5）被介绍给不认识的人时。

（6）在社交场合，偶然遇上亲朋故旧或上司的时候。

（7）别人给予你一定的支持、鼓励或帮助时。

（8）表示感谢、恭喜、祝贺时。

（9）对别人表示理解、支持、肯定时。

（10）得知别人患病、失恋、失业、降职或遭受其他挫折时。

（11）向别人赠送礼品或颁发奖品时。

2. 握手的具体要求

（1）握手姿态要正确。行握手礼时，通常距离受礼者约一步，两足立正，上身稍向前倾，伸出右手，四指并齐，拇指张开与对方相握，微微抖动三四次，然后与对方的手松开，恢复原状。与关系亲近者，握手时可稍加力度和抖动次数，甚至双手交叉热烈相握。

（2）握手必须用右手。如果恰好你当时正在做事，或手很脏很湿，应向对方说明，摊开手表示歉意或立即洗干净手，与对方热情相握。如果戴着手套，则应取下后再与对方相握，否则都是不礼貌的。

（3）握手要讲究先后次序。一般情况下，由年长的先向年轻的伸手，身份地位高的先向身份地位低的伸手，女士先向男士伸手，老师先向学生伸手。如果两对夫妻见面，先是女性相互致意，然后男性分别向对方的妻子致意，最后才是男性互相致意。拜访时，一般是主人先伸手，表示欢迎；告别时，应由客人先伸手，以表示感谢，并请主人留步。不应先伸手的就不要先伸手，见面时可先行问候致意，等对方伸手后再与之相握，否则是不礼貌的。许多人同时握手时，要顺其自然，最好不要交叉握手。

（4）握手要热情。握手时双目要注视着对方的眼睛，微笑致意，切忌漫不经心、东张西望，边握手边看其他人或物，或者对方早已把手伸过来，而你却迟迟不伸手相握，这都是冷淡、傲慢、极不礼貌的表现。

（5）握手要注意力度。握手时，既不能有气无力，也不能握得太紧，甚至握痛了对方的手。握得太轻，或只触到对方的手指尖，不握住整只手，对方会觉得你傲慢或缺乏诚意；握得太紧，对方则会感到你热情过火，不善于掩饰内心的喜悦，或觉得你粗鲁、轻佻而不庄重。这一切都是失礼的表现。

（6）握手应注意时间。握手时，既不宜轻轻一碰就放下，也不要久久握住不放。一般来说，表示完欢迎或告辞致意的话以后，就应放下。

另外还要注意，不要一只脚站在门外，一只脚站在门内握手，也不要连蹦带跳地握手或边握手边敲肩拍背，更不要有其他轻浮不雅的举动。

与贵宾或与老人握手时除了要遵守上述要求之外，还应当注意以下几点：当贵宾或老人伸出手来时，你应快步向前，用双手握住对方的手，身体微微前倾，以表示尊敬。

与上级或下级握手除遵守一般要求外，还应注意：上下级见面，一般应由上级先伸手，下级方可与之相握。如果上级不止一人，握手顺序应由职位高的到职位低的，如职位相当则可按一般的习惯顺序，也可由一人介绍，你一一与之握手。不论与上级还是与下级握手，都应热情大方，不亢不卑，礼貌待人。下级与上级握手时，身体可以微欠，或快步向前用双手握住对方的手，以表示尊敬。上级与下级握手时，应热情诚恳，面带笑容，注视对方的眼睛，不能漫不经心、敷衍了事，也不能冷漠无情、架子十足，更不能在与下级握手后立即用手帕擦手，否则就是不得体或无礼的。

3. 握手的禁忌

我们在行握手礼时应努力做到合乎规范，避免触犯下述失礼的禁忌。

（1）不要用左手相握。

（2）在和基督教信徒交往时，要避免两人握手时与另外两人相握的手形成交叉状，这种形状类似十字架，在他们眼里这是很不吉利的。

（3）不要在握手时戴着手套或墨镜，只有女士在社交场合戴着薄纱手套握手才是被允许的。

（4）不要在握手时另外一只手插在衣袋里或拿着东西。

（5）不要在握手时面无表情、不置一词或长篇大论、点头哈腰、过分客套。

（6）不要在握手时仅仅握住对方的手指尖，好像有意与对方保持距离。正确的做法是握住整个手掌、即使对异性也应这样。

（7）不要在握手时把对方的手拉过来、推过去，或者上下左右抖个没完。

（8）不要拒绝握手，如果有手疾或手不干净，应和对方说一下"对不起，我的手现在不方便"，以免造成不必要的误会。

🌀 自我介绍的礼仪细节

"第一印象是黄金"，介绍礼仪是礼仪中的基本，也是很重要的内容。

介绍是人与人进行相互沟通的出发点，最突出的作用就是缩短人与人之间的距离。在社交或商务场合，如能正确地利用介绍，不仅可以扩大自己的交际圈，广交朋友，而且有助于进行必要的自我展示、自我宣传，并且替自己在人际交往中消除误会，减少麻烦。

想像一下你正在被介绍给某人，你们都说了自己的名字，接着又说了些诸如："很高兴认识你。"然后呢？你该说些什么？你觉得和这位新认识的人待在一起很尴尬，只好绞尽脑汁搜刮下一个话题。

你可以设计一个清楚新鲜的自我介绍，让以后的对话更顺利。在镜子前对自己说几遍，直到自己感觉很好。向对方提供一些关于你自己的信息，可以让对话顺利进行。比如，你可以说：

"你好，我是 ABC 公司的会计卡罗尔·琼斯，我帮人们管钱，还帮他们省钱。"

"你好，我是汤姆·马丁，我在 XYZ 公司任职帮助小公司设计电脑软件。"

于是汤姆开始问卡罗尔关于会计、ABC 公司以及如何理财等方面的事项，而卡罗尔也准备问问 XYZ 公司的事情，还有软件设计等等。看，你的介绍引出了一段有意思的谈话。

其实，在日常生活中关于自我介绍的学问很大，大致包括自我介绍的时机、类型，以及注意事项等。

1. 自我介绍的时机

应当何时进行自我介绍？这个问题比较复杂，它涉及时间、地点、当事人、旁观者、现场气氛等多种因素。不过一般认为，在下述时机，如有可能，有必要进行适当的自我介绍。

（1）在社交场合，与不相识者相处时。

（2）在社交场合，有不相识者表现出对自己感兴趣时。

（3）在社交场合，有不相识者请求自己作自我介绍时。

（4）在公共聚会上，与身边的陌生人共处时。

（5）在公共聚会上，打算介入陌生人组成的交际圈时。

（6）有求于人，而对方对自己不甚了解，或一无所知时。

（7）交往对象因为健忘而记不清自己，或担心这种情况有可能出现时。

（8）在出差、旅行途中，与他人不期而遇，并且有必要与之建立临时接触时。

（9）初次前往他人居所、办公室，进行登门拜访时。

（10）拜访熟人遇到不相识者挡驾，或是对方不在，而需要请不相识者代为转告时。

（11）初次利用大众传媒，如报纸、杂志、广播、电视、电影、标语、传单，向社会公众进行自我推介、自我宣传时。

（12）利用社交媒介，如信函、电话、电报、传真、电子信函，与其他不相识者进行联络时。

（13）前往陌生单位，进行业务联系时。

（14）因业务需要，在公共场合进行业务推广时。

（15）应聘求职时。

（16）应试求学时。

凡此种种，又可以归纳为3种情况：一是本人希望结识他人；二是他人希望结识本人；三是本人认为有必要令他人了解或认识本人。

2. 自我介绍的类型

（1）应酬式。在某些公共场合和一般性的社交场合，如旅行途中、宴会厅里、舞场之上、通电话时，都可以使用应酬式的自我介绍。

应酬式介绍的对象是进行一般接触的交往对象，或者属于泛泛之交，或者早已熟悉，进行自我介绍，只不过是为了确定身份或打招呼而已。所以，此种介绍要简洁精练，一般只介绍姓名就可以。例如：

"您好，我叫周琼。"

"我是陆曼。"

（2）交流式。有时，在社交活动中，我们希望某个人认识自己、了解自己，并与自己建立联系时，就可以运用交流式的介绍方法，与心仪的对象进行初步的交流和进一步的沟通。

交流式的自我介绍比较随意，可以包括介绍者的姓名、工作、籍贯、学历、兴趣以及与交往对象的某些熟人的关系，可以不着痕迹地面面俱到，也可以故意有所隐瞒，造成某种神秘感，激发对方与你进行进一步沟通的兴趣。俗说的"套瓷"就属于此类，而时下网络上的"浪漫邂逅"更是典型代表。例如：

"你好，我是玉蝴蝶，因为我特别喜欢谢霆锋。"

"玉蝴蝶？是谢霆锋演出的专称吧。我更喜欢周杰伦。"

"哦，你在哪里，你也喜欢通宵上网吗？"

"我在长沙，我刚刚失恋了，所以通宵上网。"

（3）礼仪式。在一些正规而隆重的场合，比如讲座、报告、演出、庆典、仪式等一些正规而隆重的场合，要运用礼仪式的自我介绍，以示对介绍对象的友好和敬意。

礼仪式的自我介绍，要包含自己的姓名、单位、职务等项，还要多加入一些适宜的谦辞敬语，以符合这些场合的特殊需要，营造谦和有礼的交际气氛。例如：

"各位听众，大家好！我是郑阳，您的老朋友。现在，我将为大家献上一场丰盛美味的音乐大餐，感谢所有听众对'校园民谣'一如既往的支持和关爱。"

（4）工作式。工作式的自我介绍，主要适用于工作之中。它是以工作为自我介绍的中心，因工作而交际，因工作而交友。有时，它也叫公务式的自我介绍。

工作式的自我介绍的内容，应当包括本人姓名、供职的单位及其部门、担负的职务或从事的具体工作等 3 项，它们叫作工作式自我介绍内容的三要素，通常缺一不可。其中，第一项姓名，应当一口报出，不可有姓无名，或有名无姓。第二项，供职的单位及其部门，有条件的话最好全部报出，具体工作部门有时也可以暂不报出。第三项，担负的职务或从事的具体工作，有职务最好报出职务，职务较低或者无职务，则可报出目前所从事的具体工作。例如：

"你好！我叫张奕希，是××市政府外办的交际处处长。"

"我叫傅冬梅，现在在中国人民大学国际政治系教外交学。"

（5）问答式。问答式的自我介绍，一般适用于应试、应聘和公务交往。在普通交际应酬场合，它也时有所见。

问答式的自我介绍的内容，讲究问什么答什么，有问必答。例如：

甲问："这位小姐，你好！不知应该怎么称呼您？"乙答："先生您好！我叫王雪时。"

主考官问："请介绍一下你的基本情况。"应聘者答："各位好！我叫张军，现年 28 岁，陕西西安人，汉族，共产党员，已婚，1995 年毕业于西安交通大学船舶工程系，获工学学士学位，现在北京市首钢船务公司任助理工程师，已工作 3 年。其间，曾去阿根廷工作 1 年。本人除精通所学专业外，还掌握英语、日语、懂电脑、会驾驶汽车和船只。曾在国内正式刊物上发表过 6 篇论文，并拥有一项技术专利。"

3. 自我介绍的注意事项

（1）无论是哪一种自我介绍，都必须注意把握好分寸。首先需要注意自我介绍的时机。进行自我介绍应当选择适当的时间，如对方空闲的时候、对方兴致正浓时、对方对你感兴趣时、对方主动提出要求时。如果时间不合适，如对方正在忙碌、缺乏兴趣、心情不佳等，就应该避免进行自我介绍。其次，应该注意控制自我陈述的时间长度。原则上是在把必须让对方了解的有关自己的信息介绍清楚的前提下，时间越短越好。因此，这就要求介绍的内容必须具有值得告诉对方的必要性，同时要求介绍者语言精练，谈话条理清晰。一般应该把时间控制在一分钟之内。切忌滔滔不绝、废话连篇。

（2）自我介绍还应该注意态度。必须友善、自然、亲切、随和。应该落落大方，既不要畏手畏脚，也不要虚张声势，应该表现得充满自信，千万不要妄自菲薄，心怀胆怯。语气要自然，语速要正常，语音要清晰；切忌语气生硬、语速过快或过慢、语音含糊不清，否则对方会需要你介绍第二遍。进行自我介绍时所表述的内容，一定要实事求是。没有必要过分谦虚，一味贬低自己讨好别人；也不能自吹自擂，故弄玄虚，企图借夸大自己来赢得别人的好感。

其实，在人际交际中，无论怎样的场合中的自我介绍，真实、坦诚都是第一位的。只要你能把握好这一点，再适当运用自我介绍的技巧，相信你一定能顺利完成交际中的第一关，为日后进一步交往打好基础。

与人交往注重仪容

查理·许在加拿大某移民律师行工作。1998年，被委派回国寻找合作伙伴。经人介绍，他与中国某部下属的赵总首次相会。查理被引进赵总的办公室，看见一个中年男人坐在办公桌后打电话。他穿着灰棕色、人造纤维的格子西服，一条花亮的领带露在他V形口的毛衣外面，鼻子里的黑毛像茂盛的亚热带草丛，毫无顾忌地伸出鼻孔，他张口讲话时，一口黑黄的牙齿暴露无遗。电话中，他大声地训斥着对方，然后，毫不客气地猛然摔下电话。

"噢！上帝啊，这就是公司的老总？"查理心中不免非常失望。赵总与查理象征性地握了握手。"冷酷的、拒人千里之外的死鱼式的握手。"查理心中的失望又增加了一分。赵总邀请查理共进午餐，在座的还有查理的那位身材略胖的同事以及赵总的两位副手。就餐时话题无意间进入饮食与肥胖的关系，赵总旁若无人地指责胖人没有节制的饮食。查理的胖同事低头不语，敏感的查理举杯转移话题："好酒，中国的红酒比加拿大的冰酒还有味道。"赵总喝完了酒，再度拾起肥胖的话题，强烈地抨击胖人之所以胖是由于懒惰。

最终，他们之间没有结成商业同盟。查理谈到这段经历时说："他留给我一个永不可磨灭的可怕的恶劣印象。从我一进门的瞬间，他那张冷酷不带微笑的脸和那双死鱼般的手，无不在告诉我这是一个冷酷的、没有修养的人。在餐桌上的表现，更进一步证明了我对他的第一印象。他不但没有修养，简直是没有教养，不懂得一点点为人的基本礼貌。我无法想像与这种人合作经营会有什么样的后果！我更无法理解他为什么可以坐在公司老总的位置上？他早就应该在大浪淘沙中被时代淘汰。"

在竞争日益激烈的今天，形象对一个人的作用是万万不能忽视的。形象创造价值、形象决定命运的说法绝不是夸大之词，而仪容往往是人的形象的第一要素。

仪容，通常是指人的外观、外貌。其中的重点，则是指人的容貌。在人际交往中，每个人的仪容都会引起交往对象的特别关注，并将影响到对方对自己的整体评价。在个人的仪表问题之中，仪容是重点之中的重点。

社交礼仪对个人仪容的首要要求是仪容美。它的具体含义主要有三层：

首先要求仪容自然美。它是指仪容的先天条件好，天生丽质。尽管以相貌取人不合情理，但先天美好的仪容相貌，无疑会令人赏心悦目，感觉愉快。

其次要求仪容修饰美。它是指依照规范与个人条件，对仪容进行必要的修饰，扬其长，避其短，设计、塑造出美好的个人形象，在人际交往中尽量令自己显得有备而来，自尊自爱。

最后要求仪容内在美。它是指通过努力学习，不断提高个人的文化、艺术素养和思想、道德水准，培养出自己高雅的气质与美好的心灵，使自己秀外慧中，表里如一。

真正意义上的仪容美，应当是上述三个方面的高度统一。忽略其中任何一个方面，都会使仪容美失之于偏颇。

在这三者之中，仪容的内在美是最高的境界，仪容的自然美是人们的心愿，而仪容的修饰美则是仪容礼仪关注的重点。

要做到仪容修饰美，自然要注意修饰仪容。修饰仪容的基本规则是美观、整洁、卫生、得体。

个人修饰仪容时，应当引起注意的，通常有头发、面容、手臂、腿部、化妆等五个方面。

1. 头发

人们观察别人时，总是从头部开始。

修饰头发，要做到勤于梳洗、长短适中，并且在发型得体的基础上，采取适当的美发技巧。

现代社会，提倡个性解放，而头发往往是彰显个性的急先锋。我们要根据自己的发质、脸型、年龄、着装等个人条件对发型进行选择，并使发型符合自己的职业和所处场所。在这一基础上，我们可以烫发、染发，还可以作发雕，甚至利用假发，以美化仪容，并在人群中显示出自己的独特个性。

2. 面容

仪容在很大程度上指的就是人的面容，由此可见，面容修饰在仪容修饰之中举足轻重。

修饰面容，首先要做到面必洁，即要勤于洗脸，使之干净清爽，无汗渍、无油污、无泪痕，无其他任何不洁之物。

修饰面容，要具体到眼、耳、鼻、口、脖等各个部位。在卫生清洁的基础上，进行适当的修饰和护理。比如，要清除和修剪耳毛、鼻毛等有碍观瞻的体毛；要保持牙齿洁白，更要避免口臭或口腔有其他异味，令对方避之不及；要注意脖后、耳后等藏污纳垢的部位，以免影响整体的良好形象。

3. 手臂

手臂是人际交往之中身体上使用最多、动作最多的一个部分，而且其动作往往被附加了各种各样的含义。因此，手臂被称为社交中的"身体名片"，发挥着比纸名片更重要的社交作用。

修饰手臂，要注意到手掌、肩臂和汗毛等细节问题。手掌是"制作"各种手段的关键部位，所以，一定要保持清洁干燥，健康温暖，更要时常注意指甲的修剪和美容，以免在靠近或接触别人时引发别人的反感和不快。另外，最应注意的是汗毛，特别是女性，若手臂上汗毛过多、过浓，会直接影响到自身的美感，最好采用适当的方法进行脱毛处理。而令腋毛外露，则更是社交中个人形象的大败笔，必须杜绝。

4. 腿部

俗话说："远看头，近看脚，不远不近看中腰。"距离较近时，腿部往往是人们的注目所在。

修饰腿部，应当注意的问题同样有三个，即脚部、腿部和汗毛。

一般而言，男人的腿部和脚部是不能在正式社交场合暴露的。而对于女性，则稍为宽容一些，可以穿镂空鞋、无跟鞋暴露脚部，也可以穿短裤暴露腿部，但在庄严、肃穆的场合，这也应避免。

脚部和袜子的卫生清洁也是腿部仪容的一大要点。有异味的脚和袜子，过长或肮脏的脚指甲，拉丝甚至有洞的袜子，都是你的社交形象的死亡宣判书。

5. 化妆

化妆是修饰仪容的一种高级方法，它是指采用化妆品按一定技法对自己进行修饰、装扮，以便使自己容貌变得更加靓丽。

在人际交往中，进行适当的化妆是必要的。这既是自尊的表示，也意味着对交往对象较为重视。

在一般情况下，女士对化妆更加重视。其实，它不只是女士的专利，男士也有必要进行适当的化妆。

在社交场合，化妆需要注意两个方面。其一，是要掌握原则；其二，是要合乎礼规。

（1）化妆的原则。进行化妆前，一定要树立正确的意识。这种有关化妆的正确意识，就是所谓化妆的原则。关于社交场合化妆的原则，一共有四条。

①美化。化妆，意在使人变得更加美丽，因此在化妆时要注意适度矫正，修饰得法，使人在化妆后能够避短藏拙。在化妆时不要自行其事，任意发挥，寻求新奇，有意无意将自己老化、丑化、怪异化。

②自然。通常，化妆既要求美化、生动、具有生命力，更要求真实、自然，天衣无缝。化妆的最高境界是"妆成有却无"。即没有人工美化的痕迹，而好似天然若此的美丽。

③适宜。化妆虽讲究个性化，但却必须学习才能懂行，难以无师自通。比方说，工作时化妆宜淡，社交时化妆可以稍浓，香水不宜涂在衣服上和容易出汗的地方，口红与指甲油最好为一色，等等，都不可另搞一套，贸然行事。

④协调。高水平的化妆，强调的是其整体效果。所以在化妆时，应努力使妆面协调、全身协调、场合协调、身份协调，以体现出自己慧眼独具，品位不俗。

（2）化妆的礼规。进行化妆时，应认真遵守以下礼仪规范，不得违反。

①勿当众进行化妆。化妆，应事先搞好，或是在专用的化妆间进行。若当众进行化妆，则有卖弄表演或吸引异性之嫌，弄不好还会令人觉得身份可疑。

②勿在异性面前化妆。聪明的人绝不会在异性面前化妆。对关系密切者而言，那样做会使其发现自己本来的面目；对关系普通者而言，那样做则有"以色事人"，充当花瓶之嫌。无论如何，它都会使自己形象失色。

③勿使化妆妨碍他人。有人将自己的妆化得过浓、过重，香气四溢，令人

窒息。这种"过量"的化妆，就是对他人的妨碍。

④勿使妆面出现残缺。若妆面出现残缺，应及时避人补妆，若听任不理，会让人觉得自己低俗、懒惰。

⑤勿借用他人的化妆品。借用他人化妆品不卫生，故应避免。

⑥勿评论他人的化妆。化妆系个人之事，所以对他人化妆不应自以为是地加以评论或非议。

以上就是修饰仪容应注意的五个具体方面，只要你在平时多注意这些仪容方面的小细节，相信你的容貌会变得更加靓丽，你的形象会更加光彩照人。

让你的表情充满亲和力

某公司要招聘一位市场部经理，一位名校硕士的简历深深吸引了老总。这位硕士有相关理论著述，而且在两家单位任过职，有一定经验。于是老总通知他三天后来公司面试，面试结果呢？竟然没能通过。老总后来说，那次面试是他亲自主持的。他发现那位先生有个特点，就是不管什么时候都是锁着双眉，不会微笑，显示出很沉闷的样子。他说，这种表情的人是典型的不擅做沟通工作的。而作为市场部的负责人，沟通本来就是重要的工作内容……

可见，一个人的表情在人际交往特别是初次交往中很重要，千万不可以小看。

心理学家指出："捕捉人心的要素很多，但是，其中效果最好，而且能使他人的目光不忍稍移的，莫过于表情。"

普通人多少都会对自己容貌上不完美的地方加以掩饰，拼命地弥补。特别是那些天生容貌称不得出色的人，总希望尽可能看起来漂亮些，于是，便努力做出高雅的举止，脸上常挂着温柔的微笑。

你脸上的表情究竟该如何做呢？或许你想表现出自己是个男子汉，摆出思虑深远，富有决断的表情，但是这实在是大错特错！充其量，你这张脸就像每天只是发号施令，看起来极端严肃的班长罢了。

当出现在公共场合时，表情与动作便是最佳的语言。

而人类的表情虽然变化多端，但是谁也无法抵挡迷人的微笑和动人的眼神，它们是会令你的表情充满亲和力的最佳法宝。

1. 眼神的作用

雪平是某外企公司人事部经理，被邀请参加一个世界著名公司的人际关系培训班结业典礼。雪平打算通过这个典礼来了解公司讲师的素质，之后再决定自己是否也参加培训。

他坐在前排右边，看着那些结业的人用被强化训练出来的积极热情的语言，振奋地表达自己的体会。那位主讲老师的脸上始终挂着一个定格的笑容，但是雪平总感到有什么使他困惑，他无法捉摸那笑容的背后，到底是真诚还是客套，他无法相信那张脸的诚意，更无法被那个标准的肌肉造型的笑容感染。典礼结束时，雪平走向那位讲师作自我介绍，在他们握手的一刹那，雪平与他的眼睛直视，这才明白：原来困扰我的是他那双眼睛。

雪平形容那双眼睛："看起来阴冷、高深莫测、虚实不定。那双眼睛对我并没有兴趣，它只是漠然地在我身上扫了一遍。这双眼睛与他的笑脸是那么不和谐，这双眼睛里没有一丝笑意和温暖。我的困惑终于解除了，原来他的笑是强化培训出来的职业笑容。他的心中并没有笑容，这些全都通过眼睛表现出来。眼睛是心灵的窗口，一个只有脸上微笑，心灵没有微笑的人能是一个优秀的人际关系讲师吗？他不可能告诉我他自己都不懂得的事情。"雪平最终没有参加这个公司的培训班。

在人类的活动中，用眼睛来表达的方式和内容如此丰富、含蓄、微妙、广泛，眼神的力量远远超出我们用语言可以表达的内容。美国身体语言专家福斯特在他的书《身体语言》中写道："尽管我们身体的所有部分都在传递信息，但眼睛是最重要的，它在传送最微妙的信息。"每天人们都是用目光默默无声地互通信息，目光在面对面的沟通交流中起着重大的作用，它决定着你能否有效地与对方交流。一个不能运用目光沟通的人不会是个高效的交流者。

为此，我们需要学会用眼睛说话，丰富我们的表情。

在生活中，在不同场合、不同情况下所要面对的目光也有所不同。

不管是熟人还是初次见面，在向对方问候、致意、道别等的时候都应面带微笑，用柔和的目光去注视对方，以示尊敬和礼貌。

和对方交谈时，注视对方时间的长短，是十分重要的。双方交谈时，听的一方通常应该多注视说的一方。应经常保持双方目光的接触，长时间回避对方目光或是左顾右盼，是"心里有鬼"或是不感兴趣的表现。但如果一直用直勾勾的目光盯着对方，是非常失礼的，甚至会让人认为你有什么其他企图。要随着话题内容的变换，采用及时恰当的目光反应，使整个交谈融洽、和谐而且生动有趣。

交谈中当双方都沉默不语时，应该把目光移开，以免因为一时没话题而感到尴尬或不安；当别人说错话或拘谨时，不要正视对方，免得对方误认为是对他的讽刺和嘲笑。

运用目光的时候，要做到把目光柔和地"照"在别人的脸上，而不是单单注视对方的眼睛，给人一种死盯着不放，而且在瞪他或是不友善的感觉。也不要反复打量对方，不可以长久注视陌生的异性，不要随便使用鄙视、轻蔑、愤怒、仇视的目光。每种眼神传递的多是约定俗成的含义，不能随心所欲地胡乱使用。比如在谈判中，为了准确地把握谈判契机，掌握主动权，我们可以利用双目生辉、炯炯有神的目光，因为它是充满信心的反应，这种目光，就容易取得对方的信任与合作。假如双眉紧锁、目光呆滞无神或不敢正视对方，往往会被认为无能或者另有隐情，很容易导致不利结果。

假如你是一名推销员，就应该用安详的目光和客户对视，因为这样的目光是吸引顾客注意力的一个好办法。当你介绍产品时，额头舒展，眼神放光，能让客户从你流露出的明快而亲切的目光中产生对产品的信任感。这样有利于顺利开展工作，也有助于融洽气氛、交流思想、增进感情并且加深印象。

2. 微笑的力量

有这样一个例子，威廉·史坦哈是纽约证券股票公司市场成功的一员，他说他年轻的时候是个讨人嫌的家伙，他脸上没有微笑，不受人们的欢迎。

后来他自己决定，必须改变他的态度，他决心要脸上展现开朗的、快乐的微笑。于是，在第二天早上梳头时，他对着镜子中满面愁容的自己下令说："毕尔，你得微笑，把脸上的愁容一扫而光；现在立刻开始微笑。"于是，威廉·史坦转过身来，跟他的太太打招呼："早安，亲爱的。"同时对她微笑，她怔住了，惊诧不已。史坦哈说："从此以后你不用惊愕，我的微笑将成为寻常的事。"

两个月里，史坦哈每天早上都对妻子微笑。结果怎么样呢？微笑改变了他的生活，两个月中他在家所得的幸福比以往一年还要多。

现在，史坦哈对大楼的电梯管理员微笑；对木楼门廊里的警卫微笑；对银行的出纳小姐微笑。当他在交易所时，对那些从未见过的人微笑。于是他发现每一个都对他报以微笑。

史坦哈带着一种轻松愉悦的心情去同一些满腹牢骚的人交谈，一面微笑，一面恭听。过去很讨人厌的家伙，变成了一个受人欢迎的人；过去很棘手的问题，现在变得容易解决了。

毫无疑问，微笑给史坦哈带来了许多的方便和更多的收入。他发现以前同别人相处很难，现在却完全相反，他学会赞美、赏识他人，努力使自己用别人的观点看事物。从此他快乐、富有、拥有友谊与幸福。无怪乎学者们说："微笑是成功者的先锋。"

西方有句谚语：不会笑就别开店。中国人也说："笑口且常开，财源滚滚来。"微笑，是人类最美好的形象。因为人类的笑脸意味着温暖、自信、幸福、宽容、慷慨、吉祥等含义，微笑吸引着幸运和财富。英国BBC电视"人类的面孔"系列的作者巴特说："我们经常愿意与微笑的人分享我们的自信、希望与金钱。这里面深奥的原因已经超过了我们的意识所能够认识的。随时能够笑的人已经证明，他们在个人生活和事业上都更成功。"最具有说服力的证据来自美国金融巨头查尔斯·斯瓦博，当他被问到如何成为富豪时，他诙谐地回答："我的笑容价值百万美元。"

微笑可以表现出温馨、亲切的表情，能有效地缩短双方的距离，给对方留下美好的心里感受，从而形成融洽的交往氛围。它能产生一种魅力，它可以使强硬者变得温柔，使困难变得容易。所以微笑是人际交往中的润滑剂，是广交朋友、化解矛盾的有效手段。

面对不同的场合、不同的情况，如果能用微笑来接纳对方，可以反映出你良好的修养和挚诚的胸怀。另外微笑于自己最大的好处是，在为自己营造良好人际关系同时，促进个人的身心健康。

要塑造美好的笑容，就要加强笑的艺术修养，剔除不良习惯，做到四要四不要。

四要：

一要口眼鼻眉肌结合，做到真笑。发自内心的微笑，会自然调动人的五官：眼睛略眯起、有神，眉毛上扬并稍弯，鼻翼张开，脸肌收拢，嘴角上翘，唇不露齿。做到眼到、眉到、鼻到、肌到、嘴到，才会亲切可人，打动人心。

二要神情结合，显出气质。笑的时候要精神饱满、神采奕奕，要笑得亲切、甜美。这样的笑伴以稳重、伴以文化修养，就能显出气质。微笑在于它是含笑于面部，"含"给人以回味、深刻、包容感。如果露齿或张嘴笑起来，再好的气质也没有了。

三要声情并茂，相辅相成。微笑和语言美往往是孪生姐妹，甜美的微笑伴以礼貌的语言，两者相映生辉。如果脸上微笑，却出言不逊，语言粗野，其微笑就失去了意义；如果语言文明礼貌，却面无表情，会让人怀疑你的诚意。只有声情并茂，你的热情、诚意才能为人理解，并起到锦上添花的效果。

四要和仪表举止的美和谐一致，从外表形成完美统一的效果。

四不要：

一不要缺乏诚意，强装笑脸。

二不要露出笑容随即收起。

三不要仅为情绪左右而笑。

四不要把微笑只留给上级、朋友等少数人。

总之，假如你平时不善言笑，可以通过训练有意识地改变自己。按照前面所说，对着镜子，做最使自己满意的表情，到离开镜子时也不要改变它。当你独处的时候，深呼吸、唱歌或听愉快的歌曲。忘掉自我和一切烦恼，让心中充满爱意。

特别是作为管理阶层，更不要使自己阴云密布。如果你这样面对上级，上级会认为你有工作压力，不胜任现在的职务；如果你这样面对下属，下属会认为你对他的工作很有意见，让他考虑另谋高就；如果你这样和客户交谈，客户会认为你不希望和他合作。

控制自己的情绪，保持一张谦和的脸，是每一个成功者必须做到的。

衣着是做事的通行证

美国商人希尔在创业之始，就意识到服饰对人际交往与成功办事的作用。他清楚地认识到，商业社会中，一般人是根据一个人的衣着来判断对方的实力的，因此，他首先去拜访裁缝。靠着往日的信用，希尔订做了 3 套昂贵的西服，共花了 275 美元，而当时他的口袋里仅有不到 1 美元的零钱。

然后他又买了一整套最好的衬衫、衣领、领带、吊带等，而这时他的债务已经达到了 675 美元。

每天早上，他都会身穿一套全新的衣服，在同一个时间里、同一条街道同某位富裕的出版商"邂逅"，希尔每天都和他打扫呼，也偶尔聊上一两分钟。

这种例行性会面大约进行了一星期之后，出版商开始主动与希尔搭话，并说："你看来混得相当不错。"

接着出版商便想知道希尔从事哪种行业。因为希尔身上所表现出来的这种极有成就的气质，再加上每天一套不同的新衣服，已引起了出版商极大的好奇心，这正是希尔盼望发生的情况。

于是希尔很轻松地告诉出版商："我正在筹备一份新杂志，争取在近期出版，杂志的名称为《希尔的黄金定律》。"

出版商说："我是从事杂志印刷及发行的。也许，我也可以帮你的忙。"

这正是希尔所等候的那一刻，而当他购买这些新衣服时，他心中已想到了这一刻，以及他们所站立的这块土他，几乎分毫不差。

　　这位出版商邀请希尔到他的俱乐部，和他共进午餐，在咖啡和香烟尚未送上桌前，他已"说服"了希尔答应和他签合约，由他负责印刷及发行希尔的杂志。希尔甚至"答应"允许他提供资金并不收取任何利息。

　　发行《希尔的黄金定律》这本杂志所需要的资金至少在3万美元以上，而其中的每一分钱都是从漂亮衣服所创造的"幌子"上筹集来的。

　　成功的外表总能吸引人们的注意力，尤其是成功的神情更能吸引人们"赞许性的注意力"。当然，这些衣服里也包含着一种能力，是自信心和创造力的完美体现。

　　一个人的外貌对于他本身有影响，穿着得体就会给人以良好的印象，它等于在告诉大家："这是一个重要的人物，聪明、成功、可靠。大家可以尊敬、仰慕、信赖他。他自重，我们也尊重他。"

　　只有在对方认同你并接受你的时候，你才能顺利进入对方的世界，并游刃有余地与对方交往，从而把自己的事情办成和办好，而这一切的获得在很大程度上与你的外在打扮有关。

　　大凡给对方留下了好印象的人都善于交往、善于合作。而一个人的仪表是给对方留下好印象的基本要素之一。试想，一个衣冠不整、邋邋遢遢的人和一个装束典雅、整洁利落的人在其他条件差不多的情况下，同去办同样分量的事儿，恐怕前者很可能受到冷落，而后者更容易得到善待。特别是到陌生的地方办事儿，给别人留下美好的第一印象更为重要。世上早有"人靠衣装马靠鞍"之说，一个人若有一套好衣服配着，仿佛把自己的身价都提高了一个档次，而且在心理上和气氛上增强了自己的信心。聪明的人切莫怪世人"以貌取人"，人皆有眼，人皆有貌，衣貌出众者，谁不另眼相看呢？着装艺术不仅给人以好感，同时还直接反映出一个人的修养、气质与情操，它往往能在别人尚未认识你或你的才华之前，向别人透露出你是何种人物，因此在这方面稍下一点功夫，就会事半功倍。

　　衣冠不整、蓬头垢面让人联想到失败者的形象。而完美无缺的修饰和宜人的体味，能使你的形象大大提高。有些人从来没有真正养成过一个良好的自我保养的习惯，这可能是由于不修边幅的学生时代留下的后遗症，或者父母的率先垂范不好，或者他们对自己的重视不够造成的。如果你注重自己的形象，良好的修饰习惯很快就能形成。如果你天生一个胡子脸，那也没有办法，但至少你要给人一种你能打点好自己的印象。牙齿、皮肤、头发、指甲的状况和你的仪态都一一表明你的自尊程度。

　　别人对你的第一印象，往往是从服饰和仪表上得来的，因为衣着往往可以表现一个人的身份和个性。毕竟，要对方了解你的内在美，需要长久的过程，只有仪表能一目了然。

办事儿的顺利与否，第一印象至关重要，不讲究仪表就是自己给自己打了折扣，自己给自己设置了成功的障碍，不讲究仪表就是人为地给要办的事情增加了难度。

一外商考察团来某企业考察投资事宜，企业领导高度重视，亲自挑选了庆典公司的几位漂亮女模特来做接待工作，并特别指示她们穿着紧身的上衣，黑色的皮裙，领导说这样才显得对外商的重视。

但考察团上午见了面，还没有座谈，外商就找借口匆匆走了，工作人员被搞得一头雾水。后来通过翻译才知道，他们说通过接待人员的着装，认为这是个工作以及管理制度极不严谨的企业，完全没有合作的必要。

原来，该企业接待人员在着装上，犯了大忌。根据着装礼仪的要求，工作场合女性穿着紧、薄的服装是工作极度不严谨的表现；另外，国际公认的是，不应穿着黑色的皮裙出席正式场合。

着装也是一种无声的语言，它显示着一个人的个性、身份、角色、涵养、阅历及其心理状态等多种信息。在人际交往中，着装，直接影响到别人对你的第一印象，关系到对你个人形象的评价，同时也关系到一个企业的形象。

TPO是西方人提出的服饰穿戴原则，分别是英文中时间（Time）、地点（Place）、场合（Oceasion）三个单词的缩写。穿着的TPO原则，要求人们在着装时以时间、地点、场合三项因素为准。

1. 时间原则

时间既指每一天的早、中、晚三个时间段，也包括每年春、夏、秋、冬的季节更替，以及人生的不同年龄阶段。时间原则要求着装考虑时间因素，做到随"时"更衣。

通常，早晨人们在家中或进行户外活动，如在家中盥洗用餐或者外出跑步做操健身，着装应方便、随意，可以选择运动服、便装、休闲服。

工作时间的着装，应根据工作特点和性质，以服务于工作、庄重大方为原则。晚间，宴会、舞会、音乐会之类的正式社会活动居多，人们的交往距离相对缩小，服饰给予人们视觉和心理上的感受程度相对增强。因此，晚间穿着应讲究一些，以晚礼服为宜。

服饰应当随着一年四秀的变化而更替变换，不宜标新立异、打破常规。

夏季以凉爽、轻柔、简洁为着装格调，在使自己凉爽舒服的同时，让服饰色彩与款式给予他人视觉和心理上的好感受。夏天，层叠皱折过多、色彩浓重的服饰不仅使人燥热难耐，而且一旦出汗就会影响女士面部的化妆效果。

冬季应以保暖、轻便为着装原则，避免臃肿不堪，也要避免要风度不要温度，为形体美观而着装太单薄。应该注意，即使同是裙装，在夏天，面料应是轻薄型的，冬天要穿面料厚的裙子。春秋两季可选择的范围会更大更多一些。

2. 地点原则

地点原则代表地方、场所、位置不同，着装应有所区别，特定的环境应配以与之相适应、相协调的服饰，才能获得视觉和心理上的和谐美感。

比如，穿着只有在正式的工作环境才合适的职业正装去娱乐、购物、休闲、观光，或者穿着牛仔服、网球裙、运动衣、休闲服进入办公场所和社交场地，都是与环境不和谐的表现。

3. 场合原则

在不同的时间和地点穿衣有不同的要求，而从场合看，大致可以分为三类，即公务场合、社交场合和休闲场合。

（1）公务场合。公务场合是指上班处理公务的时间。在公务场合，本身的着装不可以强调个性、突出性别、过于时髦，或是显得过于随便，应当是既端正大方，又严守传统。最为标准的是深色的毛料套装、套裙或制服。具体而言，男士最好是身着藏蓝色、灰色的西装或中山套装，内穿白色衬衫，脚穿深色袜子、黑色皮鞋。穿西装套装时，必须打领带。女士的最佳衣着是：身着单一色的西服套裙，内穿白色衬衫，脚穿肉色长筒丝袜和黑色高跟鞋。有时，穿着单一色彩的连衣裙亦可，尽量不要选择以长裤为下装的套装。公务场合不宜穿过于肮脏、残破、暴露、透视、短小、紧身的服装。

（2）社交场合。社交场合是指人们在公务活动之外，与其他人进行交际应酬的公共场所。在此场合中着装要重点突出"时尚个性"的风格，既不要保守从众，也不宜随便邋遢。在参加宴会、酒会和舞会时，着装时主要有时装、礼服、具有本民族特色的服装以及个人缝制的服装。需要特别加以说明的是：在许多国家里，人们出席隆重的社交活动时，有穿礼服的习惯。在西方国家参加宴会时，男士和女士都要穿着礼服。而在我国，目前最广泛的是男士穿黑色的中山套装和西装套装，女士则是单色的旗袍或是下摆长于膝部的连衣裙。其中中山套装和单色的旗袍最具中国特色。最不适宜穿制服出席宴会。

（3）休闲场合。此处所指的是人们置身于闲暇地点，用于在公务、社交之外，一人独处，或是在公共场合与不相识者共处的时间。居家、健身、旅游、娱乐、逛街等等，都属于休闲活动。休闲场合对于服装款式的基本要求是：舒适、方便、自然。

符合这一要求，适用于休闲场合的服装款式为：家居装、牛仔裤、运动装、沙滩装等等。不适合在休闲场合穿着的服装款式则有：制服、套裙、套装、工作服、礼服、时装等等。

～ 举止体现你的风度

一个人的行为举止、风度仪表是展现他（她）外在魅力的主要方式之一。优雅的行为举止使人风度翩翩。即使最普通的职员，只要他（她）们行为得体，举止规范，自然会使人肃然起敬。一个人的一举一动、一言一行都与他（她）自己的风度仪表相关联，注意这些小节并使之规范化，会给生活增添无限的光彩。一般而言，良好的行为举止总使人感到愉悦畅快。

有些人认为，一个人的行为举止、外在仪表无关紧要。事实上并非如此，在现实生活中，一个人的举止是否优雅、言行是否得体，对于一件事情的成败往往有直接影响。英国一位大主教曾说过："高尚的品德一旦与不雅的仪表举止连在一起，也会使人生厌。"无疑地，优雅的行为举止能使女性的社会交往更加轻松愉快，从而有利于事情的成功。

一个人的行为举止与别人对他（她）的尊敬息息相关，在管理支配他人时，它常常比内在的、实质性的品性这类东西具有更大的作用。热情友好、彬彬有礼的言谈举止无疑会使人通身舒畅，在这种友好的交往中，成功往往就会到来。也就是说，亲切友好的行为举止会有助于事业成功。与此相反，不良的行为举止、乏味庸俗的言语只会使人顿生厌恶之感，这样一来，什么生意、交易都做不成。第一印象特别重要，而一个人是否有礼貌、讲客气，是否谦恭有礼往往对第一印象有十分重要的影响。

友善的言行、得体的举止、优雅的风度，这些都是走进他人心灵的通行证。无论老年人还是年轻人的心都是向举止得体、彬彬有礼的人打开的。态度生硬、武断专横的言行举止只会使人倍生厌恶之情、憎恨之感，因此这种人在生活中必定处处碰壁，处处令人生厌，就像过街的老鼠一样，使人通身不快。

1995 年，在纽约一家律师行里，中国的富豪钱先生穿着优质登喜路西服，打着法国名牌朗万领带，脚登闪亮的英国彻切斯皮鞋，他的全身被昂贵的世界一级名牌包装着，正在与自己的律师商谈对美国的合作伙伴所进行的诉讼。

钱先生瞪着眼睛，用手指着翻译大声地嚷着："你让他给我起诉狗娘养的史密斯，我限他在半年内给我打赢这场官司，否则我可不养这群废物！"半年之后，他的律师丝毫不少地收取了昂贵的律师费用，钱先生的官司进程几乎为零。在新换的曼哈顿的另一家律师行里，暴躁的钱先生气急败坏地对翻译说："你给我一词一句地翻译，他们要是还像前面的那个饭桶一样达不到我的要求，我他妈的随时更换律师！"

在双方都出场的听证会上，钱先生时常破口大骂，拍案而起，甚至要跳过桌子与对方搏斗，以至于他的律师和助手必须按压住他，正常的程序无法进行下去。几个月之后，钱先生失去了律师。这一次是律师解雇了钱先生，让他另请高明。愤怒的钱先生强烈地谴责"愚昧无能"的美国律师："都说美国律师最能干，我怎么遇上的全是笨蛋、蠢才！"

他的翻译在离开他以后无可奈何地说："我们先后换了三个律师行，经历了两年的持久战，公司花费了一百多万美元的律师费，我们的官司仍然以全面的失败而告终。每一次，他的出言不逊和粗暴无礼都会给我们带来巨大的经济损失，骄傲的美国律师们用消极的态度来报复他的粗暴。律师们是按小时收费，我们的官司的赢输，对他们并无致命的伤害。在很多需要理性和修养的小节上，我们的老总不能展示给律师一个有成就的、卓越的中国企业家的形象，以至于我们自己的律师都怀疑我们提供的证据的可信度。"

钱先生的穿戴和外表包装是世界一流的，可是他的言行、举止和修养却不能与他的外表相配。有很多人把形象设计的概念理解为外表包装和视觉感官上的提升，而根本不注重自身内在的修养，这不是形象设计的全部内容。形象设计的包装是简单的，而提高和改善人的修养和内在内容却是复杂的、深刻的、全面的、长期的。个人的修养包含自身文化素质的提高、情操的升华，它还包括对人类心理的理解，对人们行为动机的理解和对基本人性、人格、社会、文化等等的理解，以及对此做出的相应的反应。它需要你有能力理解他人的心理反应，预测产生的结果及你的行为可能会留下什么样的后果。有人说："只有琢磨墨香之后，才能成为真正的人。"当你有了修养时，就知道一个人应该如何举止了。

举止在心理学上称为"形体语言"，是指人的肢体动作是一种动态中的美，包括手势、坐姿、站姿、走姿等，是风度的具体体现。在某种意义上，绝不亚于口头语言所发挥的作用。

"站如松，坐如钟，卧如弓，行如风。"这12个字生动地概括了正确的站姿、坐姿、卧姿和走姿，十分形象。我们要想做到站有站相，坐有坐相，走有走相，就必须讲究站姿、坐姿和走姿。

1. 站姿

站姿，即站立的姿势。站立时，要抬头、挺胸、收腹，双目平视前方，身体立直，两肩舒展，双臂自然下垂，两手可交叉在腹前，也可以把右手放在左手上。在非正式社交场合，亦可把手背在身后。

站立时，不要东倒西歪或躬腰驼背或挺肚后仰，不要耸肩或一肩高、一肩低。站着与人交谈时，不要把手插在裤袋里或叉在腰间。

站姿可靠墙训练，后脑勺、双肩、臂部、小腿及脚后跟都紧贴墙壁；也可两人一组，背靠背站立。

2. 坐姿

所谓坐有坐相，是指坐姿要端正。人的正常坐姿，在其身后没有任何依靠时，上身应挺直稍向前倾，肩平正，两臂贴身自然下垂，两手随意放在自己腿上，两腿间距与肩宽大致相等，两脚自然着地。背后有依靠时，在正式社交场合，也不能随意地把头向后仰靠，显出很懒散的样子，这就是我们常说的"坐如钟"。

为了保证坐姿的正确优美，应该注意以下几点：一是落座以后，两腿不要分得太开，这样坐的女性尤为不雅。二是当两腿交叠而坐时，悬空的脚尖应向下，切忌脚尖向上，并上下抖动。三是与人交谈时，勿将上身向前倾或以手支撑着下巴。四是落座后应该安静，不可一会儿向东，一会儿向西，给人一种不安分的感觉。五是坐下后双手可相交搁在大腿上，或轻搭在沙发扶手上，但手心应向下。六是如果座位是椅子，不可前俯后仰，也不能把腿架在椅子或沙发扶手上、踏在茶几上，这都是非常失礼的。七是端坐时间过长，会使人感觉疲劳，这时可变换为侧坐。八是在社交和会议场合，入座要轻柔和缓，坐姿要端庄稳重，不可猛起猛坐，弄得座椅乱响，造成紧张气氛，小心不要带翻桌上的茶杯等用具，以免尴尬被动。总之，坐的姿势除了要保持腿部的美以外，背部也要挺直。不要像驼背一样，弯胸曲背。座位如有两边扶手时，不要把两手都放在两边的扶手上，给人以老气横秋的感觉，而应轻松自然、落落大方，方显得彬彬有礼。

3. 走姿

走姿，即行走的姿势。走姿往往可以显示出一个人的身体状况、精神风貌和性格。人走路的样子千姿百态。有的人步伐矫健、敏捷，显得精明强干；有的人步伐稳重、大方，显得沉着老练；有的人步伐轻盈、欢快，显得朝气蓬勃。这些走姿分别给人留下良好的印象。而有的人走路时摇头晃脑，左右摇摆，给人以轻薄的印象；有的人走路时弯腰驼背，步履蹒跚，给人以压抑、老态龙钟的感觉；还有人走路时盘着八字脚，晃着"鸭子"步。这些走姿均不雅观。

正确的走姿是：抬头挺胸，两眼平视，步幅和步位合乎标准，讲究步韵。

所谓步幅，是指行走时两脚之间的距离。步幅的一般标准是，前脚的脚跟与后脚脚尖的距离约等于自己的脚长。这里的脚长是指穿了鞋子的长度，而非赤脚。所谓步位，就是脚落地时的位置。一般说来两只脚所踩的是一条直线最标准。步韵是指行走的韵律。行走时，脚腕要富于弹性，肩膀应自然、轻松地摆动。平时走路不要太快，也不宜过于缓慢。男性每分钟走 100 步，女性每分钟走 90 步，显得有节奏和韵味。

在生活中，注意站、立、行、走的礼仪，会使你受到大家的欢迎。其实，优雅的行为举止在很大程度上根源于谦恭有礼和善良友好。从外表上看，礼貌乃是一种表现或交际形式，从本质上讲，礼貌反映着我们自己对他人的一种关爱之情。优雅的举止与得体的行为并没有什么本质的区别，二者基本是一致的。"漂亮的体型比漂亮的脸蛋要好；优雅的行为举止要胜过婀娜多姿的身段；优雅的举止是最好的艺术，它要胜过任何著名的雕塑或名画。"

第三章　电话细节，不可忽视

和上司谈话时关掉手机

"20 世纪 60 年代开始，电视改变了我们的整个生活，80 年代起 PC 改变了我们的工作方式。今天开始到未来的 10 年，移动技术将彻底改变我们工作和生活的一切。"几乎没有人会质疑爱立信中国有限公司副总裁蔡桐木几年前的这番话，值得商榷的只是时间问题，也许世界的变化并不如技术论者所期望的那样迅速。

"那个东西曾经是无比遥远的黑色砖头，曾经是被人炫耀地举在脑袋上的身份象征，曾经是我们精打细算想要添置的奢侈品。现在，它成了和手表一样的普通东西，成了老板招之即来的呼叫器，成了锻炼拇指的健身器，成了各色段子的中转站，成了游戏机，成了数码相机，成了掌上电脑……手机正在变得像叮当一样无所不能。最后，大概所有人都会问一个问题，除了手机，我们还需要别的吗？"

当下，随着手机的日益普及，无论是在社交场所还是工作场合，放肆地使用手机，已经成为礼仪的最大威胁之一，手机礼仪越来越受到关注。在国外，如澳大利亚电讯的各营业厅就采取了向顾客提供"手机礼节"宣传册的方式，宣传手机礼仪。

不知道你是不是有这样的体验：当你参加某个庄重的会议，或在某种严肃的场合，主持人总是要招呼大家把手机、呼机关掉。这样做的目的，就是怕你手机的声音影响别人，给平静的气氛增添不协调的声音。

有教养的人，在严肃的场合，一般都会关掉自己的手机，如果凑巧没关手机，当电话打进来时，也不会去接电话而是迅速地关掉手机，不让自己的手机声影响别人。

有一个员工，老板找他谈话安排工作，由于他平时从不关手机，恰巧有电话打进来，他对老板说了声"对不起"，就拿着手机出去接电话了。等他用了20分钟打完电话回来时，老板已经走了。他再去找老板，老板说："你这个人这么忙，电话都接不完，你回去接电话吧，明天开始就不用来上班了！"

在办公室里尽量要把手机关掉。你的手机声音会让身边的同事感到厌烦，尤其在老板跟你谈话时，或者重要的会议上。

在老板跟你谈话时，最好要关掉手机。你的手机铃声一响，打断老板说话，打断老板的思路，就会影响老板的情绪。如果你当着老板的面接手机，那就更不好了。那是对老板极不尊重的表现。

老板可能还会这样认为，你一天到晚不关机，是你对工作不尽心尽力，某些多心的老板还会认为你在利用手机办私事，这会让老板对你没有什么好印象。

上班时间，要把手机关掉，不让手机声音影响你和同事的工作。如果别人有事找你，可以打你办公室的电话，这样不至于影响别人。

同时，公司与员工的关系是工作关系，办公室是工作的场所，员工应养成不随便接听手机的习惯。最好是把你的私事放在上班时间以外。上班时，可以把手机铃声设为震动，等到休息时再给对方打过去，这样既不影响工作，也能给老板留个好印象。

在现在的职场中，关于手机的使用，必须注意以下几点：

（1）和别人共享一个空间时，不要让手机响，可以改为静音模式，包括开会时、在餐馆里、在火车上等等。因为手机铃声会打扰到别人！

（2）在一个拥挤的房间中接电话时，最好离开这个房间。广播你们的谈话永远都是不礼貌的行为。

（3）即使你单独一人，或者认为自己离别人够远了，也必须记住，用安静的、平常的声音说话。不要大喊大叫。

（4）如果你给对方打电话，要让对方知道你用的是手机。手机的技术是越来越先进了，但还是有需要完善的地方，电话有时可能突然断掉。

（5）永远不要用手机讨论敏感或保密性的信息。窃听的技术非常发达，你永远都不知道什么样的人可能正站在你旁边。

（6）开车时使用手机，一定要小心。开车时不要拨号。除非你有不需要用手的耳机或扬声器，否则就等停车后再拨。开车的同时打电话是很危险的。把车停在路边或停车场再说会比较明智。

（7）给客户打电话和有重要的事时，最好使用固定电话。用手机给人打电话，有可能使人听到你这边汽车呼啸而过的声音，也可能因为信号不好而中断，这都会给对方留下不好的印象。

此外，在一切公共场合，手机没有使用时，都要放在合乎礼仪的常规位置。不管怎样，都不要在没用的时候放在手里或挂在上衣口袋外。

放手机的常规位置有：一是随身携带的公文包里（这种位置最正规）；二是上衣的内袋里。

有时候，可以将手机挂在腰带上，或是开会的时候交给秘书、会务人员代管，也可以放在不起眼的地方，如手边、背后、手袋里，但不要放在桌上。

手机短信既有书面信函的特点，又有快捷的优势，被广泛地使用，所以我们关注一下有关手机短信的礼仪是必要的。

在一切需要手机震动状态或是关机的场合，如果短信的声音此起彼伏，那么和直接接、打手机又有什么区别呢？如果你一边和别人说话，一边查看手机短信，能说明你在全神贯注吗？

在短信的内容选择和编辑上，应该和通话文明一样重视。因为通过你发的短信，意味着你赞同、至少不否认短信的内容，也同时反映了你的品位和水准。所以不要编辑或转发不健康的短信，特别是一些带有讽刺伟人、名人甚至是革命烈士的短信，更不应该转发。

和重要人物通话后不要先挂掉电话

现代社会中，电话已成为商业联络的一个重要工具，利用电话可以给商谈带来许多便利，方便做生意办事情。

电话不仅传递声音，也传递你的情绪、态度和风度。虽然电话是通过声音交流，对方看不见你，但你的情绪、语气和姿态都能通过声音的变化传达给对方，电话是与顾客沟通交流的有效途径，接听电话是需要讲究礼仪的。有些职场中人，在这方面就相当欠缺。往往在接听电话时，还没等到对方说"再见"，就重重地挂上电话，虽然这只是一个很小的细节，但却是一个十分不礼貌的行为。不管你手头有多少工作需要尽快处理，也不可粗鲁地挂断电话，这会让对方感到你不懂礼貌，素质太低，对你产生坏印象。弄不好还会影响你与客户之间的沟通与交流，影响与客户的生意往来。

赵雪是一家贸易公司的秘书，恰好在她忙得不可开交时，接到一个客户打来的电话，赵雪在听了对方一番长长的问题后，只做了简单的回答就挂了电话。对方还没有说再见，就听到赵雪这边"咔嚓'一声挂了电话，一下子就愣住了，他并没有想到赵雪会在他之前挂断电话，心里十分不快地嘟哝了一句："这么急，赶杀场啊！"

后来这个客户与赵雪的上司一起聊天时，谈到了这件事，她的上司好像受到了侮辱一般，回来就把赵雪训了一顿。

因为接听电话而失去重要客户是得不偿失的。因此，接每个电话都要将对方视为自己的朋友，态度恳切，言语中听，使对方乐于同你交谈。接听电话时，应注意倾听对方的谈话，这不仅是对他人的尊重，也体现出你的修养和气质。同时，适当地给予回应，让对方感到你有耐心、有兴趣听他讲话，这无疑会使对方信任你，客户的信任对你的工作是很有利的。

在当今的商场社交上，各公司的往来频繁，用电话沟通是常有的事，这时也显得彼此沟通良好，但若是次数太多，同样也是会惹人讨厌的，"奇怪！怎么又来电话了！一次OK就好了，真啰嗦，芝麻大的小事要重复几遍！"小心，次数如果太多的话，可能会带给人麻烦！有些人对认识很久的朋友，态度就变得较随便，因为心里想："反正很熟嘛！"可是尚不知道对方会非常在意，和你正好持相反的看法："这个小陈怎么这样，以前刚认识的时候还满客气的嘛，现在怎么愈熟愈不尊重我，那以后不是会爬到我头上吗？"这样你可能会失去一位商场上的朋友！

一般而言，商务电话都是由打电话的那一方先挂电话，这是基本的电话礼貌，因为是有事情的人打电话过去，事情联络好交代完后理应挂上电话，这样才可算是交易的完成。但是如果遇到的是长辈，可就另当别论了，为了表示尊重，不管是打电话的或是接电话的都应该由长辈先挂，在确定对方已经挂线后，自己再轻轻地放下听筒。

总之，礼貌是好的结束也是希望的开端，要留给对方好印象，可别忽略了最后的礼貌，谨言慎行才是得体的商务应对之道。

注意提高声音的感染力

什么是"美声"？顾名思义就是"美丽的声音"，声音也可以美丽起来吗？当你的声音给人一种"嗯！她一定是一位有魅力、有味道的女人"、"嗯！他一定是一位成熟的男人"抑或是"这家公司一定不错"的感觉时，这样也就是美声了!说得极端一点就是,在电话上的第一声即代表第一印象,美妙适中的声音给人的印象是强烈深刻的,可以代表个人的品格和整个公司的具体形象。

声音如此重要,因此在一些电话营销培训课程中,有这样一个问题经常被问到:"你们在电话中都喜欢与什么样的人交流和沟通?"答案有很多,例如声音甜美、有磁性、清晰,思维敏捷,亲切、不打官腔,耐心、思想集中,简洁、直奔主题,平和,沉稳,易沟通、马上解决问题,礼貌、热情,幽默、可爱等。

如果我们对上面的要点进行总结的话,不难发现其中有些是与声音有关的,例如声音甜美、有磁性等;有些是与讲话方式有关的,例如简洁等;有些是与态度有关的,例如耐心、思想集中等;也有些是与个性有关的,例如有人喜欢热情的人,而有人不喜欢太热情的人等。这中间也涉及专业程度,例如马上解决问题等。在这里,我们把其中相当多的部分都归纳为电话中的感染力。

在与客户进行电话沟通的过程中,只有7%经由文字形式,38%是经由说话语气的,而有55%的讯息是经由肢体语言所传达的。声音是传递文字和说话语气的载体,商务电话沟通成功主要是依赖声音来完成,因为你必须通过声音来传递你的态度和热忱,它的影响比例占到了传播信息的45%。可见,改变你的声音对于打好电话来说是至关重要的,它是建立信赖感的依托所在。完善你的声音对于商务电话沟通来说显得日趋重要。

怎么才能使你在电话中的声音充满魅力呢?

首先,我们来了解一下声音的基本常识及其重要性:

对一个正常人来讲,其发音有12至20个音阶。当然,那些职业演员和歌唱家相对而言要高一些,有的甚至可达到36个音阶。遗憾的是,有些人的声音可能只有5个音阶,他们发出的声音听起来就像一根弦在拨动,十分单调,令听者感到头脑发涨。当你与他人讲话时,你所发出的每一个声音应给他人留下良好的印象,力求让人更好地了解你,更加充分地展示自己的服务,并充分显示你的管理潜能。

一般而言,一个得体的声音应该能够:

(1)显示你的沉着、冷静。

(2)吸引他人的注意力。

(3)让过于激动和正在生气的同事冷静下来。

(4)引导他人支持你的观点。

(5)更加有力地说服他人。

(6)使你的决定深入对方心里。

与此相反,如果你在与客户进行电话沟通时无法控制自己、内心混乱或紧张不安时，你所发出的声音一定会显得慌乱不安、表达不当。有时，一个人说话嗓门过大，可能正说明他处于一种紧张不安之中。说话支支吾吾，会让人觉得你情绪不定，或者让人觉得你是在撒谎。

美国宾夕法尼亚大学有一位专门从事人的焦虑症研究的心理学家，据他观察，一个人是否紧张，主要是看他发出的声音是否舌头打转、结结巴巴、语言重复和频繁使用"噢"、"啊"等口头语。为此，他专门研究美国历届总统候选人的临场表现。在1988年布什和杜卡基斯的首轮竞选结束后，他就发现杜卡基斯十分紧张，这一情绪使他表达自己的观点时，显得不是那么自信，进而影响了选民对他的看法。当第二轮辩论结束时，杜卡基斯明显比在第一轮中显得更加紧张和不安。在第二轮中，他演讲的出错率从5.5%上升到了11%。相对于布什能够准确地使用词语表达自己的观点并有很强的自我控制能力来说，杜卡基斯受不良情绪的影响，使演讲毫无感染力，更加无法说服选民，从而导致最后的竞选失败。

总的说来，强有力的声音感染力会使对方很快接受并喜欢上你，对建立瞬间亲和力有很大的帮助。从沟通要素看，声音感染力来自5个方面：音量、语调、语气、语速和节奏。

1. 音量

在电话中，适当的高音要比低沉的声音更容易让对方接受，也较容易给对方留下清晰的好印象。太过平淡的声音会使人注意力分散，产生厌倦情绪，尤其是在我们要解释一个重要的问题，且所花时间较长的情况下。在重要的词句上，我们要用重音。因此，接听电话时，声音最好比平常稍微高些。但是，太高太大的声音也会使对方感到不舒服，将声音稍微提高些，尽量说清楚，效果就会很不错。有些公司会教那些患感冒或身体较虚弱的人，接电话时要用高一些的声音，以能让对方容易接受的程度为佳。

由于商业电话需要正确的资讯，所以特别重视声音的传达。

2. 语调

语调能反映出一个人说话时的内心世界，表现出个人的情感和态度。当你生气、惊愕、怀疑、激动时，你表现出的语调也一定不自然。从你的语调中，人们可以感到你是一个令人信服、幽默、可亲可近的人，还是一个呆板保守、具有挑衅性、好阿谀奉承或阴险狡猾的人，你的语调同样也能反映出你是否是一个坦率而且尊重他人的人。

在打商务电话的过程中，要注意不断地变化语调。说话的语调不应是一味平铺直入的，而要抑扬顿挫，富有节奏。而且口头表达的多样化能够保持人们的兴趣和参与意识。

无论你谈论什么样的话题，都应保持说话的语调与所谈及的内容相互配合，并能恰当地表明你对某一话题的态度。要做到这一点，你的语调应能：

（1）向他人及时准确地传递你所掌握的信息。

（2）婉转地劝说他人接受某种观点。

（3）倡导他人实施某一行动。

（4）果断地做出某一决定或制定某一规则。

3. 语气

公司人员与客户通电话时，要注意自己所用的语气。语气要不卑不亢。第一，不能让客户觉得我们是在求他们，例如，"这件事情全靠您了"。这种唯唯诺诺的语气会传送一种消极的印象给客户，同时也不利于建立专业形象。试想，有哪一位专家是在求人呢？第二，不要让客户感觉到我们有股盛气凌人的架势，例如，"你不知道我们公司啊?!"这样，很容易给客户留下不好的印象，这笔生意极有可能因此而泡汤。

4. 语速

在与客户进行电话沟通时适时把握自己的说话速度，是我们每个人都应该注意的问题。在语言交流中，讲话的快慢将不同程度地影响你向他人传递信息的效果。速度太快如同音调过高一样，给人以紧张和焦虑之感。如果你说话太快，以至于某些词语模糊不清，他人就无法听懂你所说的内容。

另一方面，如果速度太慢，则表明你反应迟钝、过于谨慎。例如，有一位推销员，他发现自己经常无法把要说的话在限定的时间内说完。他有时行驶了50公里的路程赶到一位顾客家中，却只有15分钟时间介绍自己的产品。他发现自己最大的困难之一是如何组织自己应该说出的话。后来，他请教一位语言专家，专家听了他的情况之后，建议他从学会调整自己的速度开始。在他开始练习调整语速之前，一般人只需要10分钟便可轻易讨论完的问题他却要花15分钟。通过训练，他可以在10分钟内有效讨论别人要花20分钟的问题，他可以随意地加快或减慢速度。

5. 节奏

我们在说话时由于不断发音与停顿而形成的强、弱交替和周期性的变化就是节奏。在日常生活中，大多数人不用考虑说话的节奏。而在我们拨打商务电话时不断改变节奏以避免单调乏味是相当重要的。声音的感染力也体现在讲话的节奏上。

节奏一方面是指自己讲话的语速，另一方面是指对客户所讲问题的反应速度。你有没有这样的经历，当你自我介绍："我是天伟公司的李超。"客户在电话那边说："什么什么，你说什么？"客户显然没有听清楚你在说什么，尤其是你说的公司对他来说是陌生的。自己讲话速度太快，可能使客户听不太清楚，从而使客户失去兴趣；而太慢的语速往往又会缺乏激情。

另外，对客户的反应速度也很重要。对客户的反应如果太快，例如，客户讲："我说这件事的主要目的是……"这时公司人员抢着说："我知道，你主要是为了……"公司人员因为知道客户要说些什么，而打断客户说话的现象会传递一种不关心客户，没有认真倾听客户的信息。

避免电话中止时间过长

接电话的时机往往决定了客户对公司的印象，在第一声铃响结束时或第二声铃响间用明快热情的语调接电话，这是与客户电话沟通成功的第一步。如果打电话到某公司的时候，铃声响了很久都无人接听的话，客户往往会对这家公司产生不好的印象。电话铃响一次约 3 秒钟，时间虽然短暂，可是从心理上讲等待的时间感觉更久，容易使人产生不悦，觉得不被尊重。

因此，必须在铃响的第一时间段内接电话，即使是离电话机很远也要赶紧过去接电话，如果在铃响 5 声之后才接电话，就要先致歉："抱歉！让你久等了。"如此，对方才会感受到你的诚意，觉得你是一位有责任感而又有礼貌的人。

一个人等电话的忍耐极限是多久？长、短的定义又如何？在商务电话中，1分钟以上就算久了。某家干洗店的新员工表示，经常有客户打电话询问衣服是否洗好。由于洗好的衣服上都有一个号码牌挂在外面。他就请这位客人稍等，然后放下听筒去外面查看，只顾着自己赶紧找那号码牌，等找到以后去接电话，电话早已因客人等得不耐烦而被挂断了。像这种因找资料，而让对方久等的情况，很少有人能够忍受，应尽量避免。等待不宜超过 1 分钟，过长就是失礼的行为了。

客户想了解商品数量及价格，打来电话询问而自己一时资料不在手边，无法立刻回答，被对方问及需要多少时间查看时，倘若估计大约 15 分钟，你会如何回答呢？"15 分钟左右，也许 15 分钟吧！"这就缺乏经验了。一个有经验的职员一定会回答 20 分钟，以防万一，使自己有充足的时间寻找，也不会在时间到时，资料未备齐，而又让对方等一次，再一次地失礼。

　　类似这种情况，一般人总认为 15 分钟就够了，不延长时间，总认为可以在预定时间完成任务，能够很快让对方满意，一旦无法在预定时间内完成任务，不能如期完成反而会引起对方的不悦，甚至于给对方造成不小的困扰。因此，把时间拉长，不仅可以有条不紊备齐资料，在提早告知时，还会被称赞办事能力佳！

　　商务电话接听的时机虽然重要，但有些情况也要灵活处理。譬如，某百货公司的柜台人员在接待客户时，电话铃响了，他们即使要去接，也不能不顾一切地迅速离去，应先致歉："麻烦稍等一下，我先去接一下电话。"这样才不至于得罪在场的客人。商场如战场，公司给予人印象的好坏，往往关系着经济效益，因此电话礼仪不容忽视。

随时记录重要的电话

　　在进行商务电话沟通前，需做好一些物品上的准备，这样能帮助我们做到更有效率地接打每一通电话。

　　1. 三种不同颜色的笔

　　（1）削好的铅笔。通常用来书写日常的备忘录，或者记下传真的收件者姓名。铅笔字随时可以擦掉，方便作常规更新。

　　（2）红色的笔。工作人员一天可能会接到很多电话，轻重缓急各有不同，特别重要的或紧急的电话用红笔标识，就非常醒目。厚厚的电话记录里我们很容易找到红色标识的顾客。

　　（3）蓝或者黑色的笔。作平常记录用，通常在每一次电话过程中都会或多或少得到一些客户的信息，记录下来对后续展开服务及沟通非常有帮助。好记性不如烂笔头，随时记录，能保留很多客户的潜在信息。

　　2. 便笺纸

　　可供粘贴的便笺纸往往是一个不错的提示，电话中客户可能会要求当时寄信件或是 E-mail 等，便笺纸会提醒你做这些事情，让你成为一个不健忘的人，及时快捷的服务让客户感觉到你的不同之处；另外，便笺纸还便于给同事留口讯。

　　3. 电话记录本

　　电话记录本，通常是业务人员日常的电话名录索引，同时又有利于公司人员内部的交流。格式如下：

（1）标注时间日期。当我们在后续跟踪时，准确无误地了解客户当时打电话的时间，不仅可以充分理解客户当时打电话的动机和原因，促成双方的沟通，而且客户也会因为你额外的关注而与你保持良好的关系，更愿意听你的电话。

（2）电话号码编号。这样可以清楚地知道每天打电话的次数，有利于公司掌握处理事件的次序及重要性，并制定相应的策略。

（3）在通话记录后空5～10行。每次和客户的沟通，细心的人总会有一些新的资讯加注到记录里，这样更充分掌握对方的消费心理和行为。

4. 钟表

钟表可以让我们以最快的时间做好工作，掌握通话时间。客户的每一分钟都是很宝贵的，钟表可以帮助我们随时做好时间管理。一般情况下，问候电话不超过1分钟，预约拜访电话不超过2分钟。

5. 镜子

在电话中，客户看不到我们的形象和面部表情以及肢体动作，但他会想象电话线另一端的人的样子。声音传递的不仅仅是说话的内容，更重要的是客户对你的感觉和构思。所以你需要提醒自己，随时调整自己的状态，让客户有正面的联想。

6. 备忘录

备忘录随时提醒我们及时处理客户的要求，以此建立良好的客户关系，而良好的客户关系可以提升我们接打电话的效率。

设想一下这样一种情况，电话铃响了，在杂乱无章的文件堆中终于费尽力气找到了电话。"喂！喂！"话还没说出口，就一不小心推倒了放在一旁的香醇咖啡，顿时一大堆文件被那些乌漆麻黑的东西（这时咖啡在你心中早已是一摊污水）所糟蹋，令你忙中出错，万分沮丧。

所以我们在做事之前，上述所有资料皆应准备齐全，尤其是桌子上的各种摆设。首先要把桌面整理得干干净净，再摆上电话、文具用品、各种资料、备忘录等。否则，一面歪着脑袋夹住电话，一面找资料，一面又得忙着记录电话内容，岂不手忙脚乱。

最佳放置方位是电话放在左边，备忘录放在右边。

接电话时，到底是右手拿听筒，还是左手拿听筒？有些人会觉得奇怪："只要好拿就行！"其实不然，电话机的正确安放应该是在左前方，以坐着的姿势顺手伸出去正好可以拿到听筒为佳（而左撇子的人则相反），为什么呢？因为电话太近容易干扰工作，而太远了又容易推翻东西，起身弯腰的话又怕耽误了接电话。

　　接电话时可能要作相当多的记录，所以，应该在右手边伸手可及的地方放置备忘录。在左手拿听筒的情况下，右手可顺利地取出纸记下重点，而不至于右手持听筒，要记录时，匆忙地说："对不起，请稍等。"再慌张地放下听筒，寻找资料或找笔记录，这样，事情进行的程序一下子被中断，不仅思绪混乱，也会给对方留下不好的印象。

　　商务电话最重要的就是准确敏捷，如果没有做好备忘录，打电话来的人究竟是谁，很容易忘记或搞错。没有备忘纸，一些事情勉强记在脑袋里，而人的记忆力经常会有模棱两可的意外发生，当放下听筒时很容易对自己的记忆产生怀疑，"刚才到底是张先生还是李先生？"重要的一个字听错，就很有可能铸成大错。

　　电话铃一响，应迅速地用左手接电话、右手写记录，这是一个非常重要的习惯。商务电话讲究的是效率，只有从容应对，快速无误地记住重点，才会有精湛的表现。电话和备忘录就是你的左右护法。

第四章 工作细节，成就卓越

向你周围的人问声"早上好"

清晨起床，新的一天又开始了。

无论你的性格开朗还是内向，"早上好"都是一天中你与周围人说的第一句话。不知你注意到没有，这简单的三个字对你改善和维持人际关系能起到非凡的效果。

职场中，每天早上向周围的人问声"早上好"，不仅可以表现出一个人的礼节，而且还可以体现出一个人的工作状态。不管昨天有多累，都已经过去了，在这新的一天里，你要精神抖擞地向周围的人问声"早上好"，尤其要向你的老板和同事们问声"早上好"。

也许你会觉得说"早上好"只是件很平常的事，甚至认为根本没有这个必要，还有些人虽然也会每天向别人道一声"早上好"，但他们的声音却连自己都听不到，含混其辞地一带而过；有的人则是极不情愿、毫无感情色彩地例行公事而已。这样的人或给人精神萎靡不振的感觉，或让人觉得他不愿意答理人，长此以往，他就不可能与公司同事和谐相处。

向你周围的人问声"早上好"，特别是对你的老板和同事道声"早安"，就等于是你公司的上班铃声一般，也像你上班签到一样，从这一句"早上好"开始，就表示了你已经进入了工作状态，准备迎接这一天的工作挑战了。

无论你是希望在新的一天中使自己人际关系更加和谐，还是想在当天有个好的心情，最简单的办法是：用清晰、开朗的声音，面带微笑地向周围的人道声"早上好"。

在去芝加哥上班的路上，一车的人谁也没有讲话，大家躲在自己的报纸后面，彼此保持着距离。汽车在融雪后泥泞的路上前进。

"注意！注意！"突然一个声音响起，"我是你们的司机。"他的声音威严，车内鸦雀无声。"你们全部都把报纸放下。现在转过头去面对着坐在你身边的人。转啊！"全部照做，无一人露出笑容，这是一种从众的本能。"现在，跟着我说……"是一道用军队教官的语气喊出的命令："早安，朋友！"大家跟着说完，情不自禁地笑了笑。以前由于难为情或戒备的心理，很少主动向陌生人问候"早上好"，现在这种情况下腼腆之情反而一扫而光，彼此界限也消除了。有的说了一遍后彼此握手、微笑，车厢内顿时洋溢着欢声笑语……

"早安，朋友！"四个字一出口，奇迹就出现了：彼此的界限消除了。为什么这四个字有如此巨大的魔力呢？"早上好"是一句问候语，表示亲切和友好，也传达出一种信任和尊重。"早上好"一旦说出了口，双方就都有了亲切、友好的感觉，彼此间的距离也缩短了，不仅增进了信任，还沟通了感情。

在日常工作和生活中，说"早上好"的对象既应该是与你关系不错的朋友，也应该是与你自己一向不和的人。一句轻松愉快的"早上好"，就是在向周围的人宣布："昨天是昨天，今天是今天，昨天已经过去了，今天又是愉快的一天。"就等于你向不和的人传达出这样一个信息：你已忘记了过去的不愉快，正期待着新的一天有个好的开始。

张亮和郭明同为一家设计公司的设计师，两个人都有些恃才傲物，在公司里谁都不觉得自己比对方弱。今天他们因为在一个文案上意见不一致而吵了起来，各执一端，直到下班的时候也没有达成共识，二人就这样气呼呼地离开了公司。

第二天上班的时候，真是不巧，他们两个人在电梯里撞见了。张亮先一步进的电梯，向周围的同事问声"早上好"，看到郭明进来了，他出于礼貌，也向郭明问了声"早上好"，郭明自然也回应了一声"早上好"。两人一起出了电梯，本来就在一个工作室里，郭明主动跟张亮说："我昨天回去想了一下，其实你的设计挺好，我就是这样一个臭脾气，你可别往心里去。"张亮笑了："你看你说什么呢，昨天的事情我也有不对的地方，今天我们再研究一下，如何？"郭明也笑了，点头示意答应了。

两人又都看了一遍昨天的那个设计，相互说出了自己的意见，最后结合二人的长处，完成了一个很漂亮的设计。

一句不经意间的"早上好"就能够化解前一天彼此之间的隔阂，而且可以令这一天都有一个好心情工作。同事关系好了，工作起来也就感觉轻松快乐，这样的好事情何乐而不为呢？

早上问声"早上好"，是一天工作情绪好的开始，是精神充实的保证，更是建构人际关系、给人留下良好印象的开始。当你对上司和同事精神饱满地说"早上好"，可以让上司和同事对你保持"这家伙今天还是干劲十足"的好印象。

很多员工都觉得自己缺少与老板或上司沟通的机会，殊不知，一句"早上好"就可能拉近你与老板或上司之间的距离，达到相互沟通的效果。

一句"早上好"不仅可以增进老板或上司对你的了解，加深对你的好印象，而且可能会左右你这一整天的工作表现，从而影响到你一生的职业命运。

小赵是一个内敛羞涩的人，在学校里同学们就送给他一个"青橄榄"的外号。毕业工作之后，小赵觉得他在与人交往上出现了问题，很多时候他想与同事打招呼，可就是张不开口。他也知道这样不好，于是就想了个办法：每天下班回到家中，他都要对着镜子练习说"早上好"，并且观看自己当时的表情，尽量让自己自然一点。

这个方法还是有成效的，以后上班的时候，只要遇到同一个公司里的人，小赵也不管认识不认识，都面带微笑地说声"早上好"，他自己都没有意识到自己的举动很有亲和力，大家都知道了公司有个刚来的小伙子逢人就会打招呼。

一天，小赵与往常一样来上班，遇到同事还是像平时一样说声"早上好"，其中有一个人觉得小赵的微笑是发自内心的，就开口了："早上好！你是刚来的大学生吧？"

"是，是的。"小赵又开始紧张了起来，脸颊微红。

"小伙子，紧张吧？"那个人问道。

"是啊，我每天练习说这句'早上好'，能不紧张吗？"小赵一下子把这个都说了出来，意识到自己说漏了嘴，脸红得更厉害了。

那人听了这句，好奇了起来："为什么就练习了一句'早上好'啊？"

小赵只好把事情的始末都说了。

那人笑了起来："没关系的，你刚才做的不是很好吗？跟总经理说话也很顺嘛。"

小赵没想到，自己今天撞见了总经理，也正因为这样，他给总经理留下了很深的印象。有一次开会，总经理在会议上还提到了这件事，说像这样勇于克服自己缺点的年轻人一定前途无量。

小赵没想到自己误打误撞会与总经理不期而遇，总经理也没想到一句"早上好"的背后却隐藏着这样一个不为人知的细节。想必是小赵下苦心纠正自己羞涩的行为让总经理印象深刻，结果小赵得到了总经理的赏识，并很快被提升为总经理助理。

如果你是老板，有像小赵这样一个可能认真纠正自己缺点的员工，你还会对他的工作态度表示怀疑吗？

相比漫长的工作生活，向周围的人问声"早上好"确实是一件不起眼的小事，一个易被忽视的细节，不过说者无心，听者有意，同样是三个字的一句话，却能看出说话者是出于真心还是完全是一种迎合。你真诚待人，他人也会真诚待你，不要为了迎合而迎合，你的态度谁都看得出来。

那些早上与周围的人连一句"早上好"都不说的人，往往会被人认为太高傲、看不起人，从而让人产生一种不好的印象，甚至产生厌恶的心理。试想，他们怎能赢得好人缘，又怎会在职场上有所成就呢？

先做最重要的事

想要成为工作中的统帅，就需要分清工作的轻重缓急，也就是分清主次——最重要的事情先做，次要的事后做。世事难料，这是很多人的感叹，事实也确实如此，毕竟人不能料事如神。然而，我们却可以事先对各种情况进行研究，来确认什么是最重要的，又该怎样去对待它。

古人云：预则立，不预则废。在你的预案中分清了主次，一旦遇到突发性事件时，就会举重若轻、纲举目张地把它化解掉。成功来自简单的处理方式，而简单则在于你能把握住最重要的事。

每天花费几分钟制定合理有效的工作计划，并非是一件小事，它可以让你认清当天的工作中什么是最重要的事情，你就可以先着手做最重要的事情，从这点上就能看出一名员工对待工作的态度与责任心，它不仅可以让你成为工作的统率者，而且当你先把最重要的事情完成之后，所获得的这种成就感也正是一名员工面对繁杂的工作时最需要的身心激励。当你被这种成就感鼓舞着的时候，不管多琐碎的事情，你还是会有很高的工作热情去完成它。

工作中，每个人都要面对许多事情，这些事情有重要和次要之分。那么究竟是最重要的事第一还是非重要的小事第一？当然最重要的事第一了。但是在我们的工作和生活中，常常由于各种原因，我们容易犯"本末倒置"的错误，最后悔之晚矣。

凯瑞大学毕业后，求职并没有费多少周折，就顺利地进了一家著名的跨国公司。她精明能干、善解人意，当然很受老板的赏识，进这家公司没有多久，很快就由普通员工提拔为经理助理，她工作更卖力了，每天都帮老板把工作安排得井井有条，和同事关系处理得也很好，单位的同事们都很喜欢她。

凯瑞在这里的工作用她自己的话来说是得心应手，心情也很舒畅。在同届毕业生当中她的处境是最好的，所以难免会有同学打电话咨询她一些工作上的事情。这些电话大多是长途，善解人意的她接个电话也是无可厚非的。帮助他人也是她的天性，所以每个电话她都会很耐心给对方出谋划策。

为此，经理也批评过她，说这些私事下班再说，以免误了公司的最重要的事。当然，说也只是不痛不痒地说，毕竟凯瑞的工作能力很强，这种人情上的事情做了也就做了，况且她在工作上与经理也配合得相当默契。

一次国外的老板打电话过来，结果电话一直占线，因为涉及到一个重要的合同，所以老板已经打电话通知中国区经理等电话，结果他用了半个多小时才把电话打进来。了解到电话占线的原因不是因为中国区经理把他的话当作耳旁风，而是凯瑞在接一个电话，当时外国老板也没说什么。

直到有一天，凯瑞正在修改一份广告内容时，有人敲门，而她习惯性地说了句"等一等"，当她开门后方知是外国老板，这才慌忙地给他倒茶。老板离开中国之后，做出了一个决定，并给中国区经理发了一份传真：

凯瑞很出色，也很努力，但是她没有很清楚地分清事情的重要性与非重要性。我希望下次见到的不是凯瑞，而是一名能把最重要的事情时刻放在心上的员工。

经理看后傻了眼，他好像以前并没有太注意凯瑞的那些小事，只知道她把工作都做得很好。凯瑞被辞退了，同事们都感到很吃惊。这家公司在后来的招聘面试题中就多了这样一项：最重要的事第一，还是非重要的小事第一？

凯瑞的工作经历给我们大家一个警示：有的时候，很小的事情却可能极大地影响我们的工作和生活。那位外国老板的想法并不是没有道理，那些生活琐事表面上看似乎并不影响大问题的解决和处理，但它浪费时间和精力。

员工的主要职责就是快速、准确、高效地完成上司交给的任务。这也是得到上司认可的一个重要途径，这样上司才有可能提拔你，使你通过被重用而更好地实现自身价值。相反，如果你连事情的主次都分不清，那么你肯定不会得到上司的认可，也许还有一种最坏的可能在等待着你，那就是被"炒鱿鱼"。

要想出色地完成上司交给的任务，首先就要分清主次，先做最重要的事。几乎每个人都被自己想做的、上司要求我们做的以及自己担负的许多细小工作给搞得精疲力竭，甚至有种疲于奔命的感觉。如何最好地分配自己的时间，才能做好最重要的事情，最大化地提高工作效率，就显得尤为重要。

为什么一般人难以分清工作中最重要的事与次重要的事呢？对于大多数的人来说，上司交给的事情都是重要的事情，问题不在于"重要"与"不重要"，而在于"重要"与"最重要"。因此"最重要"的对立面常常是"重要"。它就像雾一样常常迷住你的眼睛，使你找不着北。

上司在分配给你任务的时候，有时是刚刚给你下达了一个命令，接着又下达了另一个命令。这时，你就要分清哪个是"最重要"的，哪个是"重要的"；先做好"最重要"的事情，再做"重要"的事情。准确领会上司的意思很重要，如果仅理解上司表面上的意思的话，可能就无法体会到上司的真实意图。特别是有些上司在说话时习惯用一种暗示，就更需要引起注意。这时，你就要用你聪慧的大脑认真地去领会。

例如，上司如果对你说："我最近整天忙得团团转，开会、写文件、赴约。对了，我让他们做的统计表怎么还没送来，我今晚需要看一看。还有你将我的公文包整理一下，一会儿我要去参加一个很重要的会议。"这时，你就应该先把上司的公文包整理好，不耽搁上司去开会才是最重要的事，然后，再抽空去看看统计表的完成情况。如果他们做好了，就拿过来放在上司的办公桌上；如果他们没做好，就要提醒他们加紧点，上司当晚要用。聪明的下属一般都会这样做。

没有哪个员工不会想在事业上取得成功，那么对于工作中的细微小事就得特别关注。只要你投入极大的工作热情，分清"最重要"的与"重要"的，相信你的事业一定会像芝麻开花——节节高。

想要成为一名优秀的员工，你就需要分清工作的主次——最重要的事先做。

在时间管理方面有一个很有名 20/80 定律，也就是用你 80％ 的时间来做 20％ 最重要的事情，因此你一定要了解，对你来说，哪些事情是最重要的，是最有生产力的。

谈到时间管理，有所谓紧急的事情、重要的事情，然而到底应做哪些事情？

当然第一个要做的一定是紧急又重要的事情，通常这些都是一些突发事件、一些灾难、一些迫切要解决的问题。当你天天处理这些事情时，表示你的时间管理并不理想。成功者花最多的时间做最重要可是不紧急的事情，这些都是所谓的高生产力的事情。然而一般人都是做紧急但不重要的事。你必须学会如何把最重要的事情变得很紧急，这时你就会立刻开始做高生产力的事情了。

从个人角度来说，如果能够把握一天当中的 20％ 的最重要的事情，并且用 80％ 的时间来对其进行思考、准备和完成，那么就可以让这 20％ 的投入产生 80％ 的效益。

当然，分清主次，在我们的生活中也是一件重要的事情，这样才能给自己留一些时间去享受生活。假如还像以前，无论什么事情都往日程里安排，我想，即使把一个人分成两部分，也还是不能圆满，所以，分清主次是高效完成工作和享受生活的前提。只有分清事情的主次，并逐一地去解决，才能避免浪费更多的宝贵时间。

主动向上司汇报自己的工作情况

作为员工，没有哪个人不想得到上司的赏识，但是如何才能得到上司的赏识呢？其中很重要的一点就是主动向上级汇报你的工作情况。很多员工都觉得这只是一件小事，只要自己努力工作就够了，实际情况真的是这样的吗？答案当然是否定的。

及时主动的向上级汇报你的工作情况，首先你会赢得主动，在上司眼里你不仅尊重他，而且还会觉得你是一个工作认真细致的人；反过来站在上司的位置来看待这个问题，上司成天看到你都很忙碌，可是他并不知道你究竟在忙些什么，难道他就不会觉得你在瞎忙？其实，作为上司，他心里很想了解自己下属的工作情况，当然不是只看工作报告那么简单。作为上司，他很希望下属及时主动地向他汇报工作情况。

假如你是上司，你手下有这样的两个员工，一个在工作中总是很及时主动地向你汇报工作情况，有时候即使他外出跑业务，你也会有他就在眼前工作的感觉，因为你对于他当天的行程了如指掌，那么，你就会觉得这个员工让你很放心；而另一个员工，你成天都看不到他的身影，好像他真的很忙，可是你就是不知道他到底在忙些什么，甚至你有时候都会想他会不会假借跑业务之名在外面玩而不愿意回公司，遇到这样的员工，你岂能放心得下？到了令你实在没办法的地步，你只能强令他向你汇报最近一段时间的工作情况。身为上司的你，面对这样的两个下属，你会更赏识哪一个呢？

谜底不用我揭晓，在你的心中想必已经有了答案。别把主动向上级汇报工作情况当作是一件小事，上司正是通过这样的细节给员工打分，从中看出你对他是否尊重与信赖。如果你想要成为一名优秀的员工，你就得注意这样的细节，你必须及时主动地向上司汇报你的工作情况，赢得上司对你的好评。

小张是个工作起来很拼命的人，不过不懂得及时向上司汇报自己的工作情况。最近，他为了一个宣传活动忙得焦头烂额，即使在工作中遇到很大的困难，他也不向上司说明，他总觉得自己可以独立完成，而且感觉如果把自己碰到的困难向上司说明，可能会给上司留下一个不好的印象。

小张一直到工作结束之后才去向上司汇报，当他把自己的工作业绩递给上司的时候，并没有收到他事前预想的结局——得到上司的表扬。上司只是从头到尾浏览了一下，然后说："你比我计划的完成时间晚了两天，下次你要多加注意。"小张也只能满口答应。

走出上司的办公室之后，小张的心里很不平静，他觉得很委屈，自己克服了那么大的困难才取得这样的成绩，上司不但没有表扬他，反而还说他晚了两天完成。他感觉自己心里有苦说不出，可是上司对他还不理解，有种"打掉了牙齿只能往自己肚子里咽"的滋味，工作中的艰辛倒没有什么，想想上司的话，一种辛酸的情绪挥之不去，他也因为这件事搞得心情不好。

连续好几天，小张工作都提不起精神，关键是他并没找到自己究竟错在哪里。

看过这个故事之后，想想你是否有和小张一样的遭遇。其实问题很简单，说白了就是小张不懂得及时向上司汇报自己的工作情况这门艺术。向上司汇报自己的工作情况，对于一名员工来说就是一门学问，有的人懂得运用这门学问，而有的人就像小张那样执迷不悟。

说起来，及时主动向上司汇报工作情况，是员工应该做的本职工作，要让上级知道你的工作成绩，在工作中碰到什么困难。如果自己能解决，则可以在上司面前及时反映出你的工作能力；如果不能解决，又可不失时机地向上司请教。上司毕竟是上司，不论是工作时间还是工作经验都比你要多，你向上司请教问题，不但可以显得你虚心好学，而且还能够获得上司的帮助，这样不仅可以给上司留下一个好的印象，而且对你工作的完成也会达到事半功倍的效果。上司不可能时时刻刻监控每一个员工的工作，但是他们都希望知道下属在干什么，经常汇报自己的工作情况，也是积极与上司沟通的一种极佳方式。

特别是那些市场部的工作人员，主动向上司汇报工作情况更是非常必要，因为他们一天到晚在外面跑，有多辛苦别人谁也不知道，上司也不知道他们都做了些什么，甚至还以为他们成天就在外面玩，如果能做到及时向上级汇报，就可以让上司知道你是如何开展工作、如何克服困难并取得了什么样的成绩。

李红平时总看到李莉他们常去敲经理的门。李莉作为秘书，与经理打交道多并不奇怪，但是为什么王明他们也三天两头地去经理那呢？这让李红丈二和尚摸不着头脑。

有一天中午她和同事们聚在一块儿吃饭，说出了自己的困惑。

其中小刘感叹道："好酒也怕巷子深啊。"

小刘看到一脸困惑的李红，解释说："也就是说他们去经理那是在向经理汇报自己的工作情况。"

这时李红才恍然大悟。

另一个同事想了想说："但也不用经常去啊，感觉像在邀功，我还是觉得默默奉献的好。"李红觉得挺在理，也赞同地点点头。

不过，小刘听了一下笑了出来，他说："你们真是榆木疙瘩。虽说外企不像国企，员工经常要写什么工作总结，但是道理是一样的。你总是在默默奉献，经理怎么知道你到底都做了些什么呢？他想知道自己的属下都在忙些什么，只是作为一个领导，碍于面子，他不好意思向你问，其实他很想知道的。你主动向经理汇报自己的工作情况，不仅可以让经理知道你在忙些什么，而且对于工作中遇到的难题，他还可以给你提出宝贵的意见和建议，对于你完成工作也是一种帮助，这也是与领导沟通的一种方式，难道不是吗？你主动地向上司汇报工作情况，他就可以十分明确地知道，你为了完成这项工作都做了哪些努力，克服了多少困难，对于你取得的成绩他也会知道其中的分量。主动向上司汇报自己的工作情况，对一个员工来说真的很重要，它并不是在邀功，而是让领导对你的工作放心的一种传达途径。"

李红觉得小刘说得很有道理，在工作中不能只是做埋头苦干的穿山甲，一天到晚只知道工作。她更加感觉自己做得不够好，自从她负责这个项目以来，真的遇到了不少困难，她都是咬牙熬过去了。现在工作已经快要收尾了，可她却没向经理正式汇报过工作情况。一方面是怕经理认为她工作能力不强，二是自认为工作还没有结束，没有什么可汇报的。即使经理问起，她也都故作轻松地说一切进行得都很顺利，但其中的艰辛也只有她自己清楚。

听了小刘的话，李红深感自己可真是榆木疙瘩，一下子加快了吃饭的速度。

"你干吗突然吃得那么急啊？"小刘问道。

李红反倒吃得更快了，说："我急着回去整理工作情况，下午就去向经理好好汇报汇报。"

想要成为一名优秀的员工，只知道埋头苦干是远远不够的，在整个工作团队里你并不只是单一的个体存在，你需要让你的上司知道你都在忙些什么。上司作为你的领导者，他毕竟有你所没有的经验，而这些经验往往对你工作的完成会有很大的帮助。

那么，在你进入职场以来，你有多少次及时主动地向上司汇报你的工作情况呢？

在管理学里有这样一句经典名言：职员给予上司的报告永远少于上司对他们的期望。因此，想要成为一名优秀的员工，越早养成及时主动向上司汇报工作情况的习惯越好，你也就能越早得到上司对你的赏识。

　　李小姐作为一名毕业生来到一家酒业公司实习，刚出校园，对于工作上的事情懂得不多，不过，李小姐有一个好习惯，那就是遇到不明白的地方就去向上司请教，久而久之，在上司眼中，她不仅很好学，而且对待工作十分认真。

　　没过多久，上司把一个业务交给李小姐去完成。她自然很高兴，这毕竟是自己接到的第一个业务，在喜悦的同时，她也告诫自己需要小心行事，因为自己毕竟没有什么工作经验。

　　那天李小姐去事先约好的饭店谈生意，饭店负责人看她年龄小，估计没有经验，就在合同上列出在卖啤酒的同时赠送多台冰柜的要求。李小姐看到这条的时候，心里没有底，自己对于这个事情并不是很清楚。于是，她借去洗手间之名，给她的上司打电话，确定公司是否有这项业务，经过向上司汇报情况，李小姐了解到了这样的一个事实：她所在的啤酒公司赠送冰柜的事情是要根据饭店的地理环境等诸多因素综合考虑的，李小姐也因为及时向上司汇报自己遇到的问题，让公司避免了一次不必要的损失。

　　事后，李小姐总结出：作为实习生一定要多请示、多汇报，如果出现拿不定主意的情况，就向客户说明需要再考虑一段时间，千万不要自作主张。而且，实习生刚走出校园，难免有一些孩子气，所以说话办事更要三思而后行，必要时需要及时与上司取得联系。

　　因为自己的出色表现，实习期结束的时候，李小姐成为了该公司的正式职员。

　　试想一下，如果李小姐当时害怕上司说她没有工作能力而不打这个电话向上司汇报情况，自作主张地免费赠送出多台冰柜，那么对公司将是一笔不小的损失。

　　成功与失败往往就在细节上体现出来，作为在职场上打拼的人，没有谁不想成为一名优秀的员工。如果你也想那样，你就得向李小姐学习，做事情多向上司汇报自己的工作情况，不要逞一时之勇，导致无法弥补的过错。

养成重要文件留副本的习惯

　　"有备方可无患"是每个人都明白的道理，然而在如今资讯爆炸的时代，职场中人每天都需要处理大量的文件，光是从中筛选出有用的东西已经令大多数人焦头烂额，更别说让他们在极度疲惫的状态下给重要文件做一副本或备份了。

　　或许你每天早晨一上班，看到办公桌上堆满的报告、回信、公文等等，就产生混乱、紧张和忧虑的情绪，长期处于一种高压状态，身心疲惫。因此，你觉得能够把当天的重要文件整理出来，就已经让你松一口气了，至于要不要留副本，你觉得没什么必要，甚至会理直气壮地说：我工作以来，从来没有重要文件丢失的现象发生。

然而，俗话说得好："不怕一万，就怕万一。"也许有一天你正埋头于一大堆文件里，老板突然走进你的办公室，让你拿上一份重要的策划案去参加研讨会，而你此时怎么找也找不到它，会有怎样的后果？

某公司每年都会设一个出国进修的名额以奖励优秀的员工，这是公司很多员工梦寐以求的机会。可名额只有一个，今年的名额最后落到了公关部赵雅的头上。

此事公布后没几天，发生了一件事，让赵雅出国进修的事泡了汤。

那天，总经理让赵雅将公司开发某一市场的策划书拿给他，结果赵雅在办公室找了半天也没找到，她又没有留副本的习惯。这让总经理大发雷霆，责令赵雅无论如何也要尽快找到策划书交给他，否则后果自负。

此时，赵雅的部下李云丽手里拿着一份策划书跑到总经理那儿，问这份文件是不是总经理要的。总经理一看，正是他让赵雅拿的那份策划书，他就问李云丽是从哪儿发现的，李云丽说是从走廊上捡的。

于是，赵雅因为管理失误，受到公司的通报批评，出国进修的事当然也泡了汤。

原来，李云丽对赵雅处处比自己强，早已心生敌意，这次出国的名额又落到了赵雅的头上更让李云丽心理上无法平衡。尽管赵雅从来没有得罪过她，但李云丽总是一有机会，就有意无意地打赵雅的"小报告"，或者趁赵雅出差之际，找出各种借口频频向总经理汇报工作，以显示自己的工作能力。此次，她趁赵雅不在办公室，偷偷拿走了那份策划书，以此来报复赵雅。

事后，李云丽又装着很同情赵雅的样子解释："赵部长，我捡到这份文件后，本来想给你送去的，可正好碰到总经理，他问我，我就顺手给他了。没想到会给你带来这么大麻烦，真对不起！"

看了上面的故事或许你会说，这跟我将重要文件留不留副本有多大关系？那是赵雅倒霉，遇到职场小人。话虽这么说，但是赵雅当初如果能够将策划书做一副本妥善保管，也就不会发生那样的事了——一个副本就能杜绝小人的可趁之机。这样，你觉得多花一点时间将重要的文件做好副本保留，值不值得？

千万不要觉得这样的事不会发生在你的身上，与你同在一个公司的同事中说不定就有小人，伺机陷害你一把。

如今，随着电脑科技的不断发展，职场中人的日常工作也越来越依赖于电脑，那么将储存在电脑中的重要文件留好副本的习惯就显得更为重要了。因为意外事故或人为因素造成的数据丢失和破坏都会给工作带来种种不便，甚至造成巨大的危害。无论是凝聚了你大量心血的源程序还是公司里的重要文件资料，一旦丢失都可能造成不可估量的损失。

某公司的业务部全体工作人员都有一个共同的习惯，那就是每天不给文件备份，绝不肯下班。与客户的往来邮件、合同细则等，都一定要用 U 盘拷贝出来，带回家在私人电脑上备份一遍。还有些人则喜欢在 C、D、E、F 每个盘里都备份一遍，最厉害的一个女孩，非但在公司电脑和私人电脑里各备份一份，还定期刻成光盘作备份——一份文件变出了四份。

原来，该公司的电脑设备过于陈旧——有时候一点"保存"键，就会吱吱作响半天，足够你去趟洗手间。公司内部的软件系统就像是个危房，动不动就"轰"的一声瘫痪，来不及保存的重要文件顷刻化为乌有。

那个女孩之所以"1 拖 4"，就是因为遭遇过系统瘫痪。系统一旦瘫痪，请专业公司恢复数据要花几万美元，而她只能连续一星期加班加点，电话打到眼泪汪汪，才把丢失的重要文件"找"回来。一朝被"蛇"咬，那女孩就多了个心眼，学会了多存备份。

虽然，现在该公司的电脑系统早已"旧貌换新颜"，但是在这个电脑病毒盛行的年代，保不准哪天电脑就会"死机"，因此该公司上下还是保留了常备份的习惯，反正习惯了就不嫌麻烦，总比出了状况再疯狂加班来得好吧？

小亮是一名自由职业者，除了写一些文章在报纸、杂志上发表挣取一些稿费外，他还做了几份兼职，就是给几家文化传播公司当兼职录入员。有一天，小亮接到其中一家公司的一篇大论文。说是论文，其实已经赶上论证书了，字数整整 15 万。但因为字迹潦草，所以录入的时候，可能会有些费劲。不过正赶上这几天小亮闲得很，所以接到这份工作时，他还是非常高兴，应允 5 月 1 日之前一定完成任务。

回到家后，小亮就迫不及待地打开电脑，马不停蹄地开始工作。越录入越高兴，正愁黄金周时没有充足的资金用来陪女友出去旅游呢！到时候拿了这笔报酬，陪女友出去好好玩玩，岂不乐哉。小亮日夜辛劳地工作，录入工作终于在第六天顺利完成。这时候，另一家公司也给小亮安排了一个 3 万字的文稿。小亮想，等录入完这一篇再一起给他们吧！反正他们两家公司相距不远。

在录入第二篇文稿时，电脑出现了死机现象，后来又多次死机。找人来修，被诊断为电脑系统故障。当重装系统时，小亮才突然反应过来，不禁大叫一声：

"我的妈呀！我的文稿全完了！"小亮的文稿全在C盘，所以一旦重装系统，C盘的东西就全没了。悔不该，没有备份文稿到D盘，也没有先用软盘备份。

后悔也解决不了问题，五一期间陪女友出去游玩的计划算是泡汤了。公司还在催稿，重新装好系统后，小亮又开始了繁忙的工作。

小亮因为没有养成给重要文件留副本的习惯，最终受到了"惩罚"。做什么事，我们都应该想到万一，在文件丢失前，先做好最坏的打算，及时备份存档。当然我们不是希望文件无缘无故就那么没了，只是考虑到一些不可抗拒因素的存在，我们不得不给自己留一手，防患于未然。

另外，有一些重要文件，当刚拿来的时候，你会觉得在你手里非常可靠，没什么问题，可时间一长，有时连你都不知道放在哪儿了，而且有时当你找到后，或许发现那文件由于日久已经字不成字、纸不成纸了。所以，对于工作中的重要文件、学习中的重要资料、生活中的重要证件，都应该养成留副本的习惯，以防不测。平时你可能体会不到，不过一旦真的发生了丢失的情况，你便会追悔莫及。所以，养成这样一个习惯，有利于你在意外损失发生时，能及时恢复数据，保证工作的正常进行。

在工作与生活之间找到平衡

随着社会的不断发展，竞争的不断加剧，现代人的生活压力也不断增加。生活与工作的发展都需要耗费现代人非常多的精力，如此一来，生活与工作就成为了现代人生活中一对难以调和的矛盾。

那么，如何才能在工作与生活之间找到一个更好的平衡点呢？

工作是生活的一部分，两者之间本来是互不矛盾，然而在现实当中工作与生活却往往存在着不均衡，很容易发生冲突。很多职场中人往往无法协调好两者之间的关系，或工作被生活所拖累，或生活被工作挤压得毫无空间等等，使得自己陷入两难的境地。

这看似一个细小的问题，但若是疏忽大意解决得不好，将直接关系到你工作的成绩、生活的幸福。

如何才能处理好工作和生活的关系呢？首先扪心自问一下，你是否真的想要兼顾工作与生活之间的平衡？自己平时有没有认真地思考过这个问题？这并不是无关紧要的质问，而是让你走出工作与生活摩擦的最直接的解决办法。

其实，兼顾工作和生活很简单，很多人都能并且已经做到了。但是还有许多人在这个问题上伤神，因为只有很少的人真正用心选择达成他们所想要的两者之间的平衡。

工作是生活的一部分，工作是为了更好的生活。一些人活着是为了工作，这样的人工作又有什么意义呢？在我们的工作中，如果能够首先安排好自己的生活，那么也就相当于解决了自己的后顾之忧，这样工作起来就会更加有效率。

有人可能会说，工作压得我透不过气来，根本就没有时间照顾生活。那么，让我们想想，如果自己手中有 3 天的工作量，我们能不能在工作的时候拼命一下再拼命一下，将工作压缩在两天半内完成呢？只要你想，这一点是很可能做到的，于是你也就多出了半天的时间来料理你的生活了。

如果，一整年中你都有这样的想法并努力地实施着，你就会发觉：自己已经游玩了 3 年前就想游玩的地方；很长一段时间里，自己在帮妻子照料孩子，并且孩子与你很亲近；自己已经陪女朋友逛了无数条商业街，并且与她的感情日益深厚；自己已经回老家好多次，并探望了父母等等。你是不是发觉除了工作之外，自己突然有了很多自由时间？

龚燕的第一份工作是在某房地产公司干人事，单位里包吃包住，一个月最高能拿 8000 元工资，最低也有 4000 元。

那段日子，龚燕不用付房租、不用花饭钱，连水电费也一应免单。赚回来的钱全部属于自己，那叫一个过瘾啊！不过，工作毕竟是工作，虽然待遇很好，却是用舍弃个人时间交换来的。

龚燕每天除了工作还是工作，虽然手中存下了不少钱，却没时间去花。那段日子，龚燕总是幻想有一天，自己能在阳光下，尽情享受自然。

有一次，全公司员工体检。结果表明：20％的公司员工患有颈椎病，不少男性员工还患有脂肪肝等因劳累引起的疾病。这让龚燕一下子警醒："不能为了工作赔上自己的命呀！"于是，龚燕毅然提交了辞呈，拒绝了老板的挽留。

辞职后，龚燕停下手头所有的工作，乘着明媚的春光，背上行囊，去了云南和西藏旅游。游玩了一个月，也花去了龚燕不少钱，但她紧接着又加入了埃及 10 日游的队伍。如此一来，龚燕方觉得神清气爽，久违的自在惬意又回到了身边。

最近，龚燕又在计划她的法国之旅。难道她就准备这样"坐吃山空"吗？

"我当然不会一直这样下去，我在寻找机会，寻找一个适合我的工作。我不希望再回到过去那种工作中去了。过去的存款足够我休息个一年半载的，等花完了再重新开始。那样人会更加精神，目标也将更加明确！"龚燕一脸得意地说。

工作与生活，究竟如何才能使它们得到平衡呢？我们应该如何管理生活、支配时间？这些只是一个关于优先次序和价值观的问题。基本上，这个平衡是关于我们应该把多少精力消耗在工作上的讨论。

工作与生活的关系是相融的，可是我们往往在处理二者关系的时候失去了平衡，搞得自己身心疲惫，还要忍受家庭中亲人的埋怨。协调好工作与生活的关系并不是一件小事情，只有重视它，你才能分清自己什么时候该拼命工作，什么时候该让自己好好放松放松，照顾一下生活。

只有使你的生活更加有节奏，身体素质才会越来越好，工作时的精神状态也就会更加饱满。协调好工作与生活的关系吧，你将会拥有更加美好的明天！

第五章 会议细节，职场关键

会议前要进行充分的准备

要开好一个会议，准备工作是十分重要的。会前周密详尽的准备，是会议圆满成功的基础。会议的准备工作包括以下几个方面：

1. 建立组织

召开一个会议，要有许多人参与组织和服务工作。这些人应有明确的分工，各负其责。建立各种小组，可以使他们在统一领导之下，各自独立地开展工作。一般会议由大会秘书处负责整个会议的组织协调工作。秘书处下设：（1）秘书组，负责会议的日程和人员安排、文件、简报、档案等文字性工作。（2）总务组，负责会场、接待、食宿、交通、卫生、文娱和其他后勤工作。（3）保卫组，负责大会的安全保卫工作。根据会议规模的大小、性质的不同还可以增设其他必要的小组。

2. 明确任务

全体工作人员，应当明白本次会议的目的。主要解决什么问题，更要明确自己的工作任务及具体要求，以保证不出差错，不贻误工作。

3. 安排议题和议程

秘书处要在会前把会议要讨论、研究、决定的议题搜集整理出来，列出议程表，提交领导确定。根据确定的议题安排日程，以保证会议有秩序地进行。

4. 确定与会人员

确定与会人员是一项很重要的工作。这里出现了差错，后果是很严重的。确定与会人员，可以采取以下方法：（1）查找有关文件、档案资料；（2）请人事部门提供；（3）征求各部门意见；（4）请示领导。

召开大型会议，还要对与会人员进行分组，便于分头讨论，组织活动。

5. 发出通知

名单确定后，即可向与会人员发出通知，便于他们做好准备工作。如果准备工作量比较大，而距离开会时间还远，可以先发一个关于准备参加会议的通知，在开会前，再发出开会通知。

通知一般用书面形式。内容包括：会议名称、开会的目的、内容，与会人应准备什么、携带什么，开会日程、期限、地点，报到的日期、地点、路线等。

与会人员接到通知后，应向大会报名，告知将参加会议，以便大会发证、排座、安排食宿等。

6. 会场

会议的成败，场地的选择相当重要，选择适当的会议场地，以下 6 个基本步骤都需考虑进去：

（1）确定会议目的。

（2）确定会议形态。

（3）决定实质上的需求。

（4）考虑与会者的期望。

（5）选择何种会议地点与设备。

（6）评估选择的正确性。

会场布置和安排是会议的又一项重要工作。首先是关于会议场所的选择：

（1）场地必须有空档且可供使用。

（2）场地能够容纳与会者及视听器材，与会者若能拥有 1.5～2 平方米的空间，才算理想。

（3）必须拥有包括桌椅在内的适当家具。

（4）必须拥有充足的照明及通风设备。

（5）必须能免于被声音、电话、访客等干扰，以防与会者分心。

（6）必须给与会者提供基本便利。

（7）成本必须低廉。

此外，会议的气氛主要靠会场的布置来渲染。会场的布置应当根据会议的内容来安排，或庄严肃穆、或郑重朴素、或明快大方、或热烈欢快，总之，会场的布置应与会议内容相协调。

7. 座次

与会人员座次应当统一安排，照顾全面。因为座位有前有后，有正有偏，在排座位时要根据不同情况，妥善安排，照顾到各个方面。

8. 印制证件

证件是出席会议的证明，是与会者身份、资格、权利、待遇的证件。不同的证件要用不同颜色的字体或纸张，以示区别。

9. 接待和报到

外地代表到达时，应安排工作人员到车站、码头、机场等地迎接。

到驻地后，持通知书到大会报到处报到。报到处接待人员应礼貌接待，验看有关证件后即安排食宿，登记联系的地点、方式，并发给证件、文件等。

至少每天向秘书处汇报一次报到人数。

此外，还应该注意准备会议用品，大多数会议的成功在很大程度上依赖于事先的准备和组织，包括为这些场合提供恰当的设备和材料——其中有会议地点、各种视听设备，以及书写材料。在此提醒应注意的几个问题：

（1）检查是否预订了点心。

（2）检查休息室的设备是否够用。

（3）保证有足够的停车位置。

（4）多准备一些书面背景材料，以防有些与会者遗失了这些材料。

（5）确定供电系统是否正常。

提前 3 分钟进入会场

小刘刚来公司不久，它的公司应邀参加一个研讨会，该次研讨会邀请了很多商界知名人士以及新闻界人士参加。老总特别安排小刘和他一道去参加，同时也想让小刘见识见识大场面。

小刘早上睡过了头，等他赶到，会议已经进行了 20 分钟。他急急忙忙推开了会议室的门，"吱"的一声脆响，他一下子成了会场上的焦点。刚坐下不到 5 分钟，肃静的会场上又响起了摇篮曲，是谁在播放音乐？原来是小刘的手机响了！这下子，小刘可成了全会场的明星……

没过多久，同事们听说小刘已经另谋高就了。

不管是参加自己单位还是其他单位的会议，都必须遵守会议礼仪。一定要准时出席会议，最好是提前 3 分钟进入会场，这样一切都会从容应对。因为在这种高度聚焦的场合，稍有不慎，便会严重损害自己和单位的形象。

作为职场新人，进入公司后，一定要养成顾全企业大局的习惯。除参加公司和部门内部的会议，也有机会参加其他一些会议，因此，在参加会议之前，要做好准备。如果你临时有事不能出席，必须提前通知对方。参加会议前要多听取上司或同事的意见，做好参加会议所需资料的准备。开会的时候，你的发言应简明扼要。在听其他人发言时，如果有疑问，你要通过适当的方式提出来。在别人发言时，不要随便插话，破坏会议的气氛，开会时不要说悄悄话和打瞌睡，没有特别的情况不要中途退席，即使要退席，也要征得主持会议的人同意。要利用参加会议的机会，与各方面疏通，建立良好的人际关系。

在工作中，你可能经常要被派去参加会议的筹备，所以，也要了解一些筹备会议的要点：准备好参会人员名录，确认参会人员情况；进入会场时给客人领到座位，如果没有确定座位，就让参会者从最里面的座席坐起；整理分发会议资料，准备好黑板、粉笔等会议用品；看参会者是否有私人物品（如冬天的大衣、帽子等）需要保管，准备好茶水饮料及水果；如果会议途中外面有人找，用纸条或耳语通知当事人；会议途中，不能没人值班，如果自己有事走开，要请人替代。

其实，职场中任何一个人都要遵循会议中的纪律，具体表现为：

如果有工作装，应该穿着工作装。比规定开会时间早5分钟左右到会场，而不要开会时间到了，才不紧不慢地进会场，而对别人造成影响。

开会期间，应该表现出一副认真听讲的姿态。开会也算是在工作，认真听讲的姿态不仅表现你的工作态度，也是对正在发言者的尊重。

那种趴着、倚着、打哈欠、胡乱涂画、低头睡觉、接打电话、来回走动以及和邻座交头接耳的行为，是非常不礼貌的。

在每个人发言结束的时候，应该鼓掌以示对其讲话的肯定和支持。

此外，在会议当中，关于与会人员的礼仪，具体地要视与会人员的身份来定，与会人员主要分为主持人、主席团成员、发言人以及会议嘉宾及代表等。

1. 主持人礼仪

会议的成败，在很大程度上取决于主持人。作为主持人，在礼仪上应注意以下几点：

（1）服装整洁，给人以庄重的感觉。男主持人穿中山装，应扣好领扣、领钩和裤扣；穿西服，则应按常规系领带。女主持人着装宜高雅，给人以端庄的感觉。根据会议的内容、形式和特色，对主持人的服饰也不必做单一的要求，可以视情况而定。

（2）提前到会，以便做好相应的准备和安排。

（3）步履自然。男主持人的步伐要稳健，表现出刚劲、洒脱的阳刚之美；

女主持人的步伐可以略显轻盈，体现出恬静、娴淑之美。

（4）坐姿端正。主持人落座后，上身正直而稍向后倾，目视前方。

（5）谈吐文雅。开会时，主持人首先讲明会议主题及有关程序，介绍来宾和发言人等。主持人讲话应尽量使用普通话，力求做到言简意明。

（6）倾听发言。发言人发言前和发言结束时，主持人应带头鼓掌致意。主持人注意倾听发言人的发言，对发言表示重视，而不要埋头看与发言无关的材料或同他人交头接耳，同时还应尽量避免出现搔头发、挖耳鼻等不雅观的动作。

（7）全神贯注。主持人主持会议时应全神贯注，审时度势，引导会议有条不紊地顺利进行。

（8）掌握时间。主持人应严格掌握会议的时间，适时做出总结，按时结束会议，切忌把讲究实效的短会开成"马拉松"式的长会。

2. 主席团礼仪

主席团成员首先要明确自己的身份和责任，要严格要求自己，以身作则，率先垂范，成为所有与会人的楷模。出席会议要守时，绝不可迟到。确实不能按时出席的必须及时请假，通知主持人或有关工作人员。入场要井然有序，不可临时推推让让，故作姿态。如果会场里有掌声欢迎，主席团应鼓掌微笑致意。

在会议进行中，不得随意离开，左顾右盼，交头接耳，要精神专注地倾听发言人的发言。需要鼓掌时应当及时鼓掌，鼓掌要随众而始，随众而止，动作要适当节制，不要显得漫不经心。

散会时，要和大家一起起立，不要提前，也不要落后，然后依次退场。

3. 发言人礼仪

发言人是会场的中心人物，对会议的质量有着首要的作用。发言人的发言要言之有的、言之有理、言之有物、言之有味。使听众能了解主旨，有所收获。发言人要尊重听众，尊重主持人，遵守会议纪律。

发言人要注重仪表和举止姿态。要衣着整洁，举止庄重、表情自然、精神焕发。

发言前，要环顾全场，向听众致意，如有掌声，亦应鼓掌还礼。

发言时，要讲究语速，不快不慢；讲究音量，不高不低；讲究节奏、语气、声调；始终要保持感情充沛，重要的地方，要加重语气，提高音调；如果会场出现气氛松解，听众精神涣散时，应考虑调整语气，稳定情绪，必要时应调整内容，压缩发言时间。

报告结束时，要向听众和主持人致谢。

4. 会议嘉宾礼仪

会议嘉宾与主席团一样，在会场中占有重要位置，作为嘉宾参加会议，除了必须像主席团成员那样讲究礼仪外，还应当注意了解会议内容、程序和对本人的要求；了解会议时间、地点和有关规定。参加会议要守时、礼貌、客随主便，听从主人安排。切不可马虎了事，敷衍应付，甚至高傲自负。

5. 会议代表礼仪

参加会议的代表，要遵守纪律、讲究礼仪。进入会场，即要轻声轻气，动作要严谨轻缓，发言人开始和结束发言时，要鼓掌致意，重要的贵宾讲话时，可以全体起立，并报以掌声。发言人发言时，要认真倾听，必要时要作记录。不要交头接耳，左顾右盼。一般不应离席，确实必须离开时，应当向有关人员讲明原因，离席时要弯腰、侧身、尽量少影响他人，并表示歉意。

选择正确的座位

与会者座位的安排对会议的成功有很大的影响。预先考虑座位安排，如果必要，设计一个座位安排方案，给会议创造一个良好机会来达到目的。

布置会议场地，应考虑会议的性质及与会人数的多少。例如：在提供信息的会议里，倘若人数众多，座位则以不设桌子的戏院式安排或是设桌子的教室式安排较为理想。在解决问题的会议里，假如人数不多，则最理想的安排是让全部与会者均环绕桌子而坐，这样可方便每一个人跟其他人进行多项沟通。再如：在培训会议里，如人数不多，则可令与会者坐在马蹄型的桌子的外圈，这样不但便于与会者与主持人之间的沟通，而且也便于与会者跟与会者之间的交流。但若人数众多，则最好是将与会者分成若干小组，以便于交流讨论。

1. 排列座次的几种规则

（1）凡要正式公布名单的，按照名单先后顺序排列座次。

（2）按照选举得票多少排列座次，得票数一样的，以姓氏笔画为序排列先后。

（3）按照姓氏的汉语拼音字母字头为序排列先后。

（4）按照姓氏笔画为序排列座次。

2. 排列座次的几种方法

（1）横排法。即按照公布名单或以姓氏笔画为序从左至右依次排列座次。

（2）竖排法。即按照与会人员的既定次序或姓氏笔画沿一条直线从前至后依次排列座次。每个团队的排列次序按固有顺序从左至右排列，或以会场中心座位为基点，向两边交错扩展。

（3）左右排列法。即按照公布名单或以姓氏笔画为序，以会场或主持台中心为基点，向左右两边交错扩展排列座次。中国传统习惯以左为上，排在第一位的居中而坐。以此为基点，其余的以居中者的左手方为第一顺序，一左一右，依次排列。

另外，关于座位的排列还应该按照不同的会议类型来灵活处理。

1. 一对一会议

在一个一对一的会议上，两人的座位安排可决定会议的格调，并影响讨论的进程。如果你正在主持会议，可通过适当安排座位来影响会议的正式程度。一对一会议有三种座位安排：支持性的、合作性的和面对面的。为了解与会对方对会议气氛的感受，可在桌子四周放四把椅子，在他到会前你先坐下，再看他坐在哪里。

（1）支持性的。如果你希望是支持性的，可与另一个人在桌角两边就座，这有助于消除障碍且可进行目光接触。

（2）合作性的。坐在另一个人旁边表示合作，这种安排提示观点的相似性。

（3）面对面的。坐在桌子的对面，使自己与另一人保持距离，这个位置能使不一致的观点表达得更自在一些。

2. 就座分组

大型会议的目的决定座位安排。围绕一张桌子安排一群人就座时，有两种形状的桌子和三种座位排法可选择。如有谈判或对抗的可能性，选一张长方形的桌子，"双方"可相对而坐，在一边的中心安排一位中立的主席。要强调会议中的等级观念，主席就座于长桌的顶端。对于非正式、不分等级的会议，选择一张圆桌，每个人平等地围桌而坐。如果一个会议的参加人数众多、将在礼堂或大房间内举行，就将座位排成行且面对主席。

3. 文化差异

等级在某些文化中显得特别重要。在亚洲许多地区，年龄有很大的分量，所以最年长者在会议上往往就座于地位最高的座位。另一些文化中，重要性与职位相联系，所以一个资历较低的副总裁绝不会被安排在比总裁更重要的座位上。

除了根据会议类型来适当安排座位之外，还可以运用策略来灵活地排座。

策略性排座是以与会者会受其邻座的影响这个假设为基础的。明确你想从会议得到什么，然后通过安排座位帮助你达到目的。对于有争议的问题，通过座位安排把派系分散开，避免让观点相反或观点十分相似的人相邻而坐，这样做，使观点泾渭分明，并防止讨论离题。可根据你了解和分析的与会人员对所要讨论问题的观点，来构划座位安排图。目光接触对于向自己团队的成员表示下一步将做什么是很重要的。想一想谁应该与谁进行目光接触，相应地安排人员的座位。

由此可以看出，一个人要想在社交场合展示自己良好的修养，一定要善于观察座位安排，找准自己合适的位置来坐，否则将会影响别人对你的印象的评价。

如果会议没有正式排座，可观察别的与会者坐的位置，相应地选择你自己的座位。某人坐的位置可能显示他对所讨论的问题的感觉以及他想在会上起什么作用。强硬的反对者可能会选择靠近主席的位置向全体与会者发号施令。坐在中间可能提示希望充分参与或对会议桌那边的讨论起支配作用。如果你是主席，尽力劝说声音最响、最直言不讳的人坐在你的正对面。

切忌谈论与会议无关的事

一般情况下，在会议中出现离题是因为议程设计不够紧密，因为议程设计是会议的开始。如果议程存在问题，讨论就无法按既定计划进行，或者在会议中出现了使与会者更感兴趣的话题。

如果会议议程设计不够紧密，在会议中的讨论就容易失去系统性。有时，即使会议议程设计得很紧密，若主持人及与会者对议程缺乏有效率的讨论、整合能力，讨论就很可能在大家默许的情况下越扯越远。解决的办法应该是在每个议题讨论告一段落时，即作归纳整理，以确保讨论按计划的安排进行。

与会者常常无法专心讨论一个问题，以至于徘徊在多个话题间却无结果，这样的情况也是很普遍的。研究发现，每个话题只维持一分半钟的讨论，就换讲别的话题，这种情况在成员间互动性高的会议里可说是非常普遍。当然，话题转变迅速，并不一定都不好，但若缺乏适当的控制，常会导致会中无法达成决议，或有讨论而无决议。那么，什么时候转换话题好呢？一般来讲，当一个议题有了结果，并确定了负责执行的人再转换话题，讨论下一个议题为好。

一个讨论议题往往包含许多子题。话题在各子题间转来转去，只要在合理的范围之内，都无可厚非。倘若其他意见不致影响正在进行的讨论，那倒无所谓，但若是在与议题完全不同的话题间转圈圈，讨论就会事倍功半。

在会中闲聊是造成讨论离题的又一个重要原因。因为闲聊绝对与议题无关，不管是自觉还是不自觉的闲聊都会影响会议质量。主持人发现这种情况应立即制止，并设法引起他们对议题的兴趣，使他们的话题转移到议题上来。

离题是与会人员在会议发言中出现的一种"脱轨"现象。这种现象与会议中出现的冷场或会议人员沉默相反，是会议热烈得过了火，容易出现发言离题现象。以往的经验告诉我们，如会议讨论中出现传闻、轶事等与议题无关的闲话，与会人员喜欢海阔天空、津津有味地谈论，则越扯离会议议题越远。这种现象的出现通常是因为与会者认为会议议题与自己无关，不感兴趣造成的；也有人认为对会议议题不好发言，而沉湎于题外的话。这时，主持人应视情况采取应变措施，如接过讨论的话题，顺势巧妙地引回到会议正题上来；联系议论的某一层意思，提出新的话题，引入到会议正题上来，或者用一句善意的话或风趣的话截住议论而引入会议正题。

另外，一些与会人员在会议发言中，为了借此显示自己的才能，或显示自己见解的高明，自觉或不自觉地讲与会议议题无关的内容，这是讨论离题的又一表现。主持人对这种离题现象的处理不宜简单粗暴，而应尽可能采用不影响发言者情绪和会议气氛的方式，用礼貌的形式提醒发言者，让他尽快结束离题发言。

不容置疑，会议离题不但降低会议成效，损失物力和财力，而且浪费与会者宝贵的时间，为此，必须避免这种情况。避免会议离题和受干扰，可以采取这样的技巧：

1. 会议时间对于每个与会者而言，都是非常宝贵的，实际上，开会不仅仅花费时间，还有一系列费用开销，因此，会议要想"短"而"精"，应紧扣主题进行，避免离题发言。

2. 会议上尽可能不安排"即席讲话"和"即席发言"，是避免会议中出现离题的一个技巧。会议主持人应该使用最明白的语言，对议题做出最明确的表述，并清楚地指出会议需讨论的主题。这样，在会议中，当某一个人的发言离题时，能够很快地被发言人和他人所察觉。

3. 当会议中出现离题现象时，既可以通过语言来处理，也可以通过传送信号以暗示的方式来解决。信号的优点是简捷、善意，有时还富于幽默感。信号不是像说话那样听起来唠唠叨叨，而是简单地表明一个意思："请转换话题。"使用信号暗示时，必须弄清楚哪些是可以使用的信号，以确保每个与会者都能认同，没有谁会被侵犯，还应该保证主持会议的人通常能够及时地发送出正确的信号。

4. 当与会者在会上讨论一个他们不感兴趣的话题时，重新集中注意力尤为重要，否则，他们常常会跑题，此时，会议主持人就必须把谈话离题的员工引到他最感兴趣的问题上，这样才能使会议达到预期的目的。

开会争论时切忌人身攻击

参加会议或讨论时最重要的一点就是只谈正题，不要讨论不相关的话题，否则就得不到真正的结论。

有些人总是喜欢在会议进行到一半的时候，因为某个论点而牵扯出别的话题，为了这个不相干的话题而滔滔不绝地讲个没完，甚至牵涉到人身攻击，往往占用了大家宝贵的时间。

如果只就主题提出客观的看法，不但可以节省大家的时间，使会议能够顺利进行，还不会因为口不择言而事后追悔莫及。

同事间争吵的原因，十之八九都是"说话不当"惹的祸。等到引起了对方的不悦而发生争执时，再向对方解释："我不是这个意思！""你误会了！""你想错啦！"对方也不会谅解。

在重大会议之前，要先自我反省：自己所发表的意见里，会不会涉及人身攻击，会不会把一些例外的事件演绎成一般事件，会不会夸大其词等等。

老张是公司的重量级人物，德高望重，业务精湛。但惟一的缺点就是听不得别人说他半句坏话，哪怕是别人好心的提醒，他都要先用气焰把对方压下去再说。一次，部门开季度总结大会，一位新来的同事不了解老张性情，对他的策划案发表了一些自己的看法，话还没说完，老张立刻拍案而起："你一个刚刚参加工作的，懂什么！我做这份企划有多辛苦，你知道吗？别坐着说话不腰疼！"突如其来的呵斥把新同事弄懵了，之后只能对他敬而远之。

其实，对待批评首先要有个心态问题。你可以不同意别人的观点，但要尊重别人说话的权利，否则大家表面上不给你提意见，但背地里的意见更大。

诸如此类的事情都该避免，开会或是讨论问题应该对事不对人，如果你不能保持公正而客观的态度，反而利用会议的时间来发泄个人恩怨，别人也会这么对待你，把你当成攻击的目标。那么，即使你有很宝贵的意见也不会被大家接受。

其实，明智的做法应该是这样的，要知道在批评面前，反击、争辩或是无礼都无济于事，乐于接受批评才是成熟和职业化的表现，对此，在应对开会中别人对自己的批评时，应该注意以下 4 点：

1. 保持清醒。当别人对你提出批评时，你要明白，他没有具体操作你的工作，你的难处他并不了解，而且有些人只是为了发言而发言，他们的意见有的对，有的不对。但同时，你更要明白，其实，绝大部分的批评确实是有建设性的。

2. 先从自己身上找原因。别人为什么会提这样的意见？按照他的意见会不会做得更好？自己有没有可能做得更好？如果这样想，那你一定能进步。

3. 不要寻找替罪羊。不要试图争辩、迁怒于他人或是矢口否认，解释往往会被看成借口。保持职业化的姿态，说一句话："我会认真考虑大家的意见。"

4. 清楚自己的局限性。或许人们指责的事和你并不相干，你却因它而受到批评。也可能真正要讨伐的对象是公司的政策，或是整个部门对某个项目的努力程度，那就别把这回事私人化了，做自己力所能及的事。

养成做好会议记录的习惯

在会议过程中，由专门记录人员把会议的组织情况和具体内容如实地记录下来，就形成了会议记录。

会议记录有"记"与"录"之分。"记"又有详记与略记之别。略记是记会议大要，会议上的重要或主要言论。详记则要求记录的项目必须完备，记录的言论必须详细完整。若需要留下包括上述内容的会议记录，就要靠"录"。"录"有笔录、音录和影像记录几种。对会议记录而言，音录、像录通常只是手段，最终还是将录下的内容还原成文字。

会议记录的要求归纳起来主要有两个方面：一是速度要求，快速是对记录的基本要求；二是真实性要求，纪实性是会议记录的重要特征，确保真实是对记录稿的基本要求。

真实性要求的具体含义是：准确——不添加，不遗漏，依实而记；清楚——首先是书写要清楚，其次是记录要有条理，突出重点。

会议记录应该突出的重点有：会议中心议题以及围绕中心议题展开的有关活动，会议讨论、争论的焦点及各方的主要见解，权威人士或代表人物的言论，会议开始时的定调性言论和结束前的总结性言论，会议已议决的或议而未决的事项，对会议产生较大影响的其他言论或活动。

虽然会议记录应当由会议秘书来做，但是如果有一天上司决定由你来负责会议记录时，你应该知晓以下的一些细则：

1. 记录讨论的要点

在会议的进行中，经常要进行许多讨论。会议记录并不是要逐字记录会议内容，一般只要记录下讨论的要点即可。

具体来说，你应当记录会议的时间和地点、与会者姓名（如果适当）、提出的全部项目（但不必包括讨论的细节）以及做出的全部决定、协议和任命。在会议过程中做笔记，然后再据其写出完整的备忘录。备忘录必须公正、风格简明、清晰准确。准确是很重要的，特别在会议记录可能作为以后辩论的依据时。

2. 逐字录音和修改

会议进行中，可以借助录音设备对会议内容进行录音，特别是决议或修正案，一定要一字不漏地进行录音，这样在会后整理记录时，可以有充分的依据，便于逐字修改。

要注意录音机摆放的位置，不要离发言人太远，以免录出的声音太小；也不要离发言人太近，避免声音过大不清楚。

3. 会议记录的宣读和修正

在会务进程中的适当时间内，会议主持人请秘书宣读会议记录。有时也可延期或取消宣读会议记录。然而不该经常如此，延期宣读记录使错误难以发现。

秘书宣读记录后，主持人问："对记录有什么修正吗?"问后应稍等一下。如有修正，修正意见又经过全体一致通过，主持人应说："如无反对，×先生所指出的错误将予改正。"

如果所提修正未获一致通过，主持人不需等待别人动议即可诉请投票，以决定是否应该修正。

如有小修正，秘书应立即用笔在会议记录原本旁边加以注明，并附上签名。如有大修正，要作为附录插在会议记录有错的那一页。修正声明要在会议记录上记下来作为批准的证明。如果会议记录的错误在以后才被发现，则由大会修正。修正和最后批准会议记录是大会的任务。

如果由常务委员会办理会议记录，通常在修正后要在会议间歇期间向组织报告。在证明记录无误的委员会会议上，可以一致同意或多数票批准会议记录。

会议记录归档后，只能修正错别字和标点符号，其他修正要得到大会的批准。

有些组织在每次会议后把会议记录复本分发给公众研读，以便下次会议时修正。

4. 会议记录的批准

对会议记录如无修正，或已修正好了，可由会员提出议案，批准这份修正稿；或者由主持人请大家投票通过；或者由主持人声明："如无其他修正，已修正的记录将获批准。"

　　会议记录获得大会批准前只是秘书的记录稿，批准后的记录，秘书要在记录最后写上"批准"两字，再签名及注明日期，这样才成为会议的正式记录。有些组织要求会长也签名，有些会长和秘书在记录的每一页上都标注他们的签名。

5. 将打印批准后的会议记录发给会议成员过目

　　这方面的工作任务主要有：

　　（1）整理并制发会议纪要。许多会议在会议结束之后要印发会议纪要，使与会者对于贯彻会议精神有个依据。会议纪要若能在会议结束前写出初稿来，向到会代表征求意见，当然很好。如果不能这样做，在会后整理也是可以的。整理会议纪要的主要依据是会议工作报告及其讨论情况。

　　（2）组织宣传报道。有许多会议为扩大影响，会后（有的在会议期间）往往要通过报纸、广播、电视等媒介进行宣传和报道。报道稿件，有的由采访记者执笔，为慎重起见，还往往请会议主办单位审核；有的由会议主办单位提供初稿，新闻单位酌情修改后发表。无论采用哪一种方式宣传报道，秘书部门都必须参与。

　　（3）整理会议全套文件归卷。会议全套文件，指会议通知、会议上发放的文件资料、会议记录和简报、会议总结、会议纪要、会议现场照片和录音、录像等。

　　（4）检查会议精神的贯彻执行情况。这方面应包括会议精神的传达情况、执行会议精神的实际活动情况和效果等。发现问题或者发现效果明显，都要及时向单位领导汇报，并采取措施解决出现的问题或推广经验。

开会时将手机和电话设为留言模式

　　一通电话打过去，对方用温柔婉约的声音请你稍等，并放音乐给你听，原本心情畅快的你以为："嗯！这个公司的职员真有礼貌。"心里还在嘀咕：自己的公司就没这家公司的人这么有礼貌，可是时间一分一秒地过去了，从幻想中觉醒时，摸摸手中的怀表，"天呀！已经过了20分钟了。"顿时，美好的幻想被榔头敲醒，"这是什么公司呀！"啪的一声便挂上电话，这家公司形象已被破坏。

　　一般等电话的情况大致如下：当你拨电话给对方时，往往接电话的人只会传达："某人正在接电话。"就挂掉了，我们常常会摸不着头脑，一直在想到底什么时候才可再打过去呢？无法决定是要自己打过去，还是等对方打过来。在商场中，开会是难免的，如同家常便饭，因会议或电话占线而不能接听重要来电也时有发生，如果因此而不能及时获知重要的信息，小则增添麻烦，大则造成生意上的严重损失。

发生这种情况时，最好的办法是在开会前，将电话或手机设置为留言模式，以免错过重要电话。以便在开完会后可以和来电的人取得联系，如果是重大事件必须紧急处理，这时就可以立即处置，这种不起眼的留言方式，却是工作能否顺利进行的关键！

其实，在生活中许多时候，为了保证联络的畅通，人们往往会使用录音电话。使用录音电话的要点有两个方面。

首先是留言制作。使用录音电话，少不了要制作一段本人留言。留言的常规内容有：电话机主的单位、姓名，问候语、致歉语、道别语，留言的原因，对发话人的请求，等等。

私人住宅所用的录音电话，不宜由年轻姑娘进行录音，而且不宜自报姓名。以电话号码进行代替，既明哲保身，又不会误事。

附：私人住宅录音电话内容一则

您好！这里是8286××××。对不起，主人现在因事外出。请在提示音之后留言。主人回来后，将立即同您联系。谢谢。再见！

其次，设定电话留言还应该注意以下的细则，先假设这样的一种情况：一天你打开电话留言，如果接听到下面的话："你好，我是丽达·蒙……请回电6138……"会有何反应，是不是觉得太难听清楚了？问题出在哪里？

1. 名字说得太快太含糊。你对自己的名字当然很熟悉，但别人却不是，所以要慢慢地、清楚地说出，如果名字不常见，那么就应该拼出来。

2. 电话号码说得太快。别人很难记下来，因为这对他们来说是全新的，所以最好分段说出来。

3. 信息只说了一遍。如果对方对你不是很熟悉，那么在最后请重复一下你的名字和你的号码。

打电话之前，写下你要说的话，至少是重点。然后问问自己愿意给对方留下什么样的印象，热情、友好、精力充沛还是条理明晰、思想深刻、考虑周到、善解人意？

电话留言其实是对你非常有利的沟通工具，你可以决定说什么，什么时候说等等。

别人对你一无所知，你需要给他们一个印象，每次你拿起电话，应该想到你要给别人一个什么印象。

在人际交往中，使用录音电话虽属于无形交际，但它与人们面对面的交际完全一样，也是要讲"言必信，行必果"的。在处理录音电话里他人的来电时，要注意的问题有：

第一，尽量少用录音电话。尤其是不要人在家中，却以录音电话替自己"招架"外人。

第二，对于外人打进来的电话，应当立即进行必要的处理或答复。不要一拖再拖，或者根本不理。

第三，不要对自己明明听过的他人电话录音赖账，那样只会从一个侧面告诉旁人：此人言而无信。

第六章　财富细节，点石成金

债务是你的敌人

　　亚宁事业小有成就，家庭恩爱美满，但她却一直为一个问题困扰，那就是债务。"买房买车的贷款这个月可别忘了供，上个周末和同事一道购物欠了她500元钱这周记得还，还有，公司的同事月底要结婚了，千万记得要回送一份礼金……"这些就是亚宁的脑海里无时无刻不在惦记的事情，一句话，她是和"还"字结上缘了。

　　有这样大大小小的债务问题伴随，心情又能好到哪里去呢？你是不是也面临着和亚宁同样的问题？

　　对有些人来说，挣得越多也就花得越多。然而，当花出去的钱总是比挣回来的钱多时，他们就深陷债务之中。怎样才能让自己摆脱债务的纠缠呢？办法只有一个，那就是多挣少花，把还清债务作为你的首要任务。那么，我们怎样才能减少自己的债务呢？

　　减少身上的债务非常类似于减肥。成功的关键不外乎牺牲一些享受（就像减肥需要舍弃一些美食），控制收支平衡（就像减肥要控制卡路里的摄入和消耗）和坚决改变自己的一些不好的消费习惯（就像减肥需要耐心和毅力）。但无论如何，你都不要去尝试通过冻结手中的现金来减少支出，这就像通过饥饿来达到减肥的目的一样，最终一定会得不偿失。给自己定一些阶段性目标，并一步步去实现，总有一天，你会发现自己已经"无债一身轻"了。下面给你介绍一个轻松减债的四步计划，它不仅能帮助你有效地减少债务，还能引导你走向一种更健康的生活方式。

第一步：准确衡量以做到心中有数。

这是无法逃避的第一步。如果你想减肥，你就得首先知道自己究竟有多重。同样，如果你想减少自己的债务，你就得首先评估一下自己的资产状况。这意味着你每个月至少得做一次精确的财务分析。具体的操作如下：先统计你的本月总收入，包括薪金、奖金、利息和其他所有额外收入。然后逐笔记下每月的各笔开销，包括租金、贷款利息、水电费、娱乐支出等，如果你的交际应酬较多或目前正在继续深造，那就还应该列出专门的"社交"或"学费"等款项支出。最后将总收入和总支出进行对照。你应该让每个月的收入在应付了总支出之后还有一定剩余以备不时之需。如果你每个月用于清偿各种债务的钱已占到月收入的20％以上，你就有必要考虑调整自己的消费方式了。

第二步：逐笔削减开支。

这一步非常像减肥过程中减去多余的脂肪。如果通过上面的对照，你发现自己每月收支只能刚好平衡甚至入不敷出，你该怎么办呢？你应该慢慢削减开支，但一定不要太仓促。举例来说，如果你发觉自己每个月都为购买图书资料或支付并不常用的体育馆会员费而开支不小，你就可以尝试着多去公用图书馆、同朋友换书看、以步代车多运动、退掉体育馆的会员等；如果你发现每月支付的贷款利息是个沉重的负担，你可以去银行通过延长偿还年限或进行财产抵押等方式寻求利率更低的贷款；如果你发现每天的午餐开销太大，你可以隔三差五地从家里带饭或与同事搭伙。千万别小看这些措施，它们往往可以让你轻轻松松地每月减少几十甚至几百元的开支。

第三步：过有节制的生活。

减肥要想取得明显的效果，你就必须节制自己的生活：不暴饮暴食，不吃太多的甜食，生活规律，坚持运动。减债要想成果显著，你也必须节制地生活。纽约著名财政顾问和预算专家普林顿夫人说："我最怕为年收入2万美元的家庭拟订预算。因为年收入2万美元是大多数美国家庭经过好几年的奋斗才达到的标准，当他们达到这个标准时，他们认为自己已经成功了，然后就开始大肆消费。在郊区买栋房子，买部新车，更换家具，添置名牌衣服等，不知不觉中他们已进入赤字阶段了，他们因为收入的增加而给自己带来了更多的问题。"想一想，你是不是也是这种情况呢？请记住：收入高于支出永远是远离烦恼的最简单秘诀。

第四步：养成良好的消费习惯。

节食一两个月可以让你在短期内减肥，但如果你不对一些不良的饮食习惯做出改变，体重很快就会反弹。债务也是一样。如果你不能坚持养成好习惯，好不容易减下去的债务一定又会很快地膨胀起来。为了减少债务，养成一些良好的消费习惯是必要的，其中包括：除非迫不得已或能够保证每月按时存入比支出数目更多的存款，一般不要通过信用卡购买食品、服装、日常用品或进行其他娱乐开支，这种不见现金的付款方式非常能引诱人们透支消费，如果你坚持用现金，情况就好多了；不要随身带大量的现金：钱包里有 1 万元和 100 元时，你对花 90 元钱买双袜子的态度一定是大不一样的；但也不能不带现金，不带现金而又不得不消费时只能让你欠下别人更多的钱；各类额外支出最好事先预留，尽量"专款专用"，挪来挪去地使用，不仅会让你感到疲惫，还会让你在不经意间又欠下了债务。

能挣会花，打造品质生活

"能挣会花"究其本意，是"好钢要用在刀刃上"，然而现实中却常能听到对此的"别样"理解。比如认为没必要把钱看得太重，能花钱说明能挣钱，节俭其实是没本事的表现；还有人认为有钱就应该花，活着就要尽情享乐，人生就应"潇洒走一回"。

生活品位，不一定要花钱才能得到，只要自己动动脑筋、动动手，一切都是随手可得的品质。

一对新婚小夫妻在深圳与别人合租了一套月租 1800 元的房子。丈夫在科技园一家软件公司做测试，月薪 4000 元，妻子当时正在找工作。房间是一间大的一间小的，两屋之间有个不大的方厅。结果这对小夫妻却要住小间，因为这样分摊的房租少，够省的吧。可他们生活得很幸福！每天晚上妻子都在家里做饭，把菜一一准备好，就等老公一进家门马上起锅炒菜，稀饭、蒸饺或者炒两碟小菜，两人吃得香喷喷。后来，妻子有工作了，月薪 1800 元，工作地点比较远，她每天早上 6 点多开始准备晚上的饭菜，准备到能马上下锅炒制的程度后再去挤公交车，而丈夫也在一旁帮着煎鸡蛋、热牛奶做早餐。每逢周五晚上，两个人就手挽手去买菜，家里的冰箱储藏的蔬菜、冰冻鱼，几乎都是超市晚 9 点后买一赠一的。周六，有时候妻子会和一盆面，丈夫准备一小盆饺子馅，两个人一起边看电视边包饺子。除了当天吃的以外还会在冰箱里面冻上一部分。在没有风的春天，两人就喜滋滋地装上两瓶饮水机里的纯净水，步行去莲花山打羽毛球，或者就在附近的荔枝公园里随便走走。每次两人都是一脸幸福的样子。平时的晚上，两个人吃完晚饭后，虽然总是妻子洗碗，可是丈夫会站在厨房门口和她聊天。

他们两个人的朋友们也基本都是这个收入，有时候他们也会呼朋引伴到家里来聚一聚，烧菜高手负责买菜下厨，其他人负责打扫卫生，照样玩得不亦乐乎，一次聚会六七个人花费才几十元。可是快乐的程度却丝毫没有降低，而且心里踏实，摸摸口袋，还是鼓鼓的。

有人会问四五千元的家庭收入就能在深圳轻松地生活了吗？可事实是最有力的证据。幸福并不是靠什么金钱堆砌的，而是两个人用心来共同维护的。

和那一对小夫妻比起来，对于品位一族来说，去"血拼"是必不可少的事。但生活当中，有许多不必要的消费是我们常会忽略的，甚至有许多事物不需要花钱就可获得！其实，只要用心去揣摩，你会发现有很多生活上省钱的绝招！

在一些重要节日前，应该尽早开始做购物的打算，在价格还未上涨前购物较划算。另外，为了在购物时避免拥挤的现象，最好的逛街购物时间选择早上或是周一、周二，这些时间人最少，你会有更好的心情来挑选自己真正满意的东西。

碰到朋友生日或是一些节庆送礼时，总是大伤脑筋不知该送什么，而且多多少少也会心疼又要花钱了。其实，送礼不一定要花大钱才有诚意，偶尔亲手制作手工艺品、自己设计卡片造型、发送免费"电子"祝贺卡或是与好友一同做蛋糕、小点心等，更能够让别人感受到你的用心。而且在生活中很多东西都可以废物利用，不一定什么都要花钱买。

但节俭和悭吝是有区别的。巴尔扎克笔下的吝啬鬼葛朗台之所以丑陋，就在于他为金钱泯灭了人性和良知，是十足的"守财奴"。而勤俭节约则不同，其目的是为了更好地支配钱，是做金钱的主人而不是奴隶。同样，把花钱是否"潇洒"作为评价人生是否有意义的标准，也没有丝毫道理。如何花钱才能使人生有意义，关键要看用钱干了什么，是为社会作贡献、为人民办好事，还是大肆挥霍、追求刺激、图一时快乐？有人摆"黄金宴"，虽一掷千金但不如粪土，因为他们是为了"摆谱显阔"。相比之下，曾经在央视《实话实说》节目中做客的教授何家庆，把自己几十年的积蓄全部用于扶助农民脱贫和科学研究，尽管钱款数目有限，但这样的花钱方式却比挥金如土要"潇洒"得多，也高尚得多。

对自己"小气"，在个人生活上"抠门"，是好品行。生活告诉我们，挥霍无度会使一个人膨胀的物欲和有限的现实条件之间的矛盾不断被激化。其结果，要么是使人因欲望不能满足而灰心丧气、意志消沉，要么诱使人变得利欲熏心，最后铤而走险，走上犯罪的道路。诸葛亮曾说："非淡泊无以明志，非宁静无以致远。"一个人能让自己从欲望中解放出来，把勤俭当作生活的准则去践行，就能实现比权力或富贵更高的价值。

最后还有必要对"能挣会花"做个准确的理解："能挣"的本意是"用自己所能去争取"，靠自己的勤劳获取应得的利益；"会花"就是"花有所值"，而不是进行毫无意义甚至是有损美德的消费。

糊涂用钱，理想生活离你越来越远

美国某明星有着几亿美元的身家，在鼎盛时期所积累的财富，是一个普通美国人需要工作 7600 年才能拥有的。但他最后也因为 2700 万美元的债务不得不申请破产，实在是令人难以置信。他在一年时间里光手机费就花了超过 23 万美元，办生日宴会则花了 41 万美元。他想花 100 万英镑买一辆 F1 赛车，后来弄明白 F1 不能开到街道上，只能在赛场跑道里开才作罢，最后把这 100 万英镑变成了一只钻石金表，可才戴了不到 10 天，就随手送给了自己的保镖。

如此花销，恐怕就是金山也会被挖空的。一般来说，一个家庭购买可有可无的奢侈品，不应该超过家庭年收入的 10%；超过 10% 反而会影响生活质量。

其实不光是有钱人，即便是挣不到多少钱的人，也常有糊涂花钱的时候。有时候，你觉得自己很节俭，舍不得买贵重的衣服饰品，舍不得看一场电影、吃一顿西餐。除去一日三餐、交通费、手机费、娱乐等这些比较固定的费用，你好像没有添什么大件商品。可是到了月底，还是不知道你的钱到哪里去了，因为这个月的花费大大超出预算，可以说钱就在你稀里糊涂的时候没有了。而一同远去的似乎不止这些：你会发现你想买的某个东西仍然躺在商店里而不是你的家里；你想为旅行存一笔钱，可这钱总是被你挪作他用；你想报个班给自己充充电，然而高额的培训费让你望而却步。最后你发现，似乎你规划的理想生活离你越来越远。而这并不是因为你挣得少了，也不是你铺张浪费买了多么奢侈的东西。一切只源于你的糊涂。

也许你应该想想你的钱都是怎么花出去的，考虑一下花出去的这些钱究竟值得不值得，有哪些消费是华而不实可以避免的，哪些消费是让你沉沦在腐朽的生活方式里出不来的，哪些消费是你必不可少的……在花钱之前，你一定要清醒，这样消费是不是值得。千万不能在一时的疏忽下，把收入都花在和朋友吃饭喝酒、买化妆品、换手机等上面。当然，也不是说你不能享受生活，适当放松娱乐也是好事情，但是一味贪图享乐就不应该了。

那么，怎么避免糊涂用钱，让你明白自己的钱到底用在了什么地方呢？很简单，你只需要一个账本，记下你生活中的每一笔开支即可。

要记账首先要选择好记账方法，对正规的财务报表，很多人都会觉得头痛，其实只要肯花时间，从每天的记账开始，把自己的财务状况数字化、表格化，不仅可以轻松获知财务状况，更可以替未来做好规划。最后，要搜集和整理好各种花费小票，最好在平时养成索取发票的习惯。在平日收集的发票上，清楚记下消费时间、金额、品名等项目。然后放在固定地方，按照消费的性质分成衣、食、住、行、育、乐六类，方便以后统计。

记账重在坚持，不过对于很多上班族来说，坚持记账总是有点困难，没几天就会厌烦，懒得坚持。不过现在出现了新的方式，比较适合年轻人和懒人：网上记账。专门的网站也应运而生，甚至还催生出一个网络新标签——账客（在网上记账的人）。现在比较成熟的记账网站，输入数据后不仅能对相关数据进行统计，还能对具体收入支出项目生成图表，一目了然，相当方便。如果有条件经常上网，也不妨采用这种方式。

找个富人做榜样，做他们正在做的事

通往财富有两条路可以走：自己埋头苦干，自己学习、总结、实践，再总结、再实践；向已经成功的富人学习，学习他们成功的经验和方法。结合自己的实际，走一条适合自己的发财之路。

要想富有，就必须学习像亿万富翁一样思考。这样你就会得到他们拥有财富的秘诀。这就需要你改变自己的思维，像一个富人那样去思考。香港领带大王曾宪梓是学习像富人一样思考的典型。

在商业竞争十分激烈的香港，曾宪梓正是因为独辟蹊径，抓住生产高档领带这个商机，才取得了事业上的成功。曾宪梓出生于广东梅县的一个农民家庭，从小生活极其艰苦，家中经济困难，无钱支付学费，从中学到大学的学费全靠国家发给的助学金。他1961年毕业于广州中山大学生物系，1963年5月去泰国，1968年又回到中国香港。在这段时期，他的处境甚为艰难，甚至给人当过保姆看孩子挣钱。空余时间他抓紧时间阅读有关经营方面的书籍，向一些内行人请教经营的基本常识和技巧，他还注意研究香港的工商业及市场情况。经过长期的琢磨思考，终于从市场的"缝隙"中找到了发展的机遇：香港服装业很发达，四百多万香港人中，有不少人有好几套西装。可曾宪梓发现，在香港没有一家像样的生产高档次领带的工厂，于是他决定开设领带厂。

曾宪梓在决定办领带厂后，遇到了一系列想象不到的困难。最初，他从人们的价格承受能力考虑，准备生产大众化、低档次领带，试图以便宜的价格来吸引顾客，领带的批发价低至 58 元一打，减除成本 38 元，心想还可以赚 20 元。可惜，现实却偏偏跟他开玩笑，买主拼命压价，利润所剩无几，尽管这样，还是不容易销出，一度经营不顺。

他吸取了产品"受阻"的教训，决定尝试生产高档次领带。他用剩下的钱，到名牌商场买了 4 条受顾客欢迎的高级领带。买回后逐一"解剖"，研究它的制造过程。他根据样品，另外制作了 4 条领带，并将"复制品"与原装货一起交给行家鉴别，竟能以假乱真，行家也无法识别。这样一来，进一步坚定了他生产高级领带的想法。

他立即借了一笔钱，购买了一批高级布料，赶做了许多领带。岂料，领带商因怀疑产品质量而不从他这里进货，一度造成了产品的积压。

曾宪梓想，别人不买我的货，主要是不认识这些货，如果将它放在高档商店的显著位置，就会引起别人的注意，可能会打开销路。他把自己缝制的 4 条领带寄存在当时位于旺角的瑞星百货公司内，要求陈列在最显眼的位置，供顾客选择。工夫不负有心人，他的领带受到广泛好评，随之而来的是销量的大增。曾宪梓也因此一举成功。

因此，我们要学习富翁们的智慧。像富翁一样去思考，就能打开致富的思路，打开财源的大门。

在致富的路上，一个人仅仅依赖于自己的知识、自己的经验、自己的资金、自己的资源是不够的，那样的致富道路将是漫长而缓慢的。通常是自己的资源被耗尽，也会丧失掉继续成功的信心。因此，我们何不向富翁学习，寻求一种更省力、更易成功的方法呢？

建立适合自己的理财模板

关于理财，不是所有的理财方式都适合每一个人，我们要学会分析自身的情况，建立符合自己的理财方式，并根据自身情况的变化，不断地调整理财规划。

孙维目前有一个苦恼：不知道如何处置自己剩余的 5 万块钱。两年前，她的收入勉强能维持生活，那时候，她常常头疼没有资金。现在她的收入逐渐增多了，有了闲钱，她又头疼怎么处置这些钱。

后来，一名理财师帮助她对自己的心态和家庭情况进行了详细的分析，认为孙维是个风险承受能力较低的人。于是，理财师建议她可以买些风险较低的、稳定的投资项目，例如国债，收益就较稳定。如果还能承受较大些的风险，可以投资基金。听了这些，孙维决定用其中一部分买国债，一部分买基金，一部分投资黄金市场。

很多人可能都会面临孙维的困惑，不知道该如何处理自己的资金。如果选择了不符合自身情况的理财方式，很可能造成资金流失，甚至会让自己倾家荡产。

年龄代表着阅历，是一种无形的资产。一个人在不同的生命周期中，需要承担的责任不同，需求不同，抱负不同，承受能力也不同，所以理财方式也会不尽相同。对于年轻人来说，可选择风险较大、收益也较高的投资理财组合。

家庭预算，防患于未然

国庆节还没到，刘太太就开始规划未来一个月的家庭理财计划，她在纸上一笔一笔地记着：给丈夫换一个照相功能好的高档手机，因为丈夫的手机实在太落后了；给儿子买一双耐克牌的运动鞋，因为儿子已经不止一次在她面前提起这个要求了；给自己买一台手提电脑，这样下班后也可以在家轻松办公了；给双方父母的赡养费各为 1000 元，这是家庭中每月都必须支出的一项；另外，国庆长假他们还计划去海南旅游，因为沐浴南国阳光一直是他们全家的梦想……刘太太将这些计划一一列在纸上之后就开始算费用，最后得出的费用是23580 元。

晚饭后，刘太太兴致勃勃地将计划拿给丈夫看，希望能从丈夫那里讨来一点赞扬，但丈夫只是草草看了一下计划单，并没有表态。刘太太问："你觉得这样的计划不好吗？"

丈夫微微一笑说："你计划得很好，可是你考虑咱们的家庭收入了吗？你我一个月的工资加起来也不过一万多，可是你的这个计划却远远超过了咱们一个月的总收入啊！要我说，我们不妨这样规划。"说着，丈夫拿过计划单，用红笔一边画着一边说："手机无非就是为了联系方便，照相功能再好也是辅助功能，真要是想照相，还是真正的相机来得实惠。再说咱家不是有相机吗？这项开支完全可以省去。儿子的耐克运动鞋可以在国庆节商家打折促销的时候买，能比平常省去 200 元。你的手提电脑完全可以缓一缓，等到下个月再买。双方父母的 1000 块钱是必须给的，这一项很好。沐浴阳光享受海滩不一定非要去海南，我们可以选择只有 3 个小时车程的青岛，这样不是把机票全部省下了吗？这样一算，我们的预算支出才 7000 元，完全可以玩得尽兴。"

就这样，在刘先生的引导下，他们一家三口度过了一个十分快乐的长假，而且还富余了 5000 块钱。这些钱，留到下个月给刘太太买一台笔记本电脑足够用了。

这个故事向我们引入了经济学中一个十分重要的概念：预算。从国家宏观经济的整体性来看，预算，是指国家、企业或个人未来一定时期内经营、资本、财务等各方面的收入、支出、现金流的总体计划。它将各种经济活动用货币的形式表现出来。预算是为执行本中心的任务和完成财务目标所需各种资财的财务计划。从家庭理财学的微观角度来看，预算指的就是家庭预算。家庭预算是对家庭未来一定时期收入和支出的计划，预算的时间可以是月、季，也可以是年甚至多年。一般来说，家庭预算包括年度收支总预算和月度收支预算。按照"量入为出"的原则，制定年度收支总预算首先要明确家庭在未来一年要进行多少储蓄和储备，这样一方面达到家庭资产按计划增长的目的，同时还要防备未来的各种不时之需。例如来自医疗方面的支出，是很难事先预见的。目前，很多家庭还未享受到完善的医疗保险与保障，在预算中安排一定的资金作为储备就更显得重要了。在此基础上，对于一年的总体支出情况做出安排。

刘太太的预算显然已经违背了"量入为出"的理财原则，这样的预算实际上是不科学的，一旦家庭出现变故时，这种预算的弊端就会很快显现出来，家庭就将面临严峻的财务危机。另外，没有储蓄的家庭在实际生活中抗风险能力极弱，而刘太太并没有将储蓄放在一个至关重要的位置上，而是持有一种超前消费的观点，这就导致刘太太的预算远远超出了家庭的总收入。相比之下，刘先生的理财观念就实际一些，他的预算最后还省下了 5000 元，这笔钱可以存入银行成为家庭储蓄的一部分，也可以作为下个月买手提电脑的开销，这才是一种明智的理财观念。

在我们的日常生活中，家庭预算无时无刻不引导着我们的生活，如果我们在生活中不懂得理财预算，有了钱就毫无节制地大手大脚乱花一气，没有钱就节衣缩食借债度日，不仅不能攒到钱，还会造成很严重的财务危机，让我们没有一点抗拒风险的能力。因此，我们必须要善于进行家庭理财预算，让我们的生活有计划、有规律。那么，如何进行合理的家庭预算呢？

第一，在态度上要重视起来，要树立一种"像打理公司一样打理家庭"的严谨理财观，这样就能在有效控制家庭成本的基础上，以一种更加适合自己的方式轻松快乐地生活。

第二，注重细节，锱铢必较。家庭预算在经历了一段时间较为粗放的理财之路后应该逐渐将预算的注意力转变到对细节管理上来。这样做出的家庭理财预算目的性强，贴近生活，真实可行，才可以称之为有效的家庭预算。

第三，预算要遵循"张弛有度，有备无患"的原则。俗话说："人算不如天算。"日常生活中我们总是会遇到计划之外的开销，比如：疾病、车祸、亲朋好友的结婚份子钱等，这些原本不在我们预算计划内的开销往往让我们手足无措，因此，我们在制定预算的时候一定要在严密的基础上预留出一部分活动资金。要知道，家庭预算就好比打仗，有备无患方能百战不殆。

综上所述，家庭预算一定要切实可行，一定要有理有据，只有这样才能让你和你的家人在一种有保障、有计划、有安全感的环境中充分享受现代化生活所带来的乐趣。

第七章 办事细致，路路畅通

办事礼貌为先

　　如果办事双方约定见面又有第三者在场，主人为你介绍时，你应当如何表现才算合乎礼节呢？一般说来，介绍时彼此微微点头，互道一声：某某先生（或小姐）您好！或称呼之后再加一句"久仰"便可以了。介绍时你还应该注意，如果你是坐着的，那就应该站起来，与对方握手。如果相隔太远不方便握手，互相点头示意即可。随身带有名片的此时也可交换，交换时应双手奉上，并顺便说一声"请多多指教"之类的客套话。接名片时也应用双手，并礼貌地说一声"不敢当"等。如果你是介绍人，介绍时就务必要做到清楚明确，不要含糊其辞。比如，介绍李先生时最好能补上一句"木子李"，或介绍张先生时补一句"弓长张"等，这样使对方听起来更明确，不容易产生误会。如果被介绍的一方或双方有一定的职务时，最好能连同单位、职务一起简单介绍。像"这位是某某公司的业务经理某某同志"，这样可使对方加深印象，也可以使被介绍者感到满意。

　　此外，如果你外出、旅游或者初到一个陌生的地方，可能会对地址或当地的风俗习惯不了解，这就需要询问别人。要想使询问得到满意的答复，就要做到这样两点：

　　一要找对知情人，主要是指找当地熟悉情况的人。比如，问路可以找民警、司机、邮递员、老年人等。二是要注意询问的礼节，要将不同的被询问者和所问问题区别对待。比如，询问老年人的年龄时可适当地说得年轻一些，而询问孩子的年龄时则应当大一些；询问文化程度时最好用"你是哪里毕业的？""你是什么时候毕业的？"等较模糊的问句等。注意询问时不要用命令性的语气，当对方不愿回答时就不要追根问底，以免引起对方不快。

请求别人帮助时，应当语气恳切。向别人提出请求，虽无须低声下气，但也绝不能居高临下、态度傲慢。无论请求别人做什么，都应当"请"字当头，即使是在自己家里，当你需要家人为你做什么事时，也应当多用"请"字。向别人提出较重大的请求时，还应当把握恰当的时机。比如，对方正在聚精会神地思考问题或操作实验时，对方正遇到麻烦或心情比较沉重时，最好不要去打扰他。你的请求一旦遭到别人的拒绝，也应当表示理解，而不能强人所难，更不能给人脸色看，不能让人觉得自己无礼。

微笑是办事的一把钥匙

现实生活中，很多人都已经意识到了衣着打扮对自己社交和办事的重要性。因此，出门办事之前，我们总是对着镜子特意打扮一番。但是，我们也不可以忽略了外表所展现的另一种魅力作用，那就是你的微笑。微笑可以解决问题，微笑能够解决问题，这是真理，很多有经验的成功人士深有体会。但是，还有很多人没有意识到微笑会对办事产生这样的影响。

所有的人都希望别人用微笑去迎接他，而不是横眉竖眼，横眉竖眼阻碍了心灵思想的交流。

所以，有的公司在招聘员工时，以面带微笑为第一条件，他们希望自己的员工脸上挂着笑容，把自己的公司推销出去。

用微笑把自己推销出去，最好的例子是美国联合航空公司。

联合航空公司保持着一个世界纪录，那就是在1977年载运的旅客，总数是355万人。

联合航空公司宣称，他们的天空是一个友善的天空、微笑的天空。事实的确如此，他们的微笑不仅仅在天上，在地面便已开始了。

有一位叫珍妮的小姐去参加联合航空公司的面试招聘，当然她没有关系，也没有熟人，也没有先去打点，完全是凭着自己的本领去争取。她被聘用了，你知道原因是什么吗？那就是因为珍妮小姐的脸上总带着微笑。

令珍妮迷惑不解的是，面试的时候，主管人员总是故意把身体转过去背着她，千万不要误会这位主管人员不懂礼貌，原来他在体会珍妮的微笑，感觉珍妮的微笑，因为珍妮是通过电话工作的，是有关预约、取消、更换或确定飞机班次的事情。

那位主试者微笑着对珍妮说："小姐，你被录取了，你最大的资本是你脸上的微笑，你要在将来的工作中充分运用它，让每一位顾客都能从电话中感受到你的微笑。"

虽然可能没有太多的人会看见她的微笑，但他们通过电话，可以知道珍妮的微笑一直伴随着他们。

联合航空公司之所以取得惊人的运载数字，从这里就可见一斑了。

在人的所有表情之中，最有魅力、最有作用的，当属微笑。

世界上最著名的微笑是达·芬奇所画《蒙娜丽莎》的微笑，据说日本有位男子为她的微笑所迷，以至于每天都对着这幅名画盯看两个小时以上，天长日久以至于精神恍惚，不得不被人送到精神病院，足可见微笑的魅力。而真正因微笑走向成功的应首推美国的商业巨子希尔顿。

从 1919 年到现在，希尔顿旅馆从一家扩展到 70 多家，遍布世界五大洲的各大都市，成为全球规模最大的旅馆之一。几十年来，希尔顿旅馆生意如此之好，财富增加得如此之快，其成功的秘诀之一，依赖于服务人员"微笑的影响力"。

希尔顿旅馆总公司的董事长康纳·希尔顿在几十年里，向各级人员（从总经理到服务员）问的最多的一句话是："你今天对客人微笑了没有？"

他谆谆告诫员工，无论旅馆本身遭遇的困难多么大，希尔顿旅馆服务员脸上的微笑永远是属于旅客的阳光。他说："请你们想一想，如果旅馆里只有第一流的设备而没有第一流服务员的微笑，那些旅客会认为我们供应了他们全部最喜欢的东西吗？如果缺少服务员的美好微笑，就好比花园里失去了春天的太阳与微风。假若我是顾客，我宁愿住进虽然只有残旧地毯却处处有微笑的旅馆，而不愿走进只有一流设备而不见微笑的地方……"如今，希尔顿的资产已从5000 美元发展到数十亿美元，声名显赫于全球的旅馆业。希尔顿旅馆的服务人员总是会想到的就是他们的老板可能随时会来到自己面前再提问那句名言："你今天对客人微笑了没有？"

微笑当然是指那些由内心生出、绝对真诚的微笑。一个大公司的人事经理经常说道："一个拥有纯真微笑的小学毕业生，比一个面孔冷漠的哲学博士更有用，因为微笑是对工作人员的基本要求，也是公司最有效的商标，比任何广告都有力，只有它能深入人心。"

而随时保持微笑，更是有利于增强你办事的效果。

满脸笑容地迎接客人，微笑会使对方感觉你如同亲人；满脸笑容地托别人办事，微笑会增加对方拒绝你的难度。

微笑是一张通行证，它能给别人留下温暖、亲切、自信的印象，笑着同别人谈话，能使每一句话显得轻松，即使是那些难办的事情或是复杂的问题都可以在微笑中变得轻松起来。真诚微笑，让对方产生愉快的心情，然后一点点地把问题提出，让他（她）在快乐轻松的心情中不再设防，这样的办事效果要比板起面孔一本正经地谈判许多轮不知要好上多少倍。

有时候，为了办好事情，尽管我们没有微笑的心情，但关键时刻，也必须调整自己，笑脸对人。

西方有句谚语："不会笑就别开店。"中国人也说："笑口且长开，财源滚滚来。"微笑，是人类最美好的表情，它吸引着幸运和财富。所以，在工作和生活中，你也学一学卢浮宫里《蒙娜丽莎》的微笑，即使在你不想笑的时候，你也要露出微笑，你定会收到意想不到的效果。

不轻易许诺

你求别人办事，别人也可能求你办事。在别人求你的时候，首先要想想自己能不能办到，这是人人都明白的道理。可就有那么一些人不自量力，对朋友请求帮助的事情一概承担下来，事情办好了什么事也没有，如果办不好或只说不做，那就是不守信用，朋友就会埋怨你。

有这样一个故事，有一个人爱吹牛，在火车站没有熟人，硬是对别人说在火车票售完后依然能买到火车票，结果有很多朋友、同事请他帮忙买火车票，他是有求必应，答应了别人，而自己又确实没熟人，只好半夜三更去排队买票，结果托他买票的人越来越多，他把自己逼进了死胡同，甚至有时自己往里贴钱买高价票，搞得狼狈不堪。

没有考虑自己的能力而轻易地答应帮忙，票买来了，大家认为你真了不起，买不来，别人就会认为，你既然给别人买来了，为什么不给我买，是看不起我吧！于是关系渐渐疏远了，反而失去了信誉，又得罪了人，何苦呢？

假如你是一个有点权力而权力又不大的人更应该注意，因为你有权，亲戚朋友托你办事的人肯定多。这时你应该讲点策略，不能轻易答应别人。有的朋友托你办的事可能不符合政策，这样的事最好不要许诺，而应该当面跟朋友解释清楚，不要给朋友留下什么念头，否则，朋友会认为你不给办事儿；有的朋友找你办的事可能不违反政策，但确有难度，就跟朋友说明："这事难度很大，我只能试试，办成办不成很难说，你也不要抱太大希望。"这样做是给自己留有余地，万一办不成，也可以有个交代。对于那些举手之劳的事情，还是答应朋友去办，但答应了后，无论如何也要办好，不可今天答应了，明天就忘了，待朋友找你时，你会很难堪的。

在这里强调不要轻率地对朋友做出许诺，并不是一概不许诺，而是要三思而后行。尽量不说"这事没问题""包在我身上"之类的话，给自己留一点余地。如果万事都顺口承诺，那就只会成为勒紧自己脖子的绳索。

也许很多人都知道这样一个故事。华歆、王朗一同乘船逃难。有一个人要搭船，华歆很为难，王朗说："希望你大度一些，搭搭船有什么不可以？"后来强盗追来，王朗想把搭船的人扔掉，华歆说："我刚才之所以犹豫，正是因为这个，既然已经接纳了他，他把自己托付给我们了，怎么能由于危难而抛弃他呢？"后来，世人便以这件事判断华歆和王朗的道德品质。

如果一个人在生活或生意上经常不负责地许下各种诺言，而很少能遵守，那结果只能给别人留下恶劣印象。你说过要帮别人做某件事情，就必须办到；要是你办不到，或不愿意去办，就不要答应别人，你可以找任何借口来推辞，但绝不要说"没问题"等话。如果，你说试试看而又没有做到，那么你给对方留下的印象就是：你曾经试过，结果失败了。而你说没问题而又没做到，那你就失去了信誉。

总之，你在对待别人时，千万别轻易许诺，许了诺，便一定遵守，别人会被你的态度打动，他们认为你是一个讲信誉的人，从而会信赖、依靠于你，你在生活中便会战无不胜、攻无不克。事情办起来也越来越顺。

用亲和力打造关系

聪明的人善于把"关系"变成办事的资本，他们凭借自己的本领最大限度地打通各个环节，以便为自己办事制造人事关系。与他人建立"关系"，其目的就是相互帮助，别人有急事、难事的时候，你鼎力相助，你有难办的事时，朋友也会两肋插刀，但是建立关系最基本的要求就是要有亲和力。

现实中，很多人的苦恼正是因为缺乏良好的亲和力。有这么几个例子就很好地说明了这一点。

张总是一家大型企业的负责人，他最近经常头疼，因为他发现下属越来越难以管理了，朋友建议他学习人际交往的艺术，于是张总报名参加了学习人际交往的培训班。就这样，张总放弃了和家人团聚的机会，积极地参加培训，学习了许多人际沟通的方法和技巧。可是一回到单位，面对下属，那些具体的问题又出来了，他的那位女下属对他说话还是那样冲，他一听到她说话，还是忍不住想发火。他真的觉得有些控制不住自己。

刘爽见了谁都很客气，总是很礼貌地同别人寒暄几句。开始时，他的同事很喜欢他的礼貌，可是时间一久，他发现自己并不能够深入地和人交流。他觉得自己和别人总是隔着一层，而他的同事也是以同样的礼貌回敬他，渐渐地，他觉得自己和同事的距离越来越远了。他真的觉得很累，他不明白，为什么坐在他旁边的同事小王为人大大咧咧，有时还对人发脾气，却反而有那么多知心朋友。刘爽觉得自己可是全部按照人际交往的规范来执行的，怎么会这样呢？

李小姐有点像"工作狂"，尤其最近，整天忙于工作，压力很大，好不容易和朋友见上一面，但聊天的内容却全是工作，朋友听着都头疼。回到家里，面对家人，她满脑子想的还是工作。李小姐发现自己的思维内容非常狭窄，除了工作还是工作，头脑里没有一点其他的东西。等到一上班，她才发现自己特别爱发脾气，明明知道应该对客户有礼貌，可是一见到客户，她说话就带着烦躁的语气，弄得最近客户的投诉率也接连上升。

像张总、刘爽、李小姐这样的人，我们在生活中经常可以碰到，他们正在为自己在人际交往中缺乏亲和力而感到苦恼。具有良好的人际沟通和亲和能力是我们每个人都梦寐以求的，良好的人际亲和力能给我们带来种种好处。不仅使我们获得更多的友情，感受到人与人之间的关爱与温暖，还使我们获得更多的人际资源，让我们拥有意想不到的好前途和办事的好机会。

你可以通过以下几个方面去打造你的亲和力：

1. 主动攀谈，求得他人认可

言为心声，只有用语言与别人交谈，才能加深彼此的了解。以交谈的方式与别人沟通，可促进和深化交往。

2. 善意疏导，去除他人误解

人与人之间出现矛盾、摩擦是正常的，关键是要多沟通，说开了彼此之间就会取得理解。

3. 随和解释，赢得他人佩服

要想取得对方的信任以利于沟通，就要注意在言谈举止方面大方自然一点，不要清高自傲、孤芳自赏，该坦率、直露的地方绝不含糊其辞。只有这样，别人才会相信你，并乐意与你交往。

4. 大度宽容，善待他人

利益是互惠的，交往也是互惠的，只有善待他人，他人才能善待你。彼此之间通过包涵和谅解就能进一步加强联系和沟通。这就要求我们在交往中，适当谅解和善待对方的缺点和不足，得饶人处且饶人，通过交谈和解释等方式向对方表示自己的好感，以了解对方。

有很多人认为只有领导才需要具备良好的亲和力，这其实是很片面的。须知，良好的人际亲和力不仅是一个管理者所必备的，也是一个普通的员工所应具备的。因为我们生活在这个纷繁复杂的世界上，每天都必须与很多人打交道，无论是作为一名销售人员、一名科研工作者，还是一名行政管理人员，良好的人际沟通能力都是通向我们事业成功之路的桥梁。一个具有良好人际亲和力的人在工作中会有很好的人缘，也容易得到同事的支持和鼓励。

第八章 把握细节，送礼不失礼

懂一点儿送礼心理学

求人办事总免不了要送别人些礼物，以表示自己的诚意，殊不知送礼还是一门学问，值得人们好好研究一番。

既然是要送礼给别人，当然要好好研究一下别人的心理，这样一来，你就必须要先懂点送礼心理学。心理学是一门高深的学问，人们往往对它所发挥的作用惊叹不已，而将其运用到送礼之中，也同样会收到绝佳的效果。下面是从心理学这一角度出发得出的送礼应注意的问题：

1. 通过礼物可以看出送礼者的性情爱好

李华在过年过节时经常会收到一些礼物，他每次都是将这些礼物与送礼者的名字记下来，为的是作为回礼的参考。

天长日久，他逐渐悟出：从对方所送的礼物上可以观察此人的性情爱好。如果对方送陈年美酒给你，其实表示送者也对美酒有所偏好；若赠送造型典雅的茶具，则送者必是爱好茶具者。

如此说来，每个人对礼品的选择，经常在无意中透露出自己的喜好，即便是价格颇为高昂，也会产生"这也是自己所喜爱的"这种心理，而不去在乎其价格的高低了。

然而从另一个方面讲，这也就带有一种强加于人的色彩，容易给对方一种强迫感。

因此，请记住：一味地选择自己所喜欢的礼物送给别人将失去送礼的意义，只有赠送对方所需要的，并且能真正表达自己诚意的礼物，才是真正"送礼的艺术"。

2. 礼品价值高低，取决于双方的地位和关系好坏

受到别人的照顾或恩惠时，必定会为了表达谢意而送礼。然而，送礼却给许多人造成不少困扰。

阿文非常喜欢帮助别人，但却对那些受惠者送来的礼物深感尴尬，因为许多家庭并不富裕的人，却送来非常昂贵的礼品，自己只是举手之劳，常觉得受之有愧，他常常叹息说："其实可以不用送如此大礼。"

其实，送礼金额高低往往决定于对收礼者的印象。在节庆前夕，许多商场的礼品柜台前都会听到许多夫妻低声商讨"是否太失礼了""不值得送如此昂贵的东西"之类的话。反之，从收礼者的角度来看，若得到的远比预期的低，便会大感不悦，甚至比根本没有送礼来得更为气愤；可能责备对方"不识时务""没有礼貌"等，有一种身份地位被贬低的愤怒。

3. 送给对方家人喜欢的东西能加强对方对你的好感

当美国电影《ET》上演后，在社会上曾轰动一时，有位先生去拜访他的朋友，就买了ET的模型送给对方分别为3岁和5岁的两个孩子，结果小孩子们异常高兴，从那时起就称这位先生为"ET伯伯"，而且每次去都受到他们一家人的欢迎。

像这种情形许多人都见过，甚至亲身体验过。

有句话说："擒贼先擒王。"用来形容这种情形，或许不是十分恰当，但事实就是如此，有时送对方本人喜欢的东西，还不如送其家人喜欢的东西，更能加强对方对你的好感。

尤其重要的是，像这种针对家人的送礼方式，有时还会造成和对方之间的交情在质的方面产生变化等意想不到的效果。

但值得留意的是，像这种情形的送礼，其送礼的内容多少应有点意外性，让别人产生惊喜的感觉，否则效果不会太好。

4. 人在困难时，接受少量的资助会觉得格外感激

有位著名的画家年轻时过了一段非常困苦的生活，经常三餐不继。有一次，他把一幅连自己都没信心的画拿到画商那儿，画商看了半天，付给他一笔在当时他认为很多的钱，令他十分感激。

就画家来说，画商并非买了这幅画，而是给了他前途。后来，他终于成功了。

那笔钱的金额是否很高呢？其实不见得，但直到今日，那位画家依然感觉这笔款项非常庞大。人在困厄消沉中，有人向他伸出了援助之手，可以使人产生长久的感恩之情。由此可见，在别人困难时，你的礼物比在其发达时你送的礼物要珍贵得多。

如上所述，在送礼时懂点送礼心理学，将会使你顺利地送出礼物，达成自己的心愿。

送礼不一定非得自己出马不可

一般情况下，既然有求于人，就应当亲自把礼品送给对方。当你亲手把礼物送给受礼者，这份礼物便增加了它的重要性和意义。因为礼物被递交出去时，你的声音、表情甚至握手和拥抱，都会使对方激动。亲自送礼还有利于当面说明送礼意图，并可以与受礼者同时分享喜悦之情。

但是，有些时候，很多人碍于客观条件，如本人没有时间，或是为了借用他人与对方的关系，你不能亲自把礼物交到对方手上，只有委托他人或亲朋好友代替送达。

这种方式也是有其独到的好处的，当送礼者本人羞于开口，或者不方便与受礼者见面的时候，受委托者可担任赠送者的最佳信使，甚至可以言赠送者所难言之事。

通常，委托他人转送礼品时，应附上一张送礼人的名片。它既可以放在礼品盒内，也可以放在一个写有送礼人姓名的信封里，然后再将这个信封固定在礼品的包装之上。

这种方式最好不要常用，因为委托他人送递，有时会出现表达不清的情况，影响你送礼的真正意图。

通过支付一定的费用，雇请专门公司的送礼使者替自己送去礼物，现已渐渐被越来越多的人接受。这种方式有3种好处：一是可以节省时间；二是可以制造浪漫情调；三是对方如果不愿意见到本人，这样做可以减少对方的心理压力。

大多鲜花类礼品都由花店负责递送，因为它们需要妥善照顾与处理，保证在到达目的地时仍然能保持新鲜。其他易损毁礼品，如水果、巧克力、焙制品等，也同样需要处理与照顾，以保持其原来风貌。在可能的情况下，尽量让商家去搬送它们。

此外，邮局也是一个寄送礼品的专门渠道。通过邮购，可节省逛街所耗费的精力及体力。在翻阅邮购杂志的同时，如看到合适的礼品，可做个记号，然后等到时间差不多了，再下订单。有些邮购公司会将礼物直接送到对方手中，并附上留言卡片。

有时，邮局或其他专递公司给你送来一份礼品，你会感到莫名其妙，因为你不知道送礼者是谁。这就是匿名送礼。以这种方式送礼，是为了不让受礼者知道他的身份，给人留下想象空间。

一般最好不要匿名送礼，尤其是求别人办事时，更不能匿名送礼，这样做只会使受礼者大伤脑筋，甚至对送来的礼物不再理睬，那么你求人的目的也就无从达到了。毕竟每个人都希望知道礼物来自何方，自己应当向谁道谢，应该帮助谁等。

送礼可以走老人、孩子路线

求人办事时，除了走本人路线外，不妨走走老人、孩子路线，迂回接近目标，达到办事目的。

求人办事，所求之人一般是年富力强的角色，刚好是"上有老，下有小"的年龄，所以在必要的时候，走一下老人、孩子路线，迂回接近目标，拉近彼此的感情，不失为一个好方法。

为什么走老人和小孩的路线比较好呢？

1. 老人、小孩容易接近

老人因体力虚乏在家休养，或因年岁高而退职在家，没有工作做，家务不让做，心里有话而没处说（儿女上班少有时间；年辈相距，话难投机），因此，常常显得孤寂。如果有人主动接近老人，哪怕是暂时解除老人的孤寂，老人自然非常乐意。而小孩子纯朴、喜新、好奇、爱动：一句唐诗、一段故事、一个鬼脸、一声哄捧就能很快赢得小孩的亲近。

2. 掌握老人和孩子的心理，让他们喜欢和你接近

一般地说，老年人见多识广，阅历丰厚，精神仓库里贮藏有大量感性或理性的"经验产品"，一有机会，他们总乐于滔滔倾诉，希望能影响、感动后人，也算获得人生的哪怕些许的慰勉。因此，老人的生理、心理便表现出极大限度的和善、平易。尤其对于年轻人，他们总乐于主动招呼、热情交谈。至于小孩，若你真诚地以童心相待，带给小孩新奇欢乐，小孩会立刻把你当成"快活大王"

或"英雄人物"般崇拜、亲近。

3. 通过老人、小孩达到融洽全家的目的

老人是长者，而中国人有敬老、尊老、孝老的传统。假如老人心悦神怡，全家随之活跃和愉快。况且现代家庭中小孩多是"独苗"，家里人更是哄捧宠爱，如果能和小孩玩在一块儿，家庭融洽自是水到渠成。

但是，走老人、孩子路线也需要注意下面几点：

1. 多掌握和积累老与少的知识

除了感性的调查、观察之外，平时也应适当地作些理性积累，通过报纸杂志、电视电影等，积累有关老年健身知识、休闲知识、小孩游戏知识、趣味故事等，以便到时"妙手偶得，借题发挥"。

2. 主动套近乎，消除陌生感

进入一个家庭，见到老人、小孩，要想见一面便产生"一见如故"的融洽气氛，登门人应该主动引出话题打开话匣，而不应该等待家庭一方（老人、小孩）搜寻话题勉强问答。你主动开口，能表示亲近，消除陌生感。

3. 态度要谦虚、谨慎

对老人务必态度谦恭、心性美善、行为礼让。这一方面表现你的虚心、诚实，一方面显出你对长者的尊重、敬仰。和小孩交往，必须因情因境，投其所好，把握分寸。要用忠诚、童稚去换取欢悦，千万不能居高临下、装腔作势、虚情假意。

求人办事必须灵活多变。遇到办事不顺之时，不妨多想想，动动他孩子的脑筋，打一打老人家的主意，这是不可忽视的获取好感、打通关系的绝妙办法。

送礼前，需考虑风俗禁忌

送礼要尊重对方的传统习俗，有很多人就是因为没有注意这一点，而闹得不欢而散的结局，使得该办的事情办不成。例如，别人结婚时，不要送钟，因为"钟"与"终"谐音，让人觉得不吉利；对文化素养高的知识分子，你送去一幅蹩脚的书画，就很没趣；给意大利人送菊花，给日本人送荷花，给法国人送核桃，都会引起外宾的反感。在德国送礼，对礼品是否适当、包装是否精美要格外注意。玫瑰是专送情人的，绝不可送给其他人。应邀去法国人家用餐时，应送几枝不捆扎的鲜花，菊花在法国只在葬礼上才用。拉丁美洲国家的人不能送刀剪，否则认为友情的完结；手帕也不能作为礼品，因为它是和眼泪相联系

的。美国人对礼品主要讲究实用性和奇特性。如果能送一些具有独特风格或民族特色的小礼品，美国人会很欢迎。例如，我国产的仿兵马俑，在美国人心中就是一种难得的礼品。此外，包装礼品时不要用黑色的纸，因为黑色在美国人眼里是不吉利的颜色。同时，要注意赠送礼物应在生意交谈结束的时候。拉丁美洲人喜欢美国生产的小型家用产品，比如厨房用具等。在拉美国家，征税很高的物品极受欢迎。给日本人送礼，不要一次送 4 样或 9 样东西，因为"4"字在日文中与"死"谐音，而"9"则与"苦"字谐音。日本人喜欢中国的丝绸和名酒及中药，对一些名牌货也很喜欢。但对狐狸图案的东西则比较反感，因为狐狸是贪婪的象征，獾则代表狡诈。给英国人送礼时，如果礼品价格很高，就会被误认为是一种贿赂。送一些高级巧克力、一两瓶名酒或鲜花，都能得到受礼者的喜欢。但要注意，最好不要送印有公司标记的礼品。公司若送礼，最好以私人名义。

总之，送礼时，要考虑周全，以免节外生枝，造成不必要的麻烦。

呈上礼物时，说一句谦和得体的话

语言的表达在送礼时特别重要，平和友善的表情、落落大方的动作伴着你得体的语言表达，受礼方在不知不觉中就接受了礼物。与那种做贼似的悄悄将礼品置于桌下或房间的某个角落的行为相比，这种效果肯定是最好的。

在我们有几千年文明的国度里，一般来说，在呈上礼物时，送礼者应站着，双手把礼品递送到受礼人手中，并说上一句得体的话，这样送礼的效果自然好上加好。

一般而言，送礼时运用谦和得体的语言，会营造一种祥和的气氛，无形中增加相互间的友谊。但过分的谦虚最好避免，如"微薄""不成敬意"或"很对不起"等，这可能会引起对方的轻视。

送礼时，有人喜欢强调自己礼品的微薄，如"区区薄礼，不成敬意，请笑纳""这是我们的一点小心意，请收下"。其实，这种时候你完全可以说出自己在礼品上所花的心思，以表示自己的诚意，如"这是我特意为您挑选的"。

送礼时的话语一般应与送礼的目的吻合，如送生日礼物时说一句"祝您生日快乐"，送结婚礼物时说一句"祝两位百年好合"等，拜年送礼时可说一句"新年好"。

有些人到对方家中拜访直到要离开时才想起该送的礼品，在门口拿出礼品时，受礼人却因为谦逊、客套而不肯接受，此时在门口推推扯扯，颇为狼狈。

　　避免这种情况的办法是：进到大门，寒暄几句就奉上礼品，这样就不会出现因为对方客套而不收礼的尴尬情形。如果错过了在门口送礼的时机，不妨等坐定后，在受礼人倒茶的时候送。此时，不仅不会打断原来谈话的兴头，反而还可增加一些话题，谈话进入氛围，你要办事情也就好办多了。

　　在求人办事时，一定要选择恰当的语言送出你的礼物，事情办好了，双方的关系还能进一步地加强。

第九章 谈吐细节，提升魅力

切忌喋喋不休

拿破仑·彭纳派德是拿破仑的侄子，他与美女郁金妮相爱并成婚。他的顾问们认为，她不过是一位不重要的西班牙伯爵的女儿。但拿破仑反驳说："那又怎么样？"她的青春，她的优雅，她的美貌，她的诱惑，使他沉浸在神仙般的幸福中。"我已经喜欢上一位我所敬爱的女人，"他说道，"她不是一位我不了解的女人。"

拿破仑和他的新婚妻子拥有健康、财富、势力、美貌、名誉、爱情与信仰——一切幸福的条件。但是，他们婚姻的圣火从未发出过更加耀眼的光辉，而且没过多久，那炽热的圣火就熄灭了。拿破仑可以使郁金妮成为皇后，他可以献出他爱情的全部力量，但他无法做到一点：使她停止喋喋不休。

由于嫉妒和多疑，郁金妮轻慢他的命令。正当他处理国政的时候，她闯入他的办公室，打断他最重要的讨论。她常常到她姐姐家抱怨她的丈夫。她拒绝他独处，永远怕他与别的妇人交往。她抱怨、哭泣、喋喋不休，甚至恫吓，并强行进入他的书房，向他发怒。拿破仑，这个法国的皇帝，纵然有许多富丽堂皇的宫殿，却不能找到一个小屋，以让自己在那里安静一下。郁金妮如此而为所造成的后果是什么？我们通过莱因哈德的《拿破仑三世与郁金妮：一个帝国悲喜剧》中的文字就可以看出："以后拿破仑常在夜里从一侧门偷偷地出去，戴一软帽，将眼遮起，由一亲信随从，真的前往等待他的美女那里去了。"

这一切都是喋喋不休的郁金妮所造成的。她坐在法国的皇后位上，又是世界上最美丽的妇人，但在不良的气氛之中，皇后的位子与美貌都不能再使拿破仑折服，都不能保持爱情的存在。

你不应喋喋不休，没完没了。如果你是一位女性，尤其应该对此加以重视，因为你更易犯下这一错误。

在所有阻碍家庭幸福与毁灭爱情的因素中，喋喋不休是最致命的。

托尔斯泰伯爵夫人也发现了这一点——可惜她知道得太迟了。在她去世以前，她对她的女儿们承认：“你们父亲的死，是由于我的缘故。”她的女儿们都痛哭了起来。她们知道母亲说的是实话，知道是她用不断的抱怨、永久的批评、不休的唠叨将父亲害死了。

但托尔斯泰伯爵及其夫人理应享受优越的生活。托尔斯泰著名的《战争与和平》和《安娜·卡列尼娜》在世界文学史上永远闪烁着光芒。他非常有名望，他的崇拜者甚至终日跟随他，将他所说的每句话都速记下来，甚至连“我想我要就寝”这样的话也一字不漏地记下。除名誉外，托尔斯泰与他的夫人还有财产，有地位，有孩子，没有别的婚姻比这更美满了。起初，他们饱尝幸福的甜蜜，以致他们一同跪下，祈祷万能的上帝继续赐予他们所有的快乐。

后来，惊人的事情发生了。托尔斯泰渐渐改变了，他整个变成了另外一个人，他对自己以及所写的作品竟感觉羞愧。从那时起，他把余生都贡献在撰写宣传和平、消弭战争与解除贫困的文章上。

他一度忏悔自己年轻的时候犯了许多不可想象的罪恶和过错，甚至于凶杀。他打算真实地遵从耶稣基督的教诲。他把所有的土地都给了别人，自己过着贫苦的生活。

他亲自在田间工作，拾稻草，砍木头，打扫房间，用木碗盛饭，并且尽力去爱他的仇敌。

托尔斯泰的一生是一幕悲剧，而造成悲剧的原因，是他的婚姻。

他的妻子喜爱的是他所鄙弃的奢华；她渴望名望和社会上的赞美，但托尔斯泰都不屑一顾；她希望有金钱，而他却认为私有的一切是一种罪恶。

这样过了好几年，她吵闹、哭喊、咒骂……因为托尔斯泰坚持主张他的著作可以任人翻印，而她却一定要从中抽利。他一反对她，她就会像疯了似的大哭大闹，手拿一瓶鸦片烟膏威胁着要自杀，还起誓说不活了，要跳井。

在他们共同生活的过程中，有一件事是历史上最悲惨的一幕。他们的婚姻开始时十分幸福美满，但48年后，他竟连看她一眼都不能忍受。有一天晚上，这位年老伤心的妻子，她渴望着爱情，跪在她丈夫的面前，央求他朗诵50年前为她写的最美丽的情诗。当他读到那些甜蜜、快乐的句子已成逝去的梦幻时，他们都激动地痛哭起来……眼前的情况和他们对早年的美好回忆真是天壤之别！

在他82岁的时候，托尔斯泰再也忍受不了家庭中的痛苦折磨，在1910年一个大雪纷飞的夜里，离开他的妻子，不知去向了。

11天后，托尔斯泰因肺炎昏倒在一个车站上。他临死前要求，不允许他的妻子来看他。

"我想我实在是疯了。"托尔斯泰夫人觉悟时，已经晚了。

这便是托尔斯泰夫人吵闹、抱怨和歇斯底里所换来的结果。

林肯一生最大的悲剧不是被刺，而是他的婚姻。

当布斯向他放枪时，他并未感觉到自己已受伤……但他几乎每天都生活在痛苦的深渊里。

他的律师合作伙伴合顿形容，林肯在23年内都处在"婚姻不幸所造成的痛苦"中。

"婚姻不幸"还是很委婉的说法，几乎一个世纪的1/4时间内，林肯都是在他夫人的吵闹中过日子。她永远抱怨、批评她的丈夫。她认为林肯的一切，没有一件是对的——他驼背，走路的样子很难看，呆板得就像印第安人。她说他脚步没有弹性，动作不斯文，甚至还模仿林肯的那副模样，喋喋不休地要改变他走路的姿势。她不爱看他的两只大耳朵和不圆润的头，甚至指责她丈夫的鼻子不够直挺，又说他的下嘴唇突出，手脚太大，脑袋又生得太小，她骂他是个痨病鬼。

总之，他的妻子和林肯在各方面都持对立立场，在教养、环境、志趣、性情，还包括智慧和外貌上，他们永远是彼此敌视的。

《林肯传记》的作者这样写道："林肯夫人那尖锐刺耳的声音，就是隔一条街都可以听见。邻居常常听到她不断地咆哮，她的愤怒常常是以这种方法表现，而要形容她那副愤怒的神情，真是很不容易呢！"

所有的吵闹、责骂和喋喋不休，改变林肯了吗？在某方面来说，是的。那使林肯改变了对她的态度，他懊悔自己不幸的婚姻，同时尽量躲避她。

春田城内有11位律师，不能都在一处谋生，因此他们常常骑着马，跟着大法官戴维斯到其他法庭问案——他们被分配到第八司法区中的各镇法庭找工作。

其他律师无不希望周末返回春田和家人欢聚，可是，林肯却不肯回春田，在春季3个月及秋季的3个月里，始终在他乡停留，不愿意走近春田城。他年年如此。住宿在镇上小旅店的生活并不是件舒服的事，即使如此，他也宁愿独自呆在那里，而不想回家去听他妻子不断的唠叨。

我们都看到了林肯夫人、郁金妮皇后与托尔斯泰夫人喋喋不休的结局。她们所换得的，只是她们的以悲剧收场的人生。她们没能用喋喋不休去说服自己的丈夫得到她们想得到的，她们把珍爱的一切捣毁无遗。

开玩笑要注意分寸

据中新网北京 2004 年 4 月 1 日消息：

昨天，43 岁的北京人王某在"愚人节"开玩笑把自己开进了拘留所。他给长途电信大楼的值班员打电话："明天你们不要上班了，有人要炸长话大楼。"

3 月 31 日晚 7 时许，正在长话大楼值班的李小姐接到一个陌生男子的电话，对方语出惊人，吓得她马上把情况报告给单位领导，公安机关也很快接到了报案，并查明了王某的情况。当夜，二龙路派出所和驻所刑警队突袭王家，王某正在酣睡，颇觉意外。"纯粹开玩笑，我没有爆炸的意思，明天不是西方人的'愚人节'吗？我就想和他们开个玩笑。"

在派出所里，王某傻了，没想到后果会这么严重。

王某是海淀区某酒楼厨师。他单位的同事和朋友跑到公安局说情："他平时就好和同事开玩笑，大大咧咧惯了。""开玩笑？那也得讲分寸啊！"民警说，根据《中华人民共和国治安管理处罚条例》第十九条规定的"捏造或者歪曲事实、故意散布谣言或者以其他方法煽动扰乱社会秩序的，处 15 日以下拘留、200 元以下罚款或者警告"，王某被依法治安拘留 15 天。

人际交往中，开个得体的玩笑，可以松弛神经，活跃气氛，创造出一个适于交际的轻松愉快的氛围，因而诙谐的人常能受到人们的喜爱。但是，开玩笑开得不好，则适得其反，伤害感情，甚至会像前面故事中讲的那样惹上大麻烦。因此开玩笑要掌握好分寸。

1. 开玩笑要注意场合、时机和环境

一般来讲，在庄严、肃穆的场合不能开玩笑，工作时间不能开玩笑，在公共场合和大庭广众之下，也尽量不要开玩笑。在非常时期，不能拿非常之事开玩笑，在公共传媒上开玩笑更是要慎之又慎。

美国前总统里根有一次在国会开会前，为了试试麦克风是否好使，张口便说："先生们请注意，5 分钟之后，我将宣布对苏联进行轰炸。"一语既出，众皆哗然。里根在错误的场合、时间里，开了一个极为荒唐的玩笑。为此，苏联政府提出了强烈抗议。

据英国媒体报道，在瑞典广播电台的一个名为"你好，法庭"的节目中，电台突然宣布国王古斯塔夫已经与世长辞，而且还把这一消息宣布了好几遍。

随后，电台才告诉听众刚才是在开玩笑。当时，一些听到广播的民众最初都以为消息是真的，后来很快得知电台竟然开出如此过火的玩笑，都感到十分气愤。瑞典王室对此也非常不悦，王室女发言人凯瑟琳表示："我们已经通知电台和电视台的主管机构，让他们认真调查这件事情。"而且她透露说，王室下一步将对不负责任的瑞典电台提出起诉。

"非典"期间，李某因为一句"非典"的玩笑被公安机关拘留了12天。

从广东出差回来的李某在办公室和同事聊天时，突然说他感染上了"非典"。因为李某平时很爱开玩笑，所以同事们都没把他的话当真。李某见大家不相信，便假装咳嗽，还说要向单位请假治病。由于李某是刚从疫区回来，而且还显露出"非典"的症状，大家认为宁可信其有、不可信其无，于是，当地有"非典"患者的消息很快传入了社会，在群众中引起了恐慌。有关部门得知后，迅速将李某隔离检查。此时，李某却反复说自己没有得"非典"，只是开句玩笑。检查结果出来，也表明是一场虚惊。但公安机关仍对李某做出了拘留12天的治安处罚。李某不明白，自己只是向同事开了一句玩笑，为什么却要受到治安处罚呢？其实，公安机关对李某的处罚是合法的。据了解，在全国上下齐心战胜"非典"的关键时刻，有极少数人利用口头、互联网、手机短信等形式编造虚假信息，散布"非典"虚假病情，增加了人们对"非典"的恐慌。本事件中，李某虽然只是开了一句玩笑，但扰乱了人们的正常生活秩序，影响了"非典"防治工作的正常进行。

前面几则故事里的开玩笑者都是在不合适宜的时机、场合开了不合适宜的玩笑，结果惹了麻烦，甚至惹上了官司，我们要引以为戒。

2. 开玩笑要注意对象

人的脾气、性格、爱好不同，开玩笑要因人而异。开玩笑要注意长幼关系。长者对幼者开玩笑，要保持长者的庄重身份，使幼者不失对长者的尊敬；幼者对长者开玩笑，要以尊敬长者为前提。开玩笑要注意男女有别。男性对语言情境的承受能力较强，一般的玩笑不会导致男性的难堪；女性对语言情境的承受能力较弱，不得体的玩笑会使女性难堪，甚至"下不来台"。开玩笑还要注意亲疏的差异。一般情况下，与自己比较亲近、熟悉的人在一起，开玩笑，即使重一点，也不会影响友好关系。但与自己比较陌生的人在一起，就不宜开玩笑，因为你对人家的个性、经历、情趣、隐私不了解，可能在开玩笑中冒犯了人家，引起反感，不利于今后的互相了解和友谊的发展。

有一次，一位男士见女同事穿着一身漂亮的新衣服来上班，他自觉幽默地说："今天准备出嫁？"这其实是一种夸赞，只不过有点调侃的意味。

然而，他的这位女同事却是个泼妇。

她闻听此言，怒不可遏，拍案而起："你骂人！难道我离婚了？难道我丈夫不在了？"接着又来了一大串的谩骂。

这位男士万万没有想到，他的颇为得意的幽默竟被人家当成不堪入耳的污言秽语，得到的竟是如此难堪的结局。他百口莫辩，只好道歉了事。每当提及此事他都苦笑不已，因为那位女同事因此而到处说他是个"二百五"。

这位男士之所以引火烧身就是因为他没有注意开玩笑的对象。

同样一个玩笑，能对甲开，不一定能对乙开。人的身份、性格、心情不同，对玩笑的承受能力也不同。

一般来说，后辈不宜同前辈开玩笑，下级不宜同上级开玩笑，男性不宜同女性开玩笑。在同辈人之间开玩笑，则要掌握对方的性格特征与情绪信息。

对方性格外向，能宽容忍耐，玩笑稍微开大了可能也会得到谅解。对方性格内向，喜欢琢磨言外之意，开玩笑就应慎重。对方尽管平时性格开朗，但如恰好碰上伤心事，就不能随便与之开玩笑。相反，对方性格内向，但正好喜事临门，此时与他开个玩笑，效果会出人意料地好。

3. 开玩笑要注意勿揭人短

每个人在生理上、心理上、行为或能力上，都可能有不足之处，如果把这些不足之处当作笑料来开玩笑，揭人短处，将会受到人们憎恶。因为有些人最害怕别人揭自己的伤疤，一旦有人冒犯他，他的自尊心会让他产生很不理智的行为，生活中这类事情时有发生，有时还真让人想不通，一句玩笑话怎么会引起那么大的事情发生？这恐怕是犯了开玩笑的忌讳，没有掌握好说玩笑话的分寸。

比如，每个人都有自己的隐私，而且每个人都不允许别人触及自己的隐私，当然更不允许别人拿自己的隐私开玩笑。如果谁在开玩笑时违反了这一游戏规则，谁就会变成一个不受欢迎的人。

一天，几个同事在办公室聊天，其中有一位胡小姐在昨天配了一副眼镜，于是拿出来让大家看看她戴眼镜好看不好看。大家不愿扫她的兴都说很不错。这件事使老常想起一个笑话，他就立刻说了出来：有一个老小姐走进皮鞋店，试穿了好几双鞋子，当鞋店老板蹲下来替她量脚的尺寸时，这位老小姐——我们要知道她是近视眼，一看到店老板光秃秃的头，以为是她自己的膝盖露出来了，连忙用裙子将它盖住。"混蛋！"店老板叫道，"保险丝又断了！"

接着是一片哄笑声，孰料事后竟从未再见到胡小姐戴过眼镜，而且碰到老常再也不和他打一声招呼。

117

其中的原因你不难明白。说者无心，听者有意，在老常来想不过是说起一则近视眼的笑话，然而，胡小姐则可能这样想："你取笑我戴眼镜不要紧，还影射我是个老小姐。我老吗？我才 26 岁！"

所以，说笑话要先看看对哪些人说，先想想会不会引起别人误会。像上例，老常严重地伤了一个人的自尊，却是始料不及的。

另外，开玩笑要适可而止，平常开开玩笑，一两句话说过便罢，不能老盯着一个人。

开玩笑如果使对方太难堪了，那就失去了开玩笑的意义。你笑你的同学考试不及格，你笑你的朋友怕老婆，你笑你的亲戚做生意因上了别人的当而亏了本，你笑你的同伴在走路时跌了一跤……本来这些都是应该抱以同情的，而你却拿来取笑，不仅使对方难堪，而且表现出你的冷漠无情。同样，不可拿别人生理上的缺陷来做你开玩笑的题材，如对眼、麻子、跛脚、驼背等，这些属于一个人的不幸，你应该是怜悯而不是取笑。不可使开玩笑成为你的谈话习惯。除了开玩笑就不会说话，只能表示你的浅薄。

诙谐的语句，能使人快乐，更会发人深思，这种智慧型的幽默，是玩笑话中最上乘的，在不伤害别人的同时，使大家开心。如果你能诚心诚意地这样做，你一定可以获得更多人的信赖、更多人的钦佩，并将会获得更多的朋友。

谈论对方感兴趣的话题

小李是位作者，他曾经与某出版社的主编多次进行出书条件的交涉，虽然试着想找出双方都能满意的条件，但是总觉得还是差了那么一步。

大概在交涉了七八次后的某一天，由于长时间的商谈，双方都感到疲倦，于是换了场所，到附近的一家咖啡馆内。

主编是一个爱好打保龄球的人，而小李也喜欢这个运动，所以坐下来时，小李先开口提到：

"上个礼拜天，我到保龄球馆打球，可是手风很不顺，没什么战绩。"

话一说完，他便观察对方的反应，果然不出所料，主编兴致勃勃地问：

"怎么？你也喜欢打保龄球吗？"

"我虽然不擅长，却很热爱这种休闲活动，常常去打。"

"哈哈！其实我也蛮喜欢这玩意儿，几天不摸球就手痒痒。"

"战绩如何？"

"最高分是 258。"

"嗬！这可是专业水准了。"

一谈到感兴趣的话题，主编情绪就越来越高涨，不知不觉中与小李约定下次一同去打球，而且还说了一句很关键的话："这个约定和出版的条件无关，完全是两码事。"但几天后，双方便签订了合同，而且是大致按照小李所希望的条件订立的。

谈论对方感兴趣的话题，是与对方沟通的最有效手段。

谈论对方感兴趣的话题，是一种深刻了解别人，并与人愉快相处的方式，它与虚伪的恭维是两码事。

生活中，每个人的性格都不一样，同样，每个人的兴趣也不一样。生活中有这样一种人，他们专嗜揣测他人的意图，逢迎他人的喜好，以使自己做出讨人喜欢之举。当然这种人不值得效仿，但有一点对世人应有所启发：他们为何要逢迎他人？无非是有人喜欢他们如此。所以，在说服过程中，我们不要忽视了一点，即满足他人的兴趣。不能只顾自己的喜好，想怎么着就怎么着。一旦你的兴趣与他人产生冲突，就会给你的说服设置一种障碍。

有许多人，他们之所以被人认为谈话拙笨，就是因为他们只注意于谈他们自己感觉有趣味的事情。而这些事情，也许别人会感觉非常讨厌。如果你去引导别人开始谈他们所感兴趣的事情，例如关于他的成就、他擅长的运动等，如果对方是一位已有孩子的母亲，你不妨跟她谈谈她的孩子，这就会使人家产生一种亲切的感受。即使你的话不多，你的谈话也将被人认为是成功的。

在费城卡耐基演说训练班最后一次集会的宴席上，德维特先生曾经作过一次十分成功的演说。他谈到席间的每一个人，谈他们在训练班开始的时候演说的姿势，怎样渐渐获得了进步，末了还追述他们曾经发表过的演说，描摹他们演说时的神气，把他们的特点加以夸大，使每一个人听了都捧腹大笑。他用了这样的材料，那是绝对不会失败的。天下再没有比这种题材更使人高兴的了，而德维特先生知道了这一点，他的确是一位成功的演说家。

凡到过牡蛎湾拜访过西奥多·罗斯福的人，无不对他广博的知识感到惊奇。无论对一个牧童、纽约政客，还是一位外交家，罗斯福都知道同他谈些什么。那么罗斯福是如何做到这一点的？

其实答案很简单。无论什么时候，罗斯福每接见一位来访者，他就会在这之前的一个晚上了解这一客人所特别感兴趣的东西，以便找到令人感兴趣的话题。

前耶鲁大学教授费尔普曾有过如下回忆：

"我8岁那年的一个周末，我去看望我的姑母林慈莱，并在她家度假。有一天晚上，一个中年人来访，他与姑母寒暄之后，便将注意力转移到我。当时，我正巧对船很感兴趣，而这位客人谈论的话题似乎特别有趣。他走后，我向姑母热烈地称赞他，说他是一个多么好的人！对船是多么感兴趣！而我的姑母告诉我说，他是一位纽约的律师，其实他对有关船的知识毫无兴趣。但他为什么始终与我谈论船的事情呢？

"姑母告诉我：'因为他是一位高尚的人。他见你对船感兴趣，所以就谈论能让你感到愉悦的事情，同时也使他自己为人所欢迎。'"

费尔普说："我永远记住了我姑母的话。"

卡耐基也曾回忆说：

"《美国杂志》在几年之前突然畅销起来，这真是使整个出版界震动的一件事。这完全是已经过世了的约翰·薛德尔主编一人的功绩。我初次和他见面的时候，他正在主编该杂志的'读者趣味栏'。我也曾替他写过几篇稿子。有一天，他坐下来和我谈了很长的话，他说：'人们大都是自私的，他们所感兴趣的主要的还是在于他们自己。他们不会注意到铁道是否应该收归国有，却极愿意知道怎样向上爬，怎样使自己的身体健康，怎样可以获得更多的薪金。如果我当了《美国杂志》的主编，我一定要告诉人家怎样去注意他们洁白的牙齿，怎样去沐浴，夏天怎样去乘凉，怎样去寻找职业、对付属员、购买地产，以及其他关于个人的事。因为人生的故事，人们永远是听不厌的。所以，我打算请富人们来详细地讲述他们发财的经历，请社会上有地位的银行家以及一切大事业的成功者，都来述说一下他们怎样由艰苦奋斗而达到成功的故事。'

"不久，薛德尔真的做了《美国杂志》的主编，当时该杂志的销路并不广，因此他就照他所说的实行起来，结果是销售得到了惊人的上升，由30万升至40万，50万，60万……不久就到了100万，不久又到了200万，但未来的销售并不到此为止，一年年地仍在增加，这是由于薛德尔能够迎合读者自我趣味的缘故。"

在童子军中极为活跃的查利夫曾写信给卡耐基，也谈到了同样的道理。

"有一天，我觉得我需要有人帮忙，"查利夫写道，"欧洲将举行童子军大露营，我要请美国一家大公司的经理资助我的一个童子军的旅费。

"幸而在我去见这人以前，我听说他曾开了一张百万美元的支票，而这张支票退回之后，他把它置于镜框之中。所以我走进他办公室所做的第一件事就是谈论那张支票——一张百万美元的支票！我告诉他，我从未听说过有人开过这样的一张支票，我要告诉我的童子军，我的确看见过一张百万美元的支票了。他很欣喜地向我出示那张支票。我表示羡慕他，并请他告诉我此事的经过。"

"不知你注意了没有，查利夫先生没有谈论童子军或欧洲的露营或他所要做的事。他谈论的是对方所感兴趣的事情。事情的结果又怎样呢？"

"稍过片刻，我正在访问的人说道：'我顺便问你，你要见我有什么事？'所以我告诉了他我的愿望。

"使我非常惊奇的是，他即刻答应了我的请求，而我只请他资助一个童子军赴欧洲，他竟资助了5个童子军，另外加上我，让我们在欧洲住7星期。他又给我开了介绍信，将我介绍给他分公司的经理，让他们帮忙。他又亲自在巴黎接我们，引导我们游览城市。自此以后，他给那些家境贫困的童子军提供一些工作，而且现在仍在我们的团体中活跃地工作。

"但我知道如果我不曾找出他所感兴趣的事，使他先高兴起来，那么我想接近他是多么不容易！"

《遍地黄金》是一篇大受欢迎的演说词。但是，它为什么能够这样？理由就是我们在前面所说的：能够迎合个人的兴趣。

这篇演说告诉人们怎样可以出人头地，怎样在现实环境下能够有更大的发展。这并不是一篇机械式的演说，康维尔博士为了使演讲地和他发生直接的关系，引用了当地所发生过的事实，使这一篇演说更为生动，对该地的听众显得十分重要。他自己说：

"我每去一个地方演讲，总是希望能够早几日到该处，使我有充分的时间去访问当地的理发师、邮政局长、学校校长、报馆经理以及教堂的牧师；然后再去商店中、工厂里，和店员、工人随随便便地谈谈，借此彻底明白当地的情形，知道该处的历史；最后再来开始我的演讲，演说中尽量插入该地的实际情形。《遍地黄金》就是说地大物博的美国，每一个人都有机会去利用自己的技能而获得财富，有更大的发展。"

在商界，这是一种很有价值的方法。下面让我们再看看另一个例子。

杜佛诺公司是纽约一家面包公司，杜佛诺先生想方设法将公司的面包卖给纽约一家旅馆。4年以来，他每星期去拜访一次这家旅馆的经理，参加这位经理所举行的交际活动，甚至在这家旅馆中开了房间住在那里，以期得到自己的买卖，但他还是失败了。

杜佛诺先生说："后来，在研究人际关系之后，我决定改变自己的做法。我先要找出这个人最感兴趣的是什么——什么事情能引起他的热心。

"我后来知道，他是美国旅馆招待员协会的会员，而且他也热衷于成为该会的会长，甚至还想成为国际招待员协会的会长。不论在什么地方举行大会，他飞过山岭，越过沙漠、大海也要到会。

"所以在第二天我见他的时候，我就开始谈论关于招待员协会的事。我得到的是一种多么好的反应！他对我讲了半小时关于招待员协会的事。我可以清楚地看出，这确实是他很感兴趣的业余爱好。在我离开他的办公室以前，他劝我也加入该会。

"这次谈话，我根本没有提到任何有关面包的事情。但几天以后，他旅馆中的一位负责人给我打来电话，要我带着货样及价目单去。

"'我不知道你对那位老先生做了些什么事，'这位负责人招呼我说，'但他真的被你抓到痒处了！'

"我对这人紧追了4年——尽力想得到他的买卖——我若不去找他所感兴趣的东西，恐怕我还得紧追不舍。"

在应酬场合中何尝不是如此？我们可曾注意到别人的兴趣？我们与人交往，可曾在这方面努力过？有些人天生应酬有术，这自然是可喜的。但如果不是天才的话，我们就需要学习了。

爱好摄影的人都知道，直接拍摄被聚光灯照得发亮的东西，会曝光而完全看不出被拍摄的物体。要拍摄出清楚美丽的照片，必须采用部分受光的技术，配合被拍摄物体的曝光程度而拍摄。

与他人沟通也是同样的道理，必须找出与对方沟通的适合方法。换言之，必须想要以怎样的角度去接近对方较好。预先探查对方是个什么样的人，收集一些关于对方的资料，就能在事先准备如何接近他的方法。事先准备的话，就不会慌乱。

如果要沟通的对象是个人，那么须事先搜集有关其简历、兴趣、出生地、家族成员等资料；如果是公司的话，其经营状况、往来客户、其他的特色等，都要充分了解。若能多留心的话，应该可以收集到很多信息，将这些信息记录下来，活用到实际之中，这有助于了解对方，也可以借此引导对方理解我们。

有一位评论家曾愤慨地说："在这之前，有家出版社专门出版我的书，可是他们从未看过我的书，他们常常这样要求我：'拜托你！什么都可以，写些东西让我们交差。'我便常常无法招架而任凭摆布。但是他们认为'原稿的内容无关紧要，什么都可以'的想法，实在是太失礼了。"可以理解这位评论家的感叹。其实我们可以说："读了先生您的作品，实在令我大受感动，特别是其中××的论点，虽然我也曾试着仔细思考过，但一直存在一些疑问。"如果这样说的话，对方会认为"这个人下工夫看过我的书"。虽然并不一定是如此，但是至少表示了对这本书的兴趣，而且这样一来，这位评论家也会有"再写下去"的心情。

据说，要劝说酒精中毒者戒酒，最有说服力的人是具有相同痛苦经历的人。因为伙伴意识能够削弱戒备心理，创造虚心听取意见的气氛。有经验的推销员，一进入顾客家中，总会立刻找到这家主妇感兴趣的话题进行交谈。例如，看到地毯，马上会说："好漂亮的地毯，我也很喜欢这种样式……"这样，通过各种话题就可在心理上与对方进行沟通。

人们对于自己的小事，比任何重大的事都要关心。他对于自己刮脸的刀片钝了不能刮胡须的事，比某处飞机失事的事件还要关心。他自己的脚趾肿痛，比南美洲的大地震更重要。他听你谈他的得意事件，比听你谈历史上的一切伟大人物的事迹更为高兴。

所以，如果你想别人对你产生兴趣，那就请记住与人沟通的秘诀：谈论别人感兴趣的话题。

赞美要具体而有新意

1997年1月5日，牛群在中国美术馆举办"牛眼看家"摄影展，由倪萍和赵忠祥主持。倪萍在开场白中，感谢牛群对她的帮助，并由衷地赞扬道："这就是牛群的人品，今天，牛群的摄影展应该说是靠他人格的魅力成功的。他的作品像九月金秋的庄稼，件件饱满充盈。"

倪萍讲述了在自己心中埋藏了7年的小事：

1990年1月5日，倪萍同牛群主持第一期"综艺大观"。当时，她非常紧张，但牛群笑哈哈地给她鼓劲说："你不用紧张，有我在。如果一旦忘词了，你就笑着看我。我就假装我自己忘词了，这样观众就会以为我出错了。"牛群的讲义气使初上屏幕的倪萍大为感动，她终于顺利闯过了第一关，行云流水般完成了她的主持工作。牛群的话一直铭刻在她心里。

在感谢之后具体地赞美，让人觉得极为得体。

"谢谢您！这么短的时间就完成了。"在传达完感谢的心意后，再具体地以"文章很简洁易读"等赞美一番。类似"实在做得不错"等抽象的夸奖就不具明显效果。如果能具体地说出怎样好，对方更容易理解，而衷心地感谢。

在牛群的摄影展上，大庭广众之下，倪萍悠悠地述说发生在牛群身上的一件小事，不仅表达了自己的谢意，而且可以让广大观众了解牛群，使大家更加喜爱这位笑星，并以他的摄影作品品味他的人品。这是赞美别人的一个很高的境界。

1. 抓住细节赞美

真情需要赞美，而细微之中更容易显现真情，所以，有经验的人常常抓住某人在某方面的行为细节，巧施赞美和感谢。这样很容易博得对方的好感。其实对方之所以在细节上投入那么多的心思与精力，一方面说明对方对此重视，另一方面说明对方渴望这一部分努力能够得到别人的关注与赏识，能够得到应有的报偿与肯定。因此，我们在交际中应善于发现细微处的用意，不失时机地以赞美和感谢来回报对方，这不但会带给对方巨大的心理满足，而且会加深彼此情感沟通和心灵默契程度。

法国总统戴高乐在 1960 年访问美国时，在一次尼克松为他举行的宴会上，尼克松夫人费了很大劲布置了一个美观的鲜花展台：在一张马蹄形的桌子中央，鲜艳夺目的热带鲜花衬托着一个精致的喷泉。精明的戴高乐将军一眼就看出这是主人为了欢迎他而精心设计制作的，不禁脱口称赞道："女主人为举行一次正式的宴会要花很多时间来进行这么漂亮、雅致的计划与布置。"尼克松夫人听了，十分高兴。事后，她说："大多数来访的大人物要么不加注意，要么不屑为此向女主人道谢，而他总是想到和讲到别人。"可见，一句简单的赞美他人的话，会带来多么好的反响。

戴高乐贵为元首，却能对他人的用意体察入微，这使他成了一位格外受到尊敬的人。面对尼克松夫人精心布置的鲜花展台，戴高乐没有像其他大人物那样视而不见，而是即刻领悟到了对方在此投入的苦心，并及时地对这一片苦心表示了特别的肯定与感谢。戴高乐赞美的言语虽然简短，但很明确，尼克松夫人深受感动。

2. 注意发掘他人的闪光点

人人都有自己的长处，即使最普通的人也绝不是"一无是处"，这关键在于你是否能够"沙里淘金"、"慧眼识珠"。有些人常常埋怨对方没有优点，不知该赞美什么，这正说明了其缺乏发掘闪光点的能力。

春节期间，小王住在乡下的大伯带着 5 岁的小孙子健健到小王家住了两天。健健性格内向，见人不爱说话，时时刻刻跟在大伯身边，特别是和小王的女儿玲玲在一起时，一个显得聪明伶俐，一个显得呆头呆脑，弄得大伯很没面子，骂健健"三脚踢不出一个屁来"。这天晚饭过后，小王和大伯边聊天边看电视，突然听到客厅里传来玲玲的哭声。两人赶快跑出去看，这才搞明白原来健健不小心从楼梯半截处跌了下来，膝盖摔破了，健健忍着痛没哭，倒把在一旁的玲玲吓哭了。大伯上来就骂他没出息不争气，搞得健健也大哭起来。小王见状赶紧劝导大伯，一边劝一边扶起健健，查看伤口。当看到伤口已出血时，小王拍着健健的肩膀啧啧称赞，说："农村的孩子就是生得结实，经得起摔打，跌得这么重也不哭，连句疼也不喊。这孩子将来肯定有出息，到了社会上能闯荡。你再看我这城市里的女儿，一根毫毛没动，光吓就给吓哭了。"一席话说得大伯心里舒服了许多，赶紧心疼地搂过健健，又是上药又是安慰地忙起来。

在这个故事里，与乡下大伯相比，小王就是一个善于发掘闪光点的赞美高手，他借助一次跌跤事件对两个孩子做出重新评价，从"身体"和"意志"的角度对健健表示由衷的赞叹，使大伯透过表面现象看到了自己孩子的可贵之处，心里舒服了，更重要的是燃起了对孩子的希望。

3. 请教式赞美

人都有"好为人师"的自大心理，所以在许多时候，以低姿态有针对性地去请教他人，以自己的普通凸显对方在该方面的优势，可以起到赞美他人的作用。恰到好处地使用此种方式，既成功地赞美了别人，又能给人留下虚心好学的好印象。

金文认识许多学术界的泰斗，并常常得到他们的指点。他们之间的相识，也是缘于赞美运用得得法。因为有很多人也曾拜访过这些大师，但往往谈不上几句便无话可说，很快被"赶"了出来，而他竟成为大师们的座上客，其中自有奥秘。作为准备在学术领域有所建树的金文，自然也很仰慕这些大师，他得知拜访这些人不易，在每次拜访一位第一次见面的专家时，他先将这个人的专著或特长仔细研究一番，并写下自己的心得。见面之后，先赞扬其专著和其学术成果，并提出自己的想法。由于他谈的正是大师毕生致力研究的领域，自然也就激起大师的兴趣，并有了共同话题。在谈话中，金文又提出自己不理解的地方，请求大师指点，在兴奋之际大师自然不吝赐教，于是金文既达到了结交的目的，又增长了许多见识，并解决了心中存在的疑惑，可谓一举多得。

此例中，金文就在有求于人时，巧妙地运用了请教式赞语。自己所请教的，正是对方引以为自豪并最感兴趣的，自然使对方高兴，使其心理得到满足。当然，这个例子，只涉及生活中的一个方面，如果运用恰当，在生活的方方面面，此法都能行得通。

如果你想让你的赞美令人乐于接受，除了要具体、由衷外，还要具有新意。因为"喜新厌旧"是人们普遍具有的心理。陈词滥调的赞美，已经丧失了吸引人们注意的魅力，而新颖独特的赞美，则令人回味无穷。

4. 语言要有新意

赞美是所有声音中最甜蜜的一种，赞美应该给人一种美的感受。新颖的语言，是有魅力的，有吸引力的。简单的赞扬也可能是振奋人心的，但是赞扬如果多次单调重复，也会显得平淡无味，甚至令人厌烦。一个女人就曾说过，她对别人反复说她长得很漂亮已经感到很厌烦，但是当有人告诉她，像她这样气质不凡的女人应该去演电影，给世界留下一部电影拷贝的时候，她笑了。

5. 角度要有新意

每个人都有许多优点和可爱之处。赞扬要有新意，当然要独具慧眼，善于发现一般人很少发现的"闪光点"和"兴趣点"，即使你一时还没有发现更新的东西，也可以在表达的角度上有所变化和创新。

对一位公司经理，你不必称赞他经营有方，因为这种话他听得多了，已经成了毫无新意的客套了；倘若你称赞他目光炯炯有神，风度潇洒大方，他就会更受感动。

法国某将军屡战屡胜，有人称赞他："你真是个了不起的军事家。"他无动于衷，因为他认为打胜仗是理所当然的事。而当那人指着他的鬓须说："将军，你的鬓须真可与美髯公相媲美。"这次，将军欣然地笑了。

赞美的角度很重要，从新颖的角度赞美将起到事半功倍的效果。

6. 表达方式要有新意

赞美他人，在表达方式上是可以推陈出新、另辟蹊径的。

富兰克林年轻时，在费城开一家小小的印刷所。那时，他参加了宾夕法尼亚州议会的选举。在选举前夕，困难出现了。有个新议员发表了一篇很长的反对他的演说，在演说中，竟把富兰克林贬得一文不值。遇到这么一个出言不逊的敌人，是多么令人恼火呀！该怎么办呢？富兰克林自己讲述道：

"对于这位新议员的反对，我当然很不高兴，可是，他是一位有学问又很幸运的绅士，他的声誉和才能在议会里颇有影响。但我绝不对他表现出卑躬屈膝的样子，以换取他的同情与好感。我只是在隔数日之后，采用了一个适当的方法。

"我听说他的藏书室有几部很名贵又很少见的书。我就写了一封短信给他，说明我想看看这些书，希望他慨然答应借我数天。他立刻答应了。"

富兰克林用一种不露痕迹的赞美方式赞美新议员，恰如春雨润物细无声。

表达赞美的方式有很多，要针对不同人、不同场合、不同时间选择最为恰当的方式。选择赞美方式时，既要考虑表达方式的新意，又要考虑对方的感受及最后的效果，然后综合地去思考，就会找到最适宜的表达方式。

多用"我们"这个词

新婚燕尔，新娘对新郎说："从此以后，就不能说'你的''我的'，要说'我们的'。"新郎点头称是。一会儿，新娘问新郎："亲爱的，我们今天去哪啊？"新郎说："去我表姐家。"新娘就不乐意了，纠正说："是去我们表姐家。"新郎去洗手间，很久了还不出来。新娘问："亲爱的，你在里面干吗呢？"新郎答道："我在刮我们的胡子。"

这虽然只是一则笑话，可是它体现了一个问题，即"我们"这个词可以造成彼此间的共同意识，拉近双方的距离，对促进人际关系将会有很大的帮助。

经常听演讲的人，大概都有过这样的经验，就是演讲者说"我这么想"不如说"我们是否应该这样"更能使你觉得和对方的距离接近。因为"我们"这个字眼，也就是要表现"你也参与其中"的意思，所以会令对方心中产生一种参与意识，按照心理学的说法，这种情形是"卷入效果"。

事实上，我们在听别人说话时，对方说"我""我认为"带给我们的感受，将远不如他采用"我们"的说话，因为采用"我们"这种说法，可以让人产生团结意识。

"我"在英文里是最小的字，千万别把它变成你语汇中最大的字。

一次聚会，有位先生在讲话的前三分钟内，一共用了36个"我"，他不是说"我"，就是说"我的"，如"我的公司""我的花园"等。随后一位熟人走上前去对他说："真遗憾，你失去了你的所有员工。"

那个人怔了怔说："我失去了所有员工？没有呀，他们都好好地在公司上班呢！"

"哦，难道你的这些员工与公司没有任何关系吗？"

亨利·福特二世描述令人厌烦的行为时说："一个满嘴'我'的人，一个独占'我'字、随时随地说'我'的人，是一个不受欢迎的人。"

在人际交往中，"我"字讲得太多并过分强调，会给人突出自我、标榜自我的印象，这会在对方与你之间筑起一道防线，影响别人对你的认同。

因此，会说话的人，在语言传播中，总会避开"我"字，而用"我们"开头。下面的几点建议可供参考。

1. 尽量用"我们"代替"我"

很多情况下，你可以以"我们"一词代替"我"，这可以缩短你和大家的心理距离，促进彼此之间的感情交流。

例如："我建议，今天下午……"可以改成："今天下午，我们……好吗？"

2. 这样说话时应用"我们"开头

在员工大会上，你想说："我最近做过一项调查，我发现40％的员工对公司有不满的情绪，我认为这些不满情绪……"

如果你将上面这段话的三个"我"字转化成"我们"，效果就会大不一样。说"我"有时只能代表你一个人，而说"我们"代表的是公司，代表的是大家，员工们自然容易接受。

3. 非得用"我"字时，以平缓的语调讲

不可避免地要讲到"我"时，你要做到语气平淡，既不把"我"读成重音，也不把语音拖长。同时，目光不要逼人，表情不要眉飞色舞，神态不要得意洋洋，你要把表述的重点放在事件的客观叙述上，不要突出做事的"我"，以免使听的人觉得你自认为高人一等，觉得你在吹嘘自己。

第十章　细节识人，小中见大

点头如捣蒜，表示他听烦了

点头是最常见的身体语言之一，它可以表达自己肯定的态度，从而激发对方的肯定态度，还可以增进彼此合作的情感交流。点头能够表达顺从、同意和赞赏的含义，但并非所有类型的点头方式都能准确传达出这一含义。点头的频率不同，所代表的含义就有可能不同。

缓慢地点头动作表示聆听者对谈话内容很感兴趣。当你表达观点时，你的听众偶尔慢慢地点两下头，这样的动作表达了对谈话内容的重视。同时因为每次点头间隔时间较长，还表现出一种若有所思的情态。如果你在发言时发现你的听众很频繁地快速点头，不要得意，因为对方并非就是赞同你的观点，他很可能是已经听得不耐烦了，只是想为自己争取发言权，继而结束谈话。

刚刚大学毕业的明宇去一家单位面试，负责面试的是一个年轻女孩。问了几个常规问题后，她话锋一转问起明宇的兴趣爱好。明宇随便聊了几句法国小说，张口雨果闭口巴尔扎克和她聊了起来。年轻考官好像很感兴趣，对他不住地点头，明宇仿佛受到了鼓舞。话题轻松，聊的又是明宇的"强项"，他有些得意，刚进大学那阵子猛啃过一阵欧洲小说，觉得还真帮上了大忙。见考官这么有兴致，明宇当然奉陪。眼看临近中午，年轻的面试官不住地点头、不停地看表，明宇还没有停下来的意思，原定半小时的面试，他们谈了一个多钟头。面试结束，考官乐呵呵地说："回去等消息吧。"明宇也乐呵呵地说："希望以后有机会再聊。"明宇回去悠闲地等，最终也没有等到复试的通知。

从这个例子可以看出，听众在你发言的时候不停地点头，往往不是对你十分赞同，而是觉得你说话太啰唆，他只是想借助这个动作让你不要再多说。明宇在表达的时候不顾及他人的肢体语言传达出的感受，一相情愿地侃侃而谈，如此会错了意又怎么会有好的谈话效果？同时，经过心理学家的实验证实，当对方做"点头如小鸡啄米"这个动作时，当他快速点头的时候，他其实很难听清你在说什么。被父母唠叨的小孩子身上也能经常见到这样的动作，当父母说"你不能……"的时候，孩子会频频点头，嘴里叨念着"知道了，知道了"。这样的动作恐怕真是答应得快、忘记得更快了。

如果对方是真正赞同地点头，他会在你说完话后，缓慢地点头一下到两下，这样表示他是在用心听你说话。如果他希望你继续提供信息，他会在你谈话停顿时，缓慢而连续地点头，他是在鼓励你继续说下去。点头的动作具有相当的感染力，能在人的心里形成积极的暗示。因为身体语言是人们的内在情感在无意识的情况下所做出的外在反应，所以，如果他怀有积极或者肯定的态度，那么他说话的时候就会适度点头。

不露齿微笑，是拒绝的前兆

笑是人们与他人交流的最古老的方式之一。而微笑作为一种受到最广泛理解的正向性表情，在所有的文化语境里，人们都用它来表示高兴与快乐。正因为如此，心理学家把"微笑"视为人际交往中的一种常用方式，无论是何种文化背景下的人，它都可以付出，也可以接受。

一项针对人类近亲黑猩猩所展开的研究显示，其实微笑的功能并不仅止于此，它还有更深层次的基本作用。我们利用微笑告诉其他人，自己不会给他们带来任何伤害，希望他们能够接受自己。但是，真正了解微笑，掌握微笑内涵的人并不多。

古代讲究女孩要笑不露齿，是出于礼貌的要求。实际上，不露齿的微笑属于隐藏式微笑，也是一种防卫姿态。如果某人对你只是微笑，什么都不说，这表示他不想和你分享感觉和想法，是一种内敛拒绝，一有机会，他也许就会借口离去。这种人性格内向、保守、传统，在为人处世时又会显得腼腆，遇事会以礼貌的微笑婉拒。

不同的笑容代表不同的含义，这和笑容的展现方式有关。让我们来看看各种不同笑容所代表的含义。

1. 常见而普通的笑

这类笑在日常生活中最为常见，通常是表示谢意、歉意或友好，如坐车时你给老人让了座位，他会对你抱以浅浅的微笑，以示感谢；别人不小心碰撞了你，他会面带微笑地看着你，以示自己的歉意；当朋友为你介绍某一个人时，你会面带微笑地看着对方，以示自己的友好，诸如此类的微笑还有很多很多。

2. 冷冷的鼻笑

所谓鼻笑，即笑声从鼻子里发出来。多见于一些人在严肃、正式的场合看到了可笑的人或事，但又不能哈哈大笑出来，而只能强行忍住，通过鼻子发出来。此外，一些性格内向的人也喜欢使用此种笑的方式。他们之所以偏爱此种笑的方式，根本原因就在于他们担心自己笑的方式如果过于夸张会引起他人的注意，这就会让他们感到非常不舒服或不自在。

3. 暗自偷笑

所谓偷笑，顾名思义，是指私底窃笑，笑声较低也不长。多见于某人看到一件事情有趣而可笑的一面，而其他人却浑然不觉。不过，有时候，一些人在看见别人遭到批评、失败，或是处于某种尴尬情景之中时，他们也会发出此种笑。所以，偷笑有时又有幸灾乐祸的味道。

4. 轻蔑的笑

此种笑多为人们所鄙视，但在生活中却很常见。笑时鼻子朝天，一副"自以为天下第一"的表情，并轻蔑地看着被笑的一方。那些有权有势、高傲或自视清高的人在看见权势卑微或地位低下的人往往会发出此种笑。此外，在某些特定的情况下，正义的一方在面对邪恶力量的威胁、恐吓时也会露出此种笑，以示对他们的鄙视、轻蔑之意和自己勇敢、大无畏精神。

5. 哈哈大笑

一种非常爽朗、豪放的笑，在生活中也十分常见。当你遇到非常高兴的事，或是终于实现了自己的某个理想、愿望，通常会发出此种笑声。不过，有些时候，此种笑声带有一种威压感，会震慑他人，从而使人心生戒备。

人类的笑多种多样，笑是一道闸口，宣泄着人类几乎所有的情感。有时，笑是一种境界、一种感悟、一种智慧。读懂一个人的笑，你真的可以知道他在想什么。

轻易点头也许是想拒绝请求

点头和摇头在人们日常生活中很常见，然而在现实生活中，这点头的含义还需要细细揣摩，在很多时候点头并不表示同意，而轻易点头更有可能是一种无声的拒绝。轻易点头所表现出来的是一种无可奈何的心态，明明心中很不耐烦，然而碍于面子或者某种特殊情况，不得已而做出点头的动作，而实际上，它是一种拒绝的表现。

你向别人提出一个请求，他还没听完就频频点头说自己"知道了"，千万别急着高兴，他多半并没有真正想帮助你。这很明显就是一种应付式的答应，其真实含义为含糊式的拒绝。

一位保险推销员对此深有体会。他说："我向人推销保险时，话未说完，对方点头说，好吧，我们考虑考虑再给你答复。其实他对我的话并不感兴趣，已经不耐烦了。这时我要做的是适时改变话题，或者另找时间。"

当一个对你的性格、目的所知不多的人，对你的请求显示出"闻一知十"的态度，通常是不想让你继续说下去。

不妨试想一下，当我们要接受一个人的请求时，总是有耐心地听他讲完，然后根据问题的难易程度来决定该怎样做。所以出现这种情况的解释就是要么他不愿意帮助或接受，而是出于礼貌而不采取直接拒绝你的办法；要么就是他没有耐心去了解你的意思，他只能用点头的方式来表示听懂了。

晶晶和小凯结婚 7 年后，小凯出轨了。每次晶晶一哭二闹三上吊的时候，小凯都会不住地点头说，行了，行了，我不再和她来往了。答应归答应，小凯和第三者的联系从未断过。晶晶每次都和闺蜜哭诉，他明明答应了，明明答应了的……

从这个例子可以看出，当你看到对方轻易点头，并表示答应时，不要被表象迷惑，其实有时候这只是一种敷衍。通常情况下，你的话还未说完，对方却连续地点头说"好的，好的"，或者心不在焉地说"行，就这样吧"，你的头脑中会产生不祥的预感，感觉心里没底。非常不相信对方做出的承诺的真实性，总感觉对方根本就没有听明白其中的意思或者深思其中的含义，而且所表现出来的更多的是无奈和敷衍。其实，这时候你要知道，你的目的没有达到，不能在一棵树上吊死，应该多寻找更多有效的方式或者解决的办法了。

一条眉毛上扬，表示对方在怀疑

眉毛的主要功用是防止汗水和雨水滴进眼睛里，除此之外，眉毛的一举一动，也代表着一定的含义。可以说，人的喜怒哀乐、七情六欲都可从眉毛上表现出来。

毕业论文答辩会上，小吴发现自己在陈述时，一名评分教授一条眉毛一直上扬。这一动作让小吴分外紧张，她开始强烈地怀疑自己的论文水平。答辩结束以后，很多同学都说到了一条眉毛上扬的教授。看来这个教授在听每个人的答辩时都眉毛上扬。

如果这位教授只对小吴做出了这个表情，那么表示他是在怀疑，可能是因为他并不认同小吴的论点。但所有的同学都开始反映这个问题时，眉毛上扬的动作很可能就只是他的一种习惯。两条眉毛一条降低，一条上扬，它传达的信息介于扬眉和低眉之间，半边脸激越、半边脸恐惧。如果你遇到一条眉毛上扬的人，表示他的心情通常处于怀疑的状态，也说明他正在思考问题，扬起的那条眉毛就像是一个问号。

每当我们的心情有所改变时，眉毛的形状也会跟着改变，从而产生许多不同的重要信号。眉飞色舞、眉开眼笑、眉目传情、喜上眉梢等成语都从不同方面表达了眉毛在表情达意、思想交流中的奇妙作用。观察对方眉毛的一举一动，在第一次见面时就可以把对方的性格猜个八九不离十，你若是精明人就很容易捕捉以下的细节：

1. 低眉

低眉是一个人受到侵犯时的表情，防护性的低眉是为了保护眼睛免受外界的伤害。

在遭遇危险时，光是低眉还不够保护眼睛，还得将眼睛下面的面颊往上挤，以尽最大可能提供保护，这时眼睛仍保持睁开并注意外界动静。这种上下压挤的形式，是面临外界袭击时典型的退避反应，眼睛突然被强光照射时也会有如此的反应。当人们有强烈的情绪反应，如大哭大笑或感到极度恶心时，也会产生这样的反应。

2. 眉毛打结

指眉毛同时上扬及相互趋近，和眉毛斜挑一样。这种表情通常代表严重的烦恼和忧郁，有些慢性疼痛的患者也会如此。急性的剧痛产生低眉而面孔扭曲的反应，较和缓的慢性疼痛才产生眉毛打结的现象。

3. 耸眉

耸眉可见于某些人说话时。人在热烈谈话时，差不多都会重复做一些小动作以强调他所说的话，大多数人讲到要点时，会不断耸起眉毛，那些习惯性的抱怨者絮絮叨叨时就会这样。如果你想通过对方的面部表情了解一些潜在的信息，观察眉毛就是上佳的选择。

4. 轻抬眉毛

《老友记》里的主人公之一乔伊，因其丰富、幽默的面部表情给观众留下了深刻的印象，他不善言辞，经常话到嘴边却不知道用什么词语来表达，但他丰富有趣的面部表情却准确地传达出了自己的想法，仅仅是眉毛上的动作就有很多种。当他遇到自己心仪的美女时，会微笑着，轻抬一下眉毛，不用说话，对方就知道他对自己有好感。

眉毛虽然只是人面部一个很小的部分，但作用却很大，它的一动一静，都会在无形中透露你的心境。

第十一章 掌控时间，高效人生

要注意利用好零碎时间

有时你会听到这样的说辞："等我有空再做。"这句话通常表示"等手上没什么重要的事情时再做"。但事实上，没有所谓"空"的时间。你可能有"休闲"时间，却没有"空"的时间。在休闲的时候，你也许会躺在游泳池边尽情玩乐，但这绝不是"空"的时间。你的每一分钟都很值钱。

但在实际生活和工作中不管你多么有效率，总会遇到意外：你可能错过公车、地铁，或碰上突如其来的中途休息；你可能意外地被困在机场，平白少了3个小时可利用。而成功人士在这种情况下所做的事是："我带本书、我写东西、我修改报告。我可以在这样的时间里做任何工作。"这样，你挖掘出了隐藏的时间，同时你也向成功迈近了一步。

其实，生活中有很多零散的时间是大可利用的，如果你能化零为整，那你的工作和生活将会更加轻松。

所谓零散时间，是指不构成连续的时间或一个事务与另一事务衔接时的空余时间。这样的时间往往被人们毫不在乎地忽略过去。零碎时间虽短，但日复一日地积累起来，其总和将是相当可观的。凡在事业上有所成就的人，几乎都是能有效地利用零碎时间的人。

生物学家达尔文说过："我从来不认为半小时是微不足道的一段时间。"诺贝尔奖金获得者雷曼的体会更加深刻，他说："每天不浪费不虚度或不空抛剩余的那一点时间。即使只有五六分钟，如果利用起来，也一样可以产生很大的价值。"把时间积零为整，精心使用，这正是古今中外很多科学家取得辉煌成就的妙招之一，很值得我们学习和借鉴。

你或许经常会感到时间紧张，根本没有时间干许多重要的事。其实，这不过是找托词罢了。三国时期的董遇是个很有学问的人，前去找他求学的人很多，但他要求首先要"书读百遍，其义自见"。当求学者抱怨说"没有时间"时，他则回答说："当以'三余'即'冬者岁之余，夜者日之余，阴雨者晴之余'来读书。"这"三余"的利用，正是零碎时间的聚积。能以小积大，这是时间的独特之处。鲁迅先生说过："时间就像海绵里的水，只要愿挤，总还是有的。"

宋朝名人钱惟演，生长于富贵之家，后来又做了大官，除了读书什么嗜好也没有。他曾经对下属说："平生惟好读书，坐则读经史，卧则读小说，上厕则读小辞，盖未尝顷刻释卷也。"读书手不释卷，是个好习惯，很值得学习。古往今来，这样的书迷书痴，为数不少。

而这个故事的特别之处，在于钱惟演以不同的书籍配合他生活的不同片段，读经史正襟危坐，因为要端正心怀，说不定还要做札记呢。这也透露了经史非消遣之书这一事实。相对来说，小说便是消遣书了，所以，便可以用闲适的姿态——例如躺卧着——来翻阅。"小辞"不知是否指诗词的"词"，反正是篇幅短小的读物，因为入厕时间不长，读不完大部著作。这则故事告诉我们一个充分利用时间读书学习的方法：利用零散的时间要因地制宜，善于变通。

汇涓涓细流方成浩浩大海，积点滴时间而成大业。事物的发展变化，总是由量变到质变的。"点滴"的时间看起来很不显眼，但这些零零碎碎的时间积累起来却大有用处。

毛泽东在湖南第一师范求学时的座右铭是这样的："百丈之台，其始则一石，由是而二石焉，由是而三石焉，四石以至千万石焉，学习亦然。今日记一事，明日悟一理，积久而成学。"有的人觉得，读书、写作、科研，就得有大块时间，零散时间在他们看来是微不足道的，这样想的人，是永远做不成大事的。

如果你想成就一番事业，一定要学会利用时间。有这样一种比喻：时间像水珠，一颗颗水珠分散开来，可以蒸发，变成烟雾飘走；集中起来，可以变成溪流，变成江河。而这集中的方法之一是用零碎的时间学习整块的东西，做到点滴积累，系统提高。获取高深的知识，没有"捷径"可走，只能靠平时一点一滴地积累，才能实现你的梦想。

为此，我们要像在海边拣拾美丽的贝壳一样，收集起散落在人生中的零散时间，对此，时间管理专家提供了一些可供参考的建议：

1. 不虚掷一寸光阴

时间就是生命，时间就是金钱，然而，不珍惜时间的人却随处可见。

在美国造币厂处理金粉车间的地板上，有一个木制的格子，每次清扫地板时，这个格子就被拿了起来，里面细小的金粉随之被积攒起来。日积月累，每年可以因此为厂里节约上万美元。事实上，每一个成功人士都有这样的一个"格子"，用于积攒那些被分割得支离破碎的时间，把那些常人不注意的零碎的时间，都收集利用起来。等着咖啡煮好的半个小时，不期而至的假日，两项工作安排之间的间隙，等候某位不守时人士的闲暇，等等，都被他们如获至宝般地加以利用，并足以取得令那些不懂得这一秘密的人瞠目结舌的业绩。

哈丽特·斯托夫人取得了非凡的成就，主要归功于她能精打细算地利用好每一分每一秒钟，作为一个忙碌的母亲，既要照顾好孩子，又要操持家务，但她就是在那样的条件下完成了那部家喻户晓的名著——《汤姆叔叔的小屋》。类似的例子不胜枚举，比彻在每天等待开饭的短暂时间里读完了历史学家弗劳德长达12卷的《英国史》。朗费罗每天利用等待咖啡煮熟的10分钟时间翻译《地狱》，他的这个习惯一直坚持了若干年，直到这部巨著的翻译工作完成为止。

成功者往往是善于利用时间的高手，即使像格莱斯顿这样的天才人物都要随时在口袋里装一本书，以便可以抓住任何一个空隙提高自己，那么，普通人难道还不应该更充分地利用分分秒秒，而让时光白白流逝吗？在我们的周围，很多人对光阴的匆匆流逝视而不见、麻木不仁，不能在即将过去的时间里好好珍惜自己的青春。他们无法真正意识到时光如箭的残酷，自信还有充裕的时间在等着他们，仿佛一个有钱人多叫几个好菜而并不在乎它们是否会被白白倒掉一样。而当他们在毫无顾忌地虚掷大片大片的光阴时，另外一些懂得时光如流水，年少难再来的人则在与时俱进，争分夺秒。

2. 利用好上班的交通时间

如果你生活在大都市里，一定对每天上下班的交通问题颇有感触。通常你每天早上去上班要花一两个小时在公共汽车上，而下班回家时又要花上一两个小时。这样一天就有可能花掉四五个小时甚至更多的时间来挤车、上车、下车、换车，交通占去了如此多的时间，完全值得你特别注意。很明显，有两方面值得你去考虑：你是否能缩短交通时间？你是否能有效地利用这些时间？

我们可以作这样一个对比：迈克先生每天开车去上班要35分钟。他的朋友布朗先生住在一个距离上班地点只有15分钟路程的地方。迈克先生并不觉得其中有什么差异——"只是多几里而已，早已经习惯了"。但是，我们来算一算，单程相差20分钟，那一天就相差40分钟，一个星期3个小时，以一个星期工作40小时来计算，迈克先生每年要比布朗先生多花"4个星期"在路上。

另一方面，当我们选购房屋的时候，上班的交通时间当然不是考虑的最重要的因素，不过最好也应该好好考虑。虽然"只有"5 至 10 分钟路程的差别，但是天长日久下来，相差就太大了。

对于如何有效地利用上班的交通时间这一问题要因人而异。总是随手打开车上的收音机任意播放节目，这并不是利用这段时间的最好办法。你还可以采取一点别的更加有效的方法，例如：在早晨业务汇报之前，把有关事项先想清楚，分析一下业务、私人问题或可能发生的事；在心里面为一天的工作先计划一番；听听有助于增长你专业知识的录音带，这些都是很好的办法。

重要的是避免由惰性或习惯来决定如何利用上班交通的时间。在这段时间里，你要有意识地决定把注意力集中在什么方面，你会惊奇地发现，如果你不浪费这段时间你将会获得多么宝贵的益处。

3. 小纸条的提示

著名美国作家杰克·伦敦的房间的窗帘上、衣架上、柜橱上、床头上、镜子上、墙上……到处贴满了各色各样的小纸条。伦敦非常偏爱这些纸条，几乎和它们形影不离。这些小纸条上面写满各种各样的文字：有美妙的词汇，有生动的比喻，有五花八门的资料……

伦敦从来都不愿让时间白白地从他眼皮底下溜过去。睡觉前，他默念着贴在床头的小纸条；第二天早晨一觉醒来，他一边穿衣，一边读着墙上的小纸条；刮脸时，镜子上的小纸条为他提供了方便；在踱步、休息时，他可以到处找到启动创作灵感的语汇和资料。不仅在家里是这样，外出的时候，杰克·伦敦也没闲着。出门时，他早已把小纸条装在衣袋里，随时都可以掏出来看一看，思考一番。

其实在生活中，有各种各样的度过闲暇时间的方式。有人利用闲暇时间博览群书，汲取知识的甘泉；有人利用闲暇时间游历名山大川；有人利用闲暇时间广交朋友，撒下友谊的种子；有人利用闲暇时间进行美术创作、摸索篆刻艺术、构思长篇小说，让思维张开想像的翅膀……

只要你善于抓住生活中点点滴滴的时间，你终究会有所成就的，因为一个善待时间之人，总会得到时间的回报。

不要让无谓的事和人占用你的时间

一个成功者往往非常珍惜自己的时间。无论是老板还是打工族，一个做事有计划的人总是能判断自己面对的顾客在生意上的价值，如果有很多不必要的废话，他们都会想出一个收场的办法。同时，他们也绝对不会在别人的上班时间，和其海阔天空地谈些与工作无关的话，因为这样做实际上是在妨碍别人的工作，浪费别人的生命。

善待来客的人往往预备出一定时间。老罗斯福总统就是这样做的一个典范：当一个分别很久，只求见上一面的客人来拜访他时，老罗斯福总是在热情地握手寒暄之后，便很遗憾地说他还有许多别的客人要见。这样一来，他的客人就会很简洁地道明来意，告辞而返。

一位公司老总向来就有待客谦恭有礼的美名，他每次与来客把事情谈妥后，便很有礼貌地站起来，与他的客人握手道歉，遗憾地说自己不能有更多的时间再多谈一会儿。那些客人都很理解他，对他的诚恳态度也都非常满意，所以，就不会抱怨他竟然连多谈一会儿都不肯。

以沉默寡言和办事迅速、敏捷而著称的企业家都是实力雄厚、深谋远虑、目光敏锐、吃苦耐劳的，他们说出来的话，句句都很准确、很到位，都有一定的目的，他们从来不愿意为此多耗费一点一滴的宝贵资本——时间。当然，有时一个待人做事简捷迅速、斩钉截铁的人，也容易引起别人的一些不满，但他们绝对不会把这些不满放在心上。为了要在事业上有所成就，为了要恪守自己的规矩和原则，他们不得不减少与那些和他们的事业没什么关系的人来往。

其实，那些在事业上有成就的人，总是一些做事专注，有效率，而且善于排除来自外界人和事的各种干扰之人。

1945 年 7 月的一个星期一的早晨，世界第一枚原子弹在美国新墨西哥沙漠爆炸。40 秒钟后，强烈、持久、可怕的爆炸声传到了基地营，第一个有所反应的人是 1938 年诺贝尔物理奖获得者恩里科·费米。他先是把预先准备好的碎纸片举到头顶撒下，碎纸纷纷飘到他身后约 2 米处。经过一番测算，费米宣称这颗原子弹的威力相当于 1 万吨黄色炸药。数星期后，精密仪器对震波的速度、压力进行分析，果然证实了费米的准确判断。

然而，事后费米夫人问他爆炸时的情景，费米竟说他曾看到闪光，但并没有听到声响。"没听到声响，这怎么可能呢？"他的夫人惊愕了。

费米解释道："我当时只注意撒小纸片了……"

你瞧，当原子弹爆炸时，费米把全部注意力都集中到撒碎纸片上，竟然连身边"一声巨大的霹雳""威力相当于几千万颗巨型炸弹爆发出的、令人可怕的爆炸声"都没听到，这是一种多么罕见、多么令人难以置信的专注力啊！

专注的力量是惊人的，集中精神在忘我的境界里专注工作，做起事来不仅轻松、有效率，而且也更能把事情做好。

职场上也是如此，一次只专心地做一件事，全身心地投入并积极地希望它成功，这样你就不会感到筋疲力尽。

不要让你的思维转到别的事情、别的需要或别的想法上去。专注于你已经在做的工作，暂时放弃其他所有的事，这是优秀的榜样员工，在处理工作时首选的有效方法。他们往往都会巧妙地拒绝掉自己不擅长或觉得不合理的事，一次只答应做一件事并专注地把他们高效率地完成。

在执行上司派给的任务时，优秀的榜样员工都会思索一下哪项任务是自己最擅长的，然后再做出决定去执行，并且他们都会安排好工作的顺序，而最主要的就是一次他们只答应做一件事。

这就是"不搏二兔"！

否则你将一无所获！

凯特是太平洋保险公司的业务员，有一天，他和客户约好在一间茶座里谈业务，他用尽浑身解数给这位客户介绍了业务内容，但是这位客户好像诚意不太大，心不在焉地喝可乐，似乎根本就没有听进去。

凯特知道他是搞电脑硬件销售的，而凯特在大学学的就是电脑，他就转移话题，大谈当今电脑硬件在市场上遇到的普通问题。结果把对方的兴趣提了上来，最后两个人谈得很投机，这个人也就答应投他的保，两个人约定下个星期同一时间在此见面，正式签单。

凯特非常兴奋，到了那天，早早地就准备好了一切相关的材料，然而这时他的手机响了，是他的主管说有个多年没有联系上的大学同学要来，要凯特帮忙去机场替他接一下机。

凯特觉得这是主管交代的事，自己应该帮忙，再说时间也还早，于是他就答应了。

由于堵车，等他从机场回来，客户早就走了，痛失了一单千辛万苦才谈下来的保单。

一次只答应做一件事，把其他的事暂时先"置之不理，抛于脑后"，并将这一件事做到极致，是你能成为公司里的优秀员工，甚至是榜样员工的一条捷径！

在上司分配给你任务时，请千万记住：不搏二兔！

爱迪生说过，高效工作的第一要素就是专注。他说："能够将你的身体和心智的能量，锲而不舍地运用在同一个问题上而不感到厌倦的能力就是专注。对于大多数人来说，每天都要做许多事，而我只做一件事。如果一个人将他的时间和精力都用在一个方向、一个目标上，他就会成功。"

时间对任何人而言都是重要资源，经常放弃自己应做的事，而去解决一些突发状况或干扰最大的事，结果把生活步调弄得天天都在应付突发的紧急情况，无形中牺牲许多生活及工作上的乐趣及享受。工作是一场马拉松，而非短跑，如此给自己加压，谁也坚持不了多久。因此，不要让突发事件影响到你，才是惟一正确的高效能法则。

在工作的流程中，造成最多妨碍的是突发事件。突发事件是指出乎意料的事件。例如，忽然间有个电话，突然来了位客人，突然通知要开会，突然接到检查的通知，忽然发生纠纷，以及婚丧喜庆宴会等。

除此之外，像上司突然对你说："赶快把这件事调查出来"，或是"替我去开会"，这些也都属于突发的工作。突发事件将使原本已经预定、计划好的工作无法顺利推进。

突发事件不只是自己的困扰，也是大家都有的问题。

究竟应该怎么做才能够排除掉突发事件的困扰呢？有两个有效的方法：

第一，将突发事件纳入计划，当作原来工作的一部分，每天预留一点时间，以备不测之需。每天常有很多突发事件发生，然而有些人在制定计划时，却将突发事件设定为零，这样的计划可说是对现实认识不清，如此计划，一旦突发事件发生，就无法妥善处理，反而拖延了原本预定的工作的开展。

第二，采用安全系数，在制定计划时，附带考虑缓冲时间。计划以在原定时间内完成工作为前提，再进一步地假设某种程度的中间介入，以及时间上的拖延。对一个正确的计划，附加若干的安全系数是必需的。考虑缓冲时间的要点如下：

需要花一天功夫来完成的工作，必须加上半天的缓冲时间。

需要花一个星期才能完成的工作，则需加上一天的缓冲时间。

需要花一个月才能完成的工作，则需加上一个星期的缓冲时间。

即使没有突发事件，我们也可利用这些机动的"缓冲时间"处理一些较次要的问题；或与员工联络一下感情；也可以休息一会儿考虑工作中的得失等。这样，我们可从容而高效地完成每天的工作。

用最好的时间做最重要的事

1897 年，意大利经济学家帕累托在对 19 世纪英国人财富和收益模式进行研究时，通过调查取样发现大部分所得和财富，流向了少数人手里。在当今社会，这本身并没有什么值得大惊小怪的，但他通过进一步分析发现了一项自认为非常重要的事实：某一群体占总人口数的百分比，和该群体所享有的总收入或财富之间，有一项一致的数学关系，而且这种不平衡的模式会重复出现。他在对不同时期或不同国度的考察中都见到这种现象。不管是早期的英国，还是与他同时代的其他国家，或是更早期的资料，他发现相同的模式一再出现，而且有数学上的准确度。

后人通过更精确的分析，从帕累托的研究中归纳出这样一个结果，即如果20％的人口享有80％的财富，那么就可以预测，其中10％的人拥有约65％的财富，而50％的财富，是由5％的人所拥有。在这里，重点不是数字，而是事实：财富在人口的分配中是不平衡的，这是可预测的。

80/20法则主张：以一个小的诱因、投入或努力，通常可以产生大的结果、产出或酬劳。

就字面意义来看，这一法则是说，你所完成的工作的80％的成果，来自于你所付出的20％。也就是说，对所有实现的目标，我们80％的努力——也就是付出的大部分努力，是与成果无关的。

所以，80/20法则指出，在原因和结果、投入和产出，以及努力和报酬之间，本来就是不平衡的。80/20法则的关系，为这个不平衡现象提供了一个非常好的指标，典型的模式会显示：80％的产出，来自于20％的投入；80％的结果，归结于20％的起因；80％的成绩，归功于20％的努力。

当我们把80/20法则应用到时间管理上时，就会出现以下假设：

一个人大部分的重大成就——包括一个人在专业、知识、艺术、文化或体能表现上所表现出的大多数价值，都是在他自己的一小段时间里达成的。在创造出来的东西与花在创造活动上面的时间这两者之间，有极大的不平衡，不论这时间是以天、星期、月、年或一生为单位来度量。

如果快乐能测度，则大部分的快乐发生在很少的时间内，而这种现象在多数的情况里都会出现，不论这时间是以天、星期、月，年或一生为单位来度量。

用80/20法则来表述就是：

80％的成就，是在20％的时间内达成的；反过来说，剩余的80％时间，只创造了20％的价值。

一生中80％的快乐，发生在20％的时间里，也就是说，另外80％的时间，只有20％的快乐。

每个人现在都应该进行一场时间革命。在还没有接触80/20法则之前，我们对时间的运用有很多盲点。毋庸置疑，对于所有饱受时间问题困扰的人来说，时间革命是一种让人们能在最短的时间内获得最高的生活效率与生活质量的方法。

运用 80/20 法则，你可以很快地找到符合自己的时间管理方法。80/20 法则对于时间的分析，是与传统看法大异其趣的，而受制于传统看法的人，可从这个分析中得到解放。80/20 法则主张：我们目前对于时间的使用方式并不合理，所以也不必试图在现行方法中寻求小小的改善。我们应当回到原点，推翻所有关于时间的假定。

时间不会不够用。事实上，时间根本多的是，我们只运用了我们 20％ 的时间，对于聪明人来说，通常一点点时间就造成了巨大的不同。依 80/20 法则的看法，如果我们在重要的 20％ 的活动上多付出一倍时间，便能做到一星期只需要工作两天，收获却可比现在多 60％ 以上。这无疑是对于时间管理的一项革命。

80/20 法则认为，应该把重点放在 20％ 的重要时刻上，而应削减不重要的80％ 的时间。执行一项工作计划时，最后 20％ 的时间最具有生产力，因为必须在期限之前完成，因此，只要预计完成的时间减去一半，大部分工作的生产力便能倍增，时间就不会不够用。

80/20 法则将迅速提升你的效率，同时也是对传统的时间管理的否定，80/20 法则将引导时间管理的革命。下面的例子将告诉你如何提高效率，缩短时间的运用。

格拉史东，一位英国维多利亚时期知名的自由派政治家，他曾四度当选英国首相。格拉史东在许多方面的表现都相当独特：他尝试援救"堕落"妓女的措施惨遭失败；他还有一阵子出现自虐行为。但我们在此要关心的是他运用时间的独特方法。

格拉史东并不因为自己的政治责任而受抑制，反而相当有效地行使其政治责任，因为他可以随心所欲地投入时间。他热爱旅行，不论是在英国本岛或外国旅行他都爱。在首相任期内，他经常以个人身份积极出访法国、意大利和德国。这样一来，既可以履行政治责任，又可以满足旅行爱好。

他追逐女性、看戏、竞选及阅读，他只要觉得一点点不舒服，便会在床上躺一整天，在床上阅读并思考。他过人的精力和效率，来自于他特异的时间运用法。

后继的英国首相中，只有洛依德·乔治、丘吉尔和撒切尔夫人可与格拉史东相提并论——这三位行事都极有效率。

另一个关于非传统式时间管理法的例子，来自于管理顾问这个稳重的领域。当管理顾问的人，通常工作时间很长，还要面临多得令人发狂的事务。让我们看看下面三个管理顾问是如何管理他们的时间的。

第一位是佛烈德，他从顾问事业赚得千万财富。他并非商学院出身，却有能力设立一个成功的大公司，公司上下除了他以外，几乎每人一星期都要工作70小时以上。佛烈德很少进公司，每月只与股东开一次会，而且是全球股东都得参加的会议，他比较喜欢把时间用来打网球和思考。他以强硬手腕管理公司，但从不大声讲话，他通过5个主要部属来掌握公司的一切。这就是他的管理方法。

第二位顾问叫蓝迪，是位陆军中校。全公司里除了创立者之外，他是唯一一个不是工作狂的人。他前往另一个遥远的国家，在那儿有一个繁荣且快速成长的公司，员工主要来自他的家乡，工作非常努力。没有人知道蓝迪如何运用时间，也不知道他的工作时数是多少，但他的确逍遥自在。蓝迪只参加重要客户的会议，其他事务则授权给年轻合伙人处理，他有时还编造荒唐的理由，解释自己为何不在公司。

蓝迪虽是公司领导者，却不管任何行政事务。他把所有精力拿来思考如何在与重要客户的交易中增加获利，然后再安排用最少人力达成此目的。蓝迪的手上从不曾同有3件以上的急事，通常一次只有一件，其他的则暂时摆在一旁。为蓝迪工作的人充满挫折感，但他确实效率奇高。

第三位叫吉姆，他的办公室很小，里面还有很多其他同事，是一个非常拥挤且躁动的办公室，有人打电话，有人正准备着向客户作报告，屋子里到处是声音。

但吉姆好比在一片平静的绿洲，把注意力全集中在分内的事上，他在运筹帷幄。有时他会带几位同事到安静的房间内，向他们解释他对每一个人的要求，不只是讲一两遍，而是再三说明，务求交代所有细节。然后，吉姆会要求同仁重述一遍他们即将进行的工作。吉姆的动作慢，看似无生气，听力近乎半聋，但他是非常棒的领导者。他把所有时间都拿来思索哪件工作最具价值，谁是最合适的执行者。然后，紧盯着事情进行。

看完这些例子，你也许将开始运用80/20法则来改善你的时间管理，你同意我们的观点，可你也许会说：

我当然希望也能如此高效地工作，用最少的时间去完成最重要的事，但是我却不知道一天中哪个时间段才是我精力最好的时候。

据英国一位著名学者对人脑功能进行多次测试后发现，上午8时大脑具有严谨、周密的思考能力，下午2时思考能力最敏捷，而下午8时却是记忆力最强的时候。但逻辑推理能力在白天20小时内却是逐步减弱的。基于以上测试结果，早晨处理比较严谨、周密的工作，下午做那些需要快速完成的工作，晚上可做一些需要加深记忆的事，对这些做某项工作效率最佳的时间，更要加倍珍惜，是一点也浪费不得的。

集中精力打歼灭战，把大量的"耗费"与点滴的"珍惜"结合起来。许多专家学者在科学实验、理论研究、撰写作品的关键阶段，常常不出门、不会客，不处理家庭个人琐事，集中全部精力于主要的工作。

许多中外名人想尽各种办法控制时间。18世纪的法国博物学家布本定居巴黎后，社交活动很繁忙。为了不影响学术研究这个重要的第一位的工作，他严格执行自己规定的工作时刻表，抓住高效时间工作。为此布本专门请了一个剽悍的仆人来监督自己，并且约好：如果布本不起床，就把他拖到地板上；如果布本发脾气，就可以对他用武力。有时他赴宴会，直到半夜两点多钟才回家，但一到凌晨5点，就得按时起床，否则仆人就可按约行事。布本严格执行自己的规定，在高效时间里大显身手，一直工作到晚上6点多钟。布本成功的秘诀，就是他掌握了时间"耗费"与"珍惜"的辩证法。

此外，检测自己一天中的精力最好的时间段。但是，你首先必须知道如何去辨认它们。温杰特和他的同事们已研究出以下这套方法，可以帮助你测定自己的身体规律：

早上起床之后一小时，量一量你的体温，然后每隔4小时再量一次。把最后一次量度时间尽量安排在靠近上床时间。一天结束时，你应该得到5个度数。

每个人的体温变化不同而结果亦异。你的体温在什么时候开始升高？在什么时候到达最高点？什么时候降至最低点？你一旦熟悉了自己的规律之后，便可以利用时间生物学的技术来增进健康和提高工作效率。

我们的生理节奏到达最高峰的时候，做体力工作便会得到最佳的成绩。对大多数人来说，这个最高峰期大约持续4小时。因此，你应该把最花费气力的活动安排在体温最高的时候进行。

至于从事脑力活动的人，时间表则比较复杂。要求准确性的任务，例如教学工作，最好是在体温正向上升的时候去做，大多数人体温上升时间是在早上8时或9时。对比之下，阅读和思考则在下午2时至4时进行比较适宜，一般人的体温在这段时间会开始下降。

只要你能够熟悉自己一天中精力最佳的时间段，而且善于运用80/20法则来优先在最佳的时间段处理最重要之事，相信你一定会成为一个高效能的人士。

尽量避免浪费他人时间

　　贺拉斯·格里利说："一个人如果根本不在乎别人的时间，这和偷别人的钱有什么两样呢？浪费别人的 1 小时和偷走别人 5 美元有什么不同呢？况且，很多人工作 1 小时的价值比 5 美元要多得多。"华盛顿经常这样说："我的表从来不问客人有没有到，它只问时间有没有到。"

　　他每天 4 点钟吃饭，如果有时候应邀到白宫吃饭的国会新成员迟到了，华盛顿就会自顾自地吃饭而不理睬他们，这使他们感到很尴尬。

　　一次，他的秘书找借口说，自己迟到的原因是表慢了。华盛顿回答说："那么，或者你换块新表，或者我换个新秘书。"

　　拿破仑有一次请元帅们和他共进晚餐，他们没有在约定的时间到达，他就独自先吃起来。他吃完刚刚站起来时，那些人来了。拿破仑说："先生们，现在就餐时间已经结束，我们开始下一步工作吧。"富兰克林对经常迟到却总是有借口搪塞的佣人说："我发现，擅长找借口的人通常除此之外什么都不擅长。"

　　约翰·昆西·亚当斯从不误时。议院开会时，看到亚当斯先生入座，主持人就知道该向大家宣布各就各位，开始会议了。有一次发生了这样一件事，主持人宣布就座时，有人说："时间还没到，因为亚当斯先生还没来呢。"结果发现是议会的钟快了 3 分钟，3 分钟后，亚当斯先生准时到达了会场。

　　在日理万机的繁忙生活中，贺拉斯·格里利每次约会都会准时到达，《论坛报》上很多睿智犀利的文章都是他在其他编辑悠闲地和别人一起消遣，或会议迟迟没有开始时写成的。韦伯斯特上学从不迟到，在法庭、国会和社会公共事务中他也同样准时。

　　一个懂得守时，不浪费他人时间的人总能受到别人的尊重，总能成就自己的一番事业。

　　为了珍惜和利用自己的或者别人的时间，为了能够成为一个可靠的、值得信任的人，恪守时间是非常有必要的。

　　一个成功者应该珍惜自己的时间。他总是设法回避那些消耗他们时间的人，希望自己宝贵的光阴不要因为他们而多浪费一刻。一个成功的时间管理者不仅懂得如何珍惜自己的时间，而且特别珍惜别人的时间。因为他们深知这才是真正的赢取时间之道。

　　一个做事有计划的人，无论是老板还是伙计，都应有眼力审视和判断顾客对自己生意的价值；对于一些与生意无关的废话，应该想一个收场的方法，同时他们也绝不会在别人上班的时间内，和他人东拉西扯地谈些无关紧要的话，因为这样无疑是在妨碍他人的工作，损害他人应得的利益。

因此，千万不要以为约会迟到只是一件稀松平常的事，更不要以为它不足以产生严重的不良后果。事实上，在"守时"被视为美德的社会里，"迟到"是一种难以令人接受的恶习。试想：有谁愿意无端地枯守等候你？又有谁在枯守等候你的时刻，不去思索你的种种缺失？导致一个人约会迟到的理由大概有以下几种原因：①担心早到而无所事事；②对时间的敏感性及判断力不够；③处事不富条理而延误时间；④对约会的对象欠缺尊重；⑤轻视守时的价值；⑥视不守时为洒脱；⑦以约会迟到作为显示权威或身份的手段。假如你是一位惯于约会迟到的人，请根据上列各项理由作一番坦诚的自我检查，以便找出病因，并进而对症下药，为了帮你戒除约会迟到的恶习，现有 10 条经验可供参考：

（1）将约会视同契约，约会迟到即是一种违约行为。

（2）在每一次约好见面的时间后，立即考虑约会迟到对自身形象及事业生涯所可能招致的不利影响。

（3）随时作可能迟到的准备，这样你将提前动身。墨菲法则是：如一件事可能出错，则一定出错，而且它会在最不应该出错的时候出错。这对约会迟到具有高度的适用性。倘若你担心早到会被约会的对象认为你太着急，则你不妨携带一些读物或有待处理的文件先到约会场地附近的咖啡店去。

（4）只要有可能，应尽量避免约定确切的时间，例如不要说"3 点整"，而改说"3 点前后"或是"2 点 3 刻与 3 点 1 刻之间"，这样可为自己预留余地。

（5）尽量避免将约会地点定在某建筑物或某标志物之前，以免令等候者站在那儿空等而难有其他作为。

（6）假如你预计即将迟到，则尽快致电通知对方。

（7）对自己的工作次序表应作松驰的安排，以免因其中某一项工作多花了时间而延误了其他事项（包括约会）的时间。

（8）应事先熟悉约会地点的周围环境，例如交通拥挤情况、停车难易等。

（9）极力避免第二次的约会迟到。例如你与某人约会时迟到，则与他之间千万别再有类似情况发生，以免被他认为你是不守信用的人。

（10）请秘书或助手提醒你约会事宜，或是利用闹钟、闹表作自我提醒。

在生活中，迟到是一种浪费他人时间的陋习，不过，还有一种坏习惯也是能够无限地浪费他人的时间和精力的，那就是做事拖延、磨磨蹭蹭。

在美国畅销书《致加西亚的信》中，作者哈伯德讲过这样的一个例子：

一位经理坐在办公室里——有 6 名职员在等待安排任务，他将其中一位叫过来，吩咐他说："请帮我查一查百科全书，把柯勒乔的生平做成一篇摘要。"

这位职员会静静回答："好的，先生。"

然后立即去执行吗？一般情况下这位职员绝对不会去执行，他会用满脸狐疑的神色盯着你，提出一个或数个问题：

他是谁呀？

他去世了吗？

哪套百科全书？

百科全书放在哪儿？

这是我的工作吗？

为什么不叫乔治去做呢？

急不急？

你为什么要查他？

在这位经理回答了他所提出的问题，解释了如何去查那些资料，以及为什么要查的理由之后，那个职员会走开，去吩咐另外一个职员帮助他查某某的资料，然后回来告诉他，根本就没有这个人。

真的，如果你很聪明，就不应该对你的"助理"解释柯勒乔被编在什么类，而不是什么类，你会面带笑容地说："算啦。"然后自己去查，因为你实在不想让他一味地拖延来浪费自己宝贵的时间。

想想看，拖延真是浪费时间、浪费生命的一大恶魔。曾有这样一则寓言：

深夜，一个危重病人迎来了他生命中的最后一分钟，死神如期来到了他的身边。在此之前，死神的形象在他脑海中几次闪过。他对死神说："再给我一分钟好么？"死神回答："你要一分钟干什么？"他说："我想利用这一分钟看一看天，看一看地。我想利用这一分钟想一想我的朋友和我的亲人。如果运气好的话，我还可以看到一朵绽开的花。"

死神说："你的想法不错，但我不能答应。我早就留了足够的时间让你去欣赏这一切，你却没有像现在这样去珍惜，你看一下这份账单：在 60 年的生命中，你有 1/3 的时间在睡觉；剩下的 30 多年里你经常拖延时间；曾经感叹时间太慢的次数达到了 10000 次，平均每天一次。上学时，你拖延完成家庭作业；成人后，你抽烟、喝酒、看电视，虚掷光阴。

"我把你的时间明细账罗列如下：做事拖延的时间从青年到老年共耗去了 36500 个小时，折合 1520 天。做事有头无尾、马马虎虎，使得事情要被不断地重做，浪费了大约 300 多天。因为无所事事，你经常发呆；你经常埋怨、责怪别人，找借口、找理由、推卸责任；你利用工作时间和同事侃大山，把工作丢到了一旁毫无顾忌；工作时间呼呼大睡，你还和无聊的人煲电话粥；你参加了无数次无所用心、懒散昏睡的会议，这使你的睡眠远远超出了 20 年；你也组织了许多类似的无聊会议，使更多的人和你一样睡眠超标；还有……"

说到这里，这个危重病人就断了气。死神叹了口气说："如果你活着的时候能节约一分钟的话，你就能听完我给你记下的账单了。哎，真可惜，世人怎么都是这样，还等不到我动手就后悔死了。"

可见，拖延浪费了一个人多少宝贵的时间，但是在生活中，因为你的拖延浪费了别人的时间才是罪恶，所以这种做事拖延的人，在工作中是最不受欢迎的人。

有人说，善待时间就是善待生命，那么善待他人时间的人，也是善待他人生命之人；而浪费他人时间的人，则是扼杀他人生命的间接杀手！

坚持使用"日程安排表"

时间管理的第一项法则是设定目标、制定计划。目标能最大限度地聚集你的资源（包括时间）。因此，只有目标明确，才能最大限度地节省和控制时间。

人生的道路，存在着时间与价值的对应关系。有目标，一分一秒都是成功的记录；没有目标，一分一秒都是生命的流逝。爱默生说："用于事业上的时间，绝不是损失。"

每天我们都应把目标记录下来，并且把行动与目标相对照。相信笔记，不要太看重记忆。养成"凡事预则立"的习惯。不要定"进度表"，要列"工作表"；事务要明确具体，比较大或长期的工作要拆散开来，分成几个小事项。

马丽凯说："每晚写下次日必须办理的 6 件要务。挑出了当务之急，便能照表行事，不至于浪费时间在无谓的事情上。"

确定每天的目标，养成把每天要做的工作排列出来的习惯。把明天要做的事，按其重要性大小编成号码。明天上午头一件事是考虑第一项，先做起来，直至完毕。接着做第二项，如此下去，如果没有全部做完，不要内疚，因为照此办法完成不了，那么用其他办法也是做不了的。

记日志就是在善用生命、设计生命。伟人们都有把想法记录下来的习惯。他们用日志来记录当天的重要事件和学习心得，用日志来总结经验、反省过失，用日志来规划明天、明确目标，用日志来管理时间、集中精力、抓住大事……

149

一个成功的时间管理者也是善用日志来规划目标与计划的人。

因此，做事一定要制定日程表。

为了更好地实施你的计划，建议你每天制定两种工作表，而且最好在同一张纸上。这样一目了然，也便于比较。

在纸的一边列出你"待做"的事项——把你计划要在一天内完成的每一件事情都列出来。然后再审视一番，排定优先顺序。表上最重要的事项标上特别记号。在纸的另一边或在你的记事本上列出某几段特定时间要做的事情，如开会、约会等，你要排出一两段特定的时间来办理。如果时间允许，再按优先顺序尽量做完其他工作。不要事无巨细地平均分配时间，同时你要留有足够的时间来弹性处理突发事件，否则你会因小失大，因完不成主要工作而泄气。

但是，"待做事项表"有一项很大的缺点，那就是我们通常根据事情的紧急程度来排定。它包括需要立刻加以注意的事项，其中有些事项很重要，有些并不重要。但是，它通常不包括那些重要却不紧急的事项，诸如你要完成但没有人催你的长远计划中的事项和重要的改进项目。

因此，在列出每天"待做事项表"时，你一定要花一些时间来审阅你的"目标表"，看看你现在所做的事情是不是有利于你要达到的主要目标，二者是否相一致。

在结束每一天工作的时候，你很可能没有做完"待做事项表"中的事项，但是你不要因此而心烦。如果你已经按照优先次序完成了其中几项主要的工作，那么这正是时间管理制度所要求的。

不过这里有一项忠告：如果你把一项并不十分重要的工作从一天的"待做事项表"上移到另一天的工作表上，且不只是一两次，这表明你可能是在拖延此事。这时你要向自己坦白，你是在打马虎眼，你就不能再拖延下去了，而应立即想出处理办法并着手去办。

你最好在每天下班前几分钟拟定第二天的工作日程表。对于那些成功者来讲，这种时间管理计划是最常用的一个方法。如果拖到第二天上午再列工作计划表，那就容易做得很草率，因为那时又面临新的一天的工作压力，这种情况下排定的工作表上所列的常常只是紧急事务，而漏掉了重要却不一定是最紧急的事项。帕金森教授说：纷繁的工作会占满所有的时间。

我们要为某一工作定出较短的时间，也就是说，不要将工作战线拉得太长，这样你就会很快地把它完成。这就是你为什么要定出每日工作计划的目的所在。没有这样的计划，你对待那些困难或者轻松的工作就会产生惰性，因为没有期限或者由于期限较长，你感觉可以放到以后再说。如果你只从工作而不是从可用的时间上去着想，就会陷入一种过度追求完美的危机之中。你会轻重不分，且又安慰自己已经把某项次要工作做得很完美，这样做的结果只能使主要的目标落空。

为了避免这种情况，你可以借鉴第四代时间管理理论，把事情按紧急和重要的不同程度，分为 ABCD 四类。它让我们在现实生活中进行时间管理有了更好的依据，也使得时间管理更具操作性。

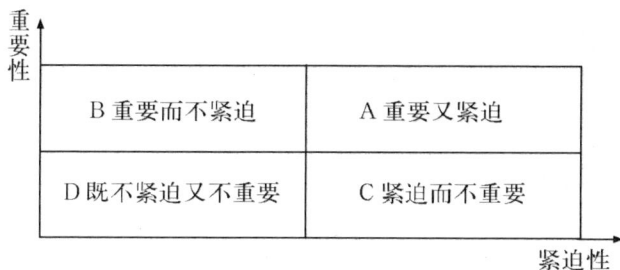

重要性		
B 重要而不紧迫	A 重要又紧迫
D 既不紧迫又不重要	C 紧迫而不重要

紧迫性

先做 A、B，少做 C，不做 D。方向重于细节，策略胜于技巧。始终抓住"重要"的事，才是最大的时间管理、最好的节约时间的方法。A、B 类事务多了，C、D 类自然就杜绝了，你就会越来越有远见、有理想、有效率，少有危机。

请在一周内简要记下你所做的 ABCD 四类事务：

类别 序号	A	B	C	D
周一				
周二				
周三				
周四				
周五				
周六				
周日				

请把一周事务记录作深刻检讨，并参照以上原则重新规划配置你的事务重心。

当然你也可用日、月、年做单位，照上面的表格，制作你的各种日程表，来有序地安排自己的事务，以使自己能够高效地工作。

《菁华》杂志的主编苏珊·泰勒不但规划了自己的计划表，还给她的属下制作了日程表。

在通常情况下，周末，泰勒便躲到新英格兰的度假区去思考企业规划方案，读文章、报纸、杂志，理清头绪。当她星期一回到工作岗位后，总会带着重要人员的日程表，上面写有指派给每个人的工作。应该优先处理的事会有红色的记号，应该第一优先要做的事情则有两个记号。另外，完成工作所需的资料，例如名片或相关的信件等，都会附在日程表上。

有一位善于利用时间的经理则将部门的日程安排写在白板上，这样有利于随时根据事情发展变化进行调整，改变事情的优先顺序，而且也让下属明白他如何看待一项企业计划方案的重要性。

能善于利用时间的成功人士都会制定一份长期计划表。

在一次全国性业务员会议中，有记者问一位首席业务员说："在你看来，最重要的销售策略是什么？"他回答道："我的每月日程表。"他必须事先知道下一个月即将拜访哪些客户，并为此做准备。

另外，还有一些人甚至会预估他们长期计划表上的每一个计划需要花多少时间完成，然后再利用周计划、月计划或年计划制定日计划。

《薪水阶级》月刊的主编黛博拉·沙蓝，她以归档方式规划每年、每月的时间安排。每月的前两周固定是写评论时间；在第三、四周则为其他活动时间，例如演讲，回复谢函，做公关联络并计划未来的时间。她总是预先计划未来一年的工作：几个月写本书、几个月开个研讨会，其余的两个月安排来尝试新奇的事物。

沙蓝利用这种方式创作了数量惊人的作品，并且在同行中获得了众多的拥护者和支持者。

可见，这种日程表对于人们高效地工作是多么有效，但是任何完美地计划都需要人们严格地执行，并且必须不断地检测自己的日程表执行情况。

拿破仑·希尔认为，要定期检查计划表。

早晨起床的第一件事就是查看计划表。如果你确定要做的事情全都列在计划表上，而且每天固定检查计划表，你就不会"忘记"这个计划当中还有事情没有完成。

福布斯二世的书桌上总是放着一张记录重要事件的卡片，他把它作为管理系统的中心："每当我踌躇、犹豫的时候，我就会看着这张表，思考这件事情是否需要着手去办。"

通常在福布斯二世的卡片上大约有20件事，包括电话、信件、传真，以及他口述的小段专栏文章。他说过：如果你用一个较为固定的记事本来记录你想做的事，那事情将永远搁置在那里。当然，他这样讲有些片面，不过这是管理事情时十分有用的技巧。

每当你分配工作给下属时，应要求他们把你所交代的事情记在工作计划表上；在随后的会议中，也要请他们带计划表来开会，并以此作为推进报告的根据。只有这样，你才会放心而不至于遗漏工作中的某些环节。

附：你是时间管理的高手吗

时间管理是如此重要，那么在生活中、工作中，你是否合理地利用了你的时间呢？你是否是一个成功的时间管理者呢？以下问卷可以就你迄今所采用的工作方法提出一些启示。

（1）每个工作日之前，我都能为计划中的工作做些准备。

（2）凡是可交派下属去做的我都交派下去。

（3）我用工作进度时间表来书面规定工作任务与目标。

（4）我尽量一次性处理完毕每份文件。

（5）我每天列出一个应办事项清单，按优先排列，先办最重要的事情。

（6）我尽量回避干扰性电话、不速之客的来访以及突然召开的会谈。

（7）我试着按照成绩曲线图表来安排我的工作。

（8）我的日程表留有回旋余地，以便我有时间应付突发事件。

（9）我努力这样安排我的活动，以便集中精力首先处理少数至关重要的事情。

（10）当其他人想占用我的时间，而我又必须处理更重要的事情时，我会说"不"。

以上每个问题均有四个答案：A. 从未做过；B. 有时做；C. 经常做；D. 总这样做。请根据自己的实际情况做出选择。

解释：选择 A 为 0 分，B 为 1 分，C 为 2 分，D 为 3 分。把得分加起来，你就会取得下列结果：

0～15 分：你自己并无时间规划，而是让别人牵着鼻子转。但是，如果你在诸多事项中排出优先要办的事情，则可能达到一些自己的目的。

16～20 分：你试图掌握自己的时间，但却不能持之以恒，以便取得工作成效。

21～25 分：你的时间管理良好。

26～30 分：你已成为每一位想学习时间管理的人的榜样。

如果你还不是一个非常成功的时间管理者，那么就从现在开始改善时间管理。记住下面的话：

☐你不必向其他人说明你的措施与方法的优点。

☐你自己更好地更富有成效地工作就是了。

在开始探讨时间管理之前，请你先回答下面的一个问题：

为了每天赢得一小时，你准备怎样做？

(1) _____

(2) _____

(3) _____

（这是你个人的价值取向！）

下篇

宽心做人

心窄了，
所有的小事就大了；
心宽了，
所有的大事都小了。

第一章　心胸有多大，舞台就有多大

有大目标，更有大胸襟

"低是高的铺垫，高是低的目标"，如果我们去研究那些已经处在事业金字塔上的人的经历，我们就会发现：他们并不是一开始就"高人一等"、风光十足的，他们也曾有过艰难曲折的"爬行"经历，然而他们却能够端正心态不妄自菲薄，不怨天尤人。他们在追求目标的道路上，从来没有忘记过要包容路上的一切荆棘，这是一种大胸襟。他们的成功不仅仅是因为他们给自己设定了明确的进取目标，更因为他们怀抱一种大度的胸襟来享受"低微卑贱"的经历，并在低微中养精蓄锐、奋发图强，而后他们才会攀上人生的巅峰，享受世人的尊崇。

胸襟，是一种不需投资便能得到的精神高级滋补品；是一种保持身心健康、具有永久疗效的"维生素"；是一种宠辱不惊，笑对人生起伏的镇定剂；是一种泰山崩于前而不动声色的智慧和定力。对于一个人来说，胸襟是处世立身的根本，它能包容的越多，生命的丈量尺度就越难以计算。

面对挫折、苦难，能保持一份豁达的胸怀，能保持一种积极向上的人生态度，需要博大的胸襟与非凡的气度。人生重在追寻长久的精神底蕴，不必计较一时的成败得失。忍受孤独，在彷徨失意中修养自己的心灵，这就是最大的收获，如蚌之含沙，在痛苦中孕育璀璨的珍珠。

乔治·赫伯特说："不能宽容的人损坏了他自己必须走过的桥。"这句话的智慧在于，宽容使给予者和接受者都受益。当真正的宽容产生时，没有怨恨留下，没有报复的念头，只有愈合。不生气的智慧不仅在于心灵的放生，也会创造出成功的机会。

足够包容，世间处处有机遇

利特尔公司作为世界著名的科技咨询公司之一，创立之初却有一段鲜为人知的精彩故事。利特尔公司的前身是利特尔于 1886 年建立的一个小小的化学实验室。

在 1921 年的一天，利特尔参加了一次企业家的集会，集会上有一位颇为自得的富豪，他不断地用高谈阔论来否定科学对于生活与工作的作用。与之相反，利特尔是一个非常崇拜科学的人，他对富豪的夸夸其谈从内心表示蔑视，却依旧佯装微笑，并且很平和地向这位富豪阐释科学对生活乃至企业发展带来的推进作用。

这位富豪对于利特尔的讲述不仅置若罔闻，反而挑衅地说："我现在倒是面临一个需要科学来帮忙解决的问题。问题就是我现在拥有的钱太多了，而现在的钱袋已经不够我使用的了，我想要用猪耳朵做的丝钱袋来装钱。这个问题想必只有科学家才能够帮忙解决吧。等你解决这个问题，用猪耳朵做成这样的钱袋，我们才能把你当成有用的科学家，才能相信科学真的有作用啊。"说完，便哈哈大笑了起来。

利特尔听到富豪的嘲讽，固然生气，却努力让自己忍受了下来，他谦和地回答说："那就非常感谢您的指教，我会尽力而为。"利特尔之所以选择隐忍富豪的挑衅，是因为他从挑衅中找到了让自己发展事业的大好机遇。在之后的一段时间里，利特尔公司将市场上的猪耳朵抢购一空，对于收购回来的猪耳朵，利特尔请化学家们将其分解成为纤维组织与胶质，然后将这些物质转化为可纺纤维，再将其纺织成丝线，染上各种五彩的颜色，最后将这种五彩缤纷的丝线编织成为色彩亮丽的钱袋。那么富豪嘴里说的用这种猪耳朵做的丝制钱袋也就成功制作出来了。

这种钱袋放到市场上没有几天，就被人抢购一空。利特尔不仅证明了科技对工作和生活的作用，而且也推动了自己事业的发展。

利特尔的成功来自于机遇，机遇来自于富豪的挑衅，利特尔没有将挑衅视作是对自己的侮辱，而是将其作为自己开拓新市场的机遇，将他人的挑衅转化为自己奋进的动力。

"用猪耳朵来做丝钱袋"看似是多么荒谬的想法，可就是因为这种荒谬的观点，使得利特尔开创了人无我有的新产品，用科学技术抢占了空白市场的先机。利特尔的公司也因此名声大振，受到更多人的关注。

利特尔的成功向我们展示了这样一个道理，懂得包容的人往往会占有更多的机遇。因为懂得包容的人往往能够从他人的批评与指点中发现真正的闪光点，对于他人的质疑与诽谤，也不会强力争辩，大吵大闹，而是暗中准备，不露声色地将他人的指点转化为实际的进步。

因此，在现实生活中，我们应该让自己懂得包容他人的挑衅，让自己的心胸在包容中不断开阔，让自己的能力在默默的努力中向他人的污蔑回击。用宽容的心胸面对他人的污蔑，运用智慧将污蔑转化为自己前进的力量，并从中找到意想不到的机遇。有机遇才有可能获得更多的发展空间与成功的可能。

培根说过："在通往失败的路上，处处是错失了的机会。"在纷纭的世事中，一个适合我们的时机往往会出现在不经意之中，这些难以捉摸的时机要更多地从别人意想不到的地方去寻找。这种意想不到的地方就包括了他人的讽刺与污蔑。

机遇是留给有准备的人的，然而机遇又更是给有心胸、懂包容的人留的。不要以为在生活中包容他人，是一种懦弱的隐忍，也不要计较忍让他人会让自己心生不悦，要学会时刻修炼自己强大的内在与博大的心胸，在不好的事物中更轻易地找到一般人难以发现的机遇。

态度胜于能力

一天，有位哲学家带弟子们出行。途中，他问弟子们："有一种东西，跑得比光速还快，瞬间能穿越银河系，到达遥远的地方……这是什么？"弟子们争着回答："我知道、我知道，是思想！"

哲学家微笑着点点头："那么，有另外一种东西，跑得比乌龟慢，当春花怒放时，它还停留在冬天；当头发雪白时，它仍然是个小孩子的模样，那又是什么？"弟子们不知如何回答。

"还有，不前进也不后退、没出生也不死亡，始终漂浮在一个定点。谁能告诉我，这又是什么？"弟子们更加茫然，面面相觑。

"答案都是思想！它们是思想的三种表现，换个角度来看，也可比喻成三种人生。"

望着聚精会神的弟子们，哲学家解释说："第一种是积极奋斗的人生：当一个人不断力争上游，对明天永远充满希望和信心，这种人的心灵不受时空限制，他就好比一只射出的箭矢，总有一天会超越光速，驾驭万物。"

"第二种是懒惰的人生：他永远落在别人的屁股后面，捡拾他人丢弃的东西，这种人注定被遗忘。"

"第三种是醉生梦死的人生：当一个人放弃努力、苟且偷安时，他的命运是冰冻的，没有任何机会来敲门，不快乐也无所谓痛苦。这是一个注定悲哀的人，像水母的空壳漂浮于海中，不存在现实世界，也不在梦境里。"

弟子们大悟。

播种怎样的人生态度，将收获怎样的生命高度和深度。人的一生中，紧要处只有几步，如何使自己的生命更有意义，态度至关重要。

态度是我们生活、工作中最有分量的词汇，一个人的成功中，积极、主动、努力、毅力、乐观、信心、爱心、责任心等积极的态度占80%以上，无论你选择何种领域的工作，成功的基础都是你的态度，可以说，态度决定结果。从这种意义上说，态度胜于能力。当然，态度胜于能力，并不是对能力的否定。一个只有态度而无任何能力的人，是没有机会的，态度是要用结果来证明的，而不是响亮的口号。

俗话说：用心造的一枚好别针远比粗制滥造的一把钝斧子更有价值。态度决定了结果，只有端正态度，才能让自己的价值得到最大限度的体现，只有正确的态度才能承载一个人全部的能力。

在态度内在力量的驱动下，我们常常会产生一种使命感和自驱力，而这种感觉的产生所能带来的远远超出我们最美好的构想。态度永远是你成功的底线，态度永远承载能力，永远为能力导航。

弗兰克曾经说过："人的一切都可以被剥夺，但是人类最终的自由就是在面对某种处境时，选择自己的应对态度，选择自己的方式。"

有一个小和尚，立志要做一个住持，然而住持却要他担任撞钟一职。半年下来，小和尚觉得无聊至极，"做一天和尚撞一天钟"而已。有一天，住持宣布调他到后院劈柴挑水，原因是他不能胜任撞钟一职。小和尚很不服气地问："我撞的钟难道不准时、不响亮？"老住持耐心地告诉他："你撞的钟虽然很准时，也很响亮，但钟声空泛、疲软，没有感召力。钟声是要唤醒沉迷的众生，因此，不仅要洪亮，而且还要圆润、浑厚、深沉、悠远。"

对待任务的态度，可以反映出一个人成功的可能性。如果一个人做事总是马虎潦草、随便应付，那么，他成功的希望是非常渺茫的。

一个人的思想决定他的为人，一个人的态度决定他的一生。能力是态度绽放的花朵，成功与失败是态度结下的果实，因此，我们收获的是成功还是失败，完全取决于自己的态度。

态度造就个性，正确的态度往往能让能力得到尽情施展，无论我们身处何地、身处何境，只要我们能够以博大的心胸接纳生活与工作中的不如意，我们就将在明天收获成功。

成功者善于放弃

人生需要选择，也需要放弃，选择与放弃是成功所不可缺少的条件。选择是人生成功路上的航标，只有量力而行的睿智选择才会拥有更辉煌的成功。放弃，是一种智慧，是一种豁达，它不盲目，不狭隘。

放弃，对心境是一种宽松，对心灵是一种滋润，它驱散了乌云，它清扫了心房。有了它，人生才能有爽朗坦然的心境；有了它，生活才会阳光灿烂。懂得适时放弃，才能获得别人无法企及的成就。

人们常说："举得起、放得下的是举重，举得起、放不下的叫作负重。"放弃之后，你会发现，原来你的人生之路也可以变得轻松和愉快。生活有时会逼迫你不得不交出权力，不得不放走机遇。然而，有时放弃并不意味着失去，反而可能因此再次获得。

人生旅途中，有许多东西是需要不断放弃的。在仕途中，放弃对权力的追逐，随遇而安，得到的是宁静与淡泊；在"淘金"的过程中，放弃对金钱无止境的追求，得到的是安心和快乐；在春风得意、身边美女如云时，放弃对美色的占有，得到的是家庭的温馨和美满。

苦苦地挽留夕阳，没有必要；久久地感伤春光，心情抑郁。什么也不放弃的人，往往会失去更珍贵的东西。今天的放弃，是为了明天的得到。

王恺晨所在的装饰公司已经好几个月没有工程可做了。就在大家为公司的前途焦虑的时候，老板拿来了一份海滨别墅的装修合同，并委派王恺晨负责这个工程。

王恺晨喜出望外，3天后便拿出了设计方案和效果图。客户审阅后很快付诸实施。在接下来的日子里，王恺晨一心扑在工程上，从选料到施工严格把关，生怕出现质量问题。

5个月后，工程即将完工，老板来到工地检查。当老板走过回廊，准备穿过客厅去花园时，突然停在了一面玻璃墙前。他用视线"量了量"角度，又用手敲了敲墙体，然后转身拿过来一把铁锤猛地朝玻璃墙砸去。只听"轰"的一声，玻璃墙成了一地碎片。"老板，你为什么要砸这面墙？"王恺晨被老板的举动惊呆了。"玻璃墙偏了5度，抗冲击力不够。这令我不满意。""你不满意，也犯不着一锤子就砸碎1万元呀！""我宁可一锤子砸碎眼前这1万元，也不愿意让这面墙影响了整个工程的质量而失去市场，失去日后的100万，甚至1000万！"

王恺晨极不情愿地重新选料，并赶在交工前重新装修好了那面玻璃墙。交工那天，精美的装修赢得了客户的高度评价，而且还为他们推荐了几个新的客户。公司由此渡过了困难时期，业务量开始大幅攀升。

在公司举行的庆功酒会上，老板亲切地对王恺晨说："1万元是能看得到的，而100万元、1000万元则是看不到的。看得到的永远是那么一点点，看不到的才是一大片。年轻人，不被眼前的利益所诱惑，你才会走得更远。"

能够看到别人所看不到的，这是成功者最大的特征。不要单纯为眼前看得见、摸得着的利益心动，控制自己的欲望，抵制一时的诱惑，要有"舍卒保车"的变通意识，能够透过诱惑看到长远利益的人，才是成功的人。王恺晨的老板正是懂得放弃1万元的眼前利益，保证了工程的质量，促进日后公司的发展。

这个社会中的许多人在面对来自红尘之中的种种诱惑时迷失了自己，跌入了欲望的深渊，把自己装入了一个个打造精致的所谓"功名利禄"的金丝笼里。更为悲哀的是，鸟儿被囚禁于笼中，被人玩弄于股掌之上，仍欢呼雀跃，放声高歌，甚至于呢喃学语，博人欢心；而人类置身于功名利禄的包围中，仍自鸣得意，唯我独尊。这应该说是一种更深层次的悲哀。

懂得放弃才有争取下次成功的机会，背着包袱走路总是很辛苦。能够放弃是一种超越，当我们舍得放弃一切，简简单单从从容容地活着的时候，我们自然就走过了生活的低谷。放弃，是一种格局，是我们发展的必由之路，大弃大得，小弃小得。漫漫人生路，学会放弃，便能轻装前进，不断有所收获。

别把自己太当回事

人有时候会摔得很惨，是因为太把自己当回事了，认为自己不出手这件事情就办不好，其实，没有任何一个人地球照样转，谁离开了谁都能活得下去。过高看重自己的作用，也可能让自己成为最受不了打击的那一个。踏踏实实地做好每一件事情，以谦虚的心胸生活，才可能成为别人眼中的高人。

东汉颍州父城（今河南叶县东北）人冯异，字公孙，熟读《左传》《孙子兵法》，文武双全。最初在王莽手下为小官，后了解到起义军领袖刘秀有治国安家的才干，便对苗萌说："现在起义诸将，虽皆英雄，但多独断，不爱人民。只有刘将军不抢掠人民，举止言谈，温和有远见，不是庸人，可以追随。"于是苗萌和冯异投靠了刘秀，又吸引了勇将姚期等人来，刘秀势力大振。他向刘秀建议说："天下人都反对王莽苛政，刘玄部又纪律太坏，失信于民。此时人民疾苦，若稍施恩德，百姓必热烈拥护。"刘秀听了他的话，派冯异、姚期到邯郸安民，果然得到广大人民支持。王郎领兵追赶刘秀，刘秀及部下退到饶阳天蒌亭（今河北饶阳东北），正遇天气寒冷，士兵都饥饿疲劳，冯异送来豆粥，解除了困难。在南宫（今河北南宫）又遇大风雨，刘秀躲到路旁空屋，冯异抱来柴，邓禹烧火，刘秀方能烤干衣服，冯异又送来饭、菜，终于安全移兵到信都（今河北邢台）。刘秀使冯异收集散兵，重整队伍，大破王郎。

冯异对东汉统一的建国之功，是巨大的，但他从不居功。对人也特别谦让，每当同其他大将的车仗在路上相遇，他必告诉车夫退让躲道，让别人先过。他领部队交战时，在各营之前；退兵时，在各营之后。当休战时，诸将坐在一起，都宣扬自己的功劳，以便争功多得升赏。当各将争功时，冯异则躲于大树下，一言不发，似为乘凉休息，实为躲避让功，后来军中将士称他为"大树将军"，刘秀也对他格外器重。

冯异虽有大才之心，却从不以为自己有多了不起，而是谦卑为人，不把自己当回事，反而在更多的人心目中树立了良好的形象。

其实，所有的不堪和烦恼，都是自己自恋和自虐而已，所有的担心和疑惑，都是自己在起着关键作用。事实上，在别人的心中，自己并不是多么重要。

生活中常常碰到一些事，比如说了什么不得体的话，被他人误会了，遇到了尴尬的事，等等，大可不必耿耿于怀，更不必找所有人解释，因为事情一旦过去，没有人还有耐心去理会曾经的一句闲话，一个小的过失和疏忽。即使我们念念不忘，说不定别人早已忘记，不要太把自己当回事，否则只是在自寻烦恼。换一个角度看，我们也可以问问自己，别人的一次失误或尴尬，真的总会在你的心头挥之不去，让你寝食难安吗？我们对别人的衣食住行真的那么关心，甚至超过关心自己吗？

现实是这样的，自己的事都处理不完，怎么还会去关心与自己不太相关的事情呢？"亲戚或余悲，他人亦已歌，死去何所道，托体同山阿。"在我们还沉浸在悲伤中时，别人或许早已踏歌而去了。所以我们应该明白，在别人心中，自己没有那么重要，请不要苛求他人记住自己，更不要妄图让世界的人们感激自己。真正的赢家，往往会包容他人的遗忘。

因此，处世时要懂得摆正自己的位置，千万不要做一个自己没有实力却怪别人没眼光的人。依靠贬低别人来提高自己身份的人，其结果往往就是在暴露自己的无知与肤浅。做人做事应该虚怀若谷，大智若愚，要学会把自己看得简单，最终才会成为不简单的人。

心态归零，一切从头开始

归零的心态就是一切从头再来，就像大海一样把自己放在最低点，来吸纳百川。归零的心态就是谦虚的心态，它并不是一味地否定过去，而是放空过去的一种态度，去接纳新事物，追求更多收获。有句话说：谦虚是人类最大的成就。谦虚让我们得到尊重，就如越饱满的麦穗越懂得弯腰。

归零是一种在低位思考高位的理智心态，人的精神境界越高越好，但人的行动要尽量放低，因为只有低到最低处，我们向上的势能才更大更足。

具有归零心态的人其心灵总是敞开的，他们能随时接受伟大的启示和一切能激发灵感的东西，他们时刻都能感受到成功女神的召唤。他们不仅思想上归零，行动上也归零。

王林大学毕业，进了一家机械厂工作，被分配到基层部门担任管理人员。因为他不懂生产，不熟悉工艺流程，所学的专业与实际操作衔接不上，在管理上明显感到力不从心。

另外几个一同分配来的大学生，虽然也不能胜任工作，但他们却不从自身找原因，而是一味发牢骚：抱怨工厂待遇太低，升迁太慢，认为在这里工作是大材小用。他们甚至以"跳槽"相威胁，让厂长给他们安排更好的位置。

就在伙伴们相继高升之际，王林却向厂长提出了反向的要求：让他下车间，当工人。厂长惊讶极了，转而对他的选择表示了赞赏："好，小伙子有志气！"但是他却没法得到更多人的理解，消息传出，全厂哗然，连那几个大学生对此也表示不能理解。

王林却不理会那些议论，安安心心做了一名工人。他一心扑到了工作上，努力钻研各项技术，熟悉每个工种。两年后，他升任车间主任，因为他懂技术，没人敢敷衍他，所以王林所在车间的产品质量是最好的。这时，当年跟他一起进厂的大学生都在各科室担任中层干部。

几年后，厂里决定试行承包制。王林承包了二车间，因为产品质量过硬，营销自然得力，很快就打开了市场销路，在全行业中成为赫赫有名的新军。

后来，他通过融资，买下了这家工厂。现在他已是赫赫有名的民营企业家，公司正准备上市。

在总结成功经验时，王林说："海纳百川，才成汪洋之势。年轻人要学会从低位进入，充分积累经验，将来才能有成功的本钱。"王林就因为没有被一时的利益所诱惑，能够冷静归零，最后才能取得成功。

往低处流的水，看似没什么志气，最终可能却可以汇入海洋，动辄掀起惊涛骇浪；往高处走的人，历尽千辛万苦，以为能看到无上美景，最终可能却停在岌岌可危之处。

若心中有智慧，能分辨一条自己该走的路，又何必分高低。其实，人生不仅仅是一座珠峰，吸引着我们去攀登，有时还是汹涌的波涛，为了冲上更高的浪尖，我们先得有滑入浪底的勇气。

保持谦卑的姿态，避开无谓的纷争

山很谦卑，它总是沉默，却造就了壮丽的风景；水很谦卑，它总是向下，却汇成了江河湖海。谦卑，是一种把心放低，把能力放大的智慧。

古人常说："谦卑者其实最高贵。"这是因为谦卑是高贵者的通行证。君子懂得谦让，因此行万里也会路途顺畅；小人好争斗，因此还未动步，路已被堵塞。君子知道屈可以伸，因而受辱时不反击，知道谦让可以战胜对手，因而甘居人下而不犹豫，到最后时，就会转祸为福，让对手成为朋友，使怨仇不传给后人，而美名扬。君子能忍受各种嫌隙，因此没有打斗之类的争论。小人不能忍受小忿，结果酿成巨大的悲剧。

福特说："那些自以为做了很多事的人，便不会再有什么奋斗的决心。有许多人之所以失败，不是因为他的能力不够，而是因为他觉得自己已经非常成功了。他们努力过奋斗过，战胜过不知多少的艰难困苦，流血牺牲，凭着自己的意志和努力，使许多看起来不可能的事情都成了现实；然后他们取得了一点小小的成功，便经受不住考验了。他们懒怠起来，放松了对自己的要求，往后慢慢地下滑，最后跌倒了。在古往今来的历史上，被荣誉和奖赏冲昏了头脑，而从此懈怠懒散下去，终至一无所成的人，真不知有多少。"

在秦始皇陵兵马俑博物馆，有一尊被称为"镇馆之宝"的跪射俑。它被誉为兵马俑中的精华，中国古代雕塑艺术的杰作。

它左腿蹲屈，右膝跪地，右足竖起，足尖抵地；上身微左侧，双目炯炯，凝视左前方；两手在身体右侧一上一下做持弓弩状。

如今，秦兵马俑坑已经出土、清理各种陶俑1000多尊，除跪射俑外，皆有不同程度的损坏，需要人工修复。而这尊跪射俑是保存最完整的，仔细观察，就连衣纹、发丝都清晰可见。这究竟为何？

专家告诉我们，这得益于它的低姿态。首先，跪射俑身高只有1.2米，而普通立姿兵马俑的身高都在1.8至1.97米之间。天塌下来有高个子顶着，兵马俑坑都是地下坑道式土木结构建筑，当棚顶塌陷、土木俱下时，高大的立姿俑首当其冲被损坏，低姿的跪射俑受损害就小一些。其次，跪射俑做蹲跪姿，右膝、右足、左足三个支点呈等腰三角形支撑着上体，重心在下，增强了稳定性。

其实，处世也是如此，保持谦卑的姿态，避开无谓的纷争，就能避开意外的伤害，更好地发展自己。

谦卑不只是一种美德，也是一种生存策略。一个甘愿处于次要位置的人，一个谦卑的人，格局反而越来越大，最后会赢得大家的尊重和爱戴。无论何时何地，我们都应保持一颗谦卑的心，唯其如此，生命才有了一种无法言传的尊严和价值。

第二章 涵容度己，像海洋一样修炼

海纳百川，有容乃大

学会包容，对于化解矛盾，赢得友谊，保持家庭和睦、婚姻美满是至关重要的，同时，对我们的工作也有着重要的推动作用。因此，宽容大度被认为是每一个组织成员不可缺少的高贵品质。

有人曾这样问孔子："你说如果有个人得罪了我，而我不但不记仇反而对他非常好，期望能感化他，怎么样？"孔子回答他："如果那个人德行很好，他对你也很好，那么滴水之恩当涌泉相报。但是倘若那个人的德行很糟糕，而且他做了对不起你的事情，你用坦荡的胸怀对待他就可以了。"由此我们可以看出孔子包容待人的处世态度。

人世纷争，难免产生恩怨。如何处理恩怨，尤其是如何释怨，着实是人生处世的重大课题。"海纳百川，有容乃大"作为人生的立世方法，应该说比较实用，也比较容易施行。

宽能容众。古之成大事者无不是胸襟广阔，能够容众者。

十六国时，后赵的创建者石勒就是因此而得人心、得众助的。石勒起事时能宽容众人而得众助，故创建赵国。他成事后对昔日仇敌也能宽容相待。有一次他回到故乡与父老饮酒，看不见曾与他争夺麻田而互相攻击的李阳，便问："李阳是一名壮士，今天为什么没有来？"便派人去叫李阳。二人相处得非常融洽，石勒还任李阳为参军都尉。

能宽恕者得人报。

秦穆公宽恕食其马肉的农民得到他们拼死相救，传为千古美谈。穆公失了一匹心爱的马，后来在岐山下找到了，原来是被农民吃了，吃马肉的有三百余人。官吏要惩治他们，秦穆公不同意，他爱民之心超过爱马之心，关怀地对他们说："君子不以畜产害民，吾闻吃驳马不饮酒，伤人。"便叫随从让他们每人喝了酒，然后才离去。后来，晋秦两国打仗，秦穆公被晋军包围，即将被俘虏，正在这危急时刻，一支生力军冲来把秦穆公救了出来，使秦军反败为胜，俘虏了晋惠公。原来这支生力军就是当年吃马肉的农民。

古语有云："海纳百川，有容乃大。"海纳百川，是因为其"有容"，所以才成其"大"。每条河流在入海的时候泥沙俱下，如果大海计较，只想要清清的河水却不想要泥沙，那么恐怕大海早已经干涸了。

每个人处于社会中，都免不了要与他人打交道，有时难免会面对别人的为难与挑衅，这时就应当宽厚容人，不过于苛求他人，善于容人之过，这样我们的周围才会充满知心的朋友和支持者。

李嘉诚早年由于生计所迫，14 岁时就到港岛西营盘的春茗茶楼当了一名小伙计。在这间茶楼，发生了一次使李嘉诚终生难忘的"饭碗危机"。

一位生意人在大谈生意经，李嘉诚听得入迷，竟忘了伺候客人茶水。待听到大伙计叫唤，才慌里慌张地持茶壶为客人冲开水，结果不小心将水洒到茶客的裤脚上。老板立即跑过来，正待斥责李嘉诚，不料那生意人茶客却为李嘉诚开脱说："不怪他，是我不小心碰了他。"

茶客走后，老板对李嘉诚说："我知道是你把水洒到了客人的裤脚上。以后做事千万得小心，万一有什么错失，要赶快向客人赔礼，说不定就能大事化小。这客人心善，若是恶点，不知会闹成什么样子。开茶楼，老板、伙计都难做。"李嘉诚的母亲知道后，说："菩萨保佑，客人和老板都是好人。"她又告诫儿子，"种瓜得瓜，种豆得豆""积善必有善报，作恶必有恶报"。

李嘉诚从此再也没见过那位好心的茶客，他成为巨富后对友人说："这虽然是件小事，在我看来却是大事。如果我还能找到那位客人，一定要让他安度晚年，以报他的大恩大德。"

有人说"商场即战场"，所以在商业领域里，不论对待同行还是同事，都应该时刻保持警惕，并想方设法去超越。在职场，许多人就是按照这一原则行事的，有些人甚至在竞争中使用不正当的手段，给他人造成伤害。

实际上，"成者王侯败者寇"并不适用于竞争激烈的办公室，因为不论胜败如何，大家今后还是要在一起工作。试着让自己拥有一颗宽容的心，让心绪变得平和，使自己能理解别人，这样无论成败你都是英雄。

　　宽容不仅是爱心的体现，而且是不能缺少的做人资本，从表面上看，它是一种放弃的姿态，这种观点似乎有些消极。但实际上，宽容是一种需要巨大精神力量支持的积极行为，更是一种必不可少的做人品质，一种正确的自我意识的体现。一个人只有正确地认识自己，才会有宽大的胸怀。做人宽容得到的收益是人际关系的协调与和谐。

做人有德，做事能容

　　"修身、齐家、治国、平天下"，中国传统的道德思想中，修身列于最前面，是筑起"家国天下"传统理想的基础。"民无德不立"，"唯贤唯德，能服于人"，"德不正则事不兴"，一个有道德的人，能够自觉遵守各种社会道德规范，是诚实守信的，是值得人尊敬的。人们首先相信这个个体，认同这个个体，然后才认同和接受依附于这个个体身上的其他要素，如能力等。如果一个个体缺乏基本的道德素质，就算有再大的能力都无法得到他人和社会的认可，其能力也无法得以实现，就不可能取得成就。

　　司马光将人才分为四类：德才兼备的"圣人"、有德无才的"君子"、有才无德的"奸诈之人"、无才无德的"愚人"。德与才就是考量人才的重要标准。很明显，任何人都希望自己能够拥有圣人的贤能

　　罗曼·罗兰说："没有伟大的品格，就没有伟大的人，甚至也没有伟大的艺术家、伟大的行动者。"成功靠的是什么？勤奋、学识、智慧、机遇、天才，等等，每个人都可以列出自己成功的理由。在迈向成功的征途中，上述因素或多或少会为你指出前进的方向，但正如罗曼·罗兰所说，伟大的品格不可或缺，一个人要成就大事，置于首位的是他的品格和操守。

　　真正能征服人心的，不是武器，而是道德。道理能征服人，主要靠真理的力量；道德能征服人，主要靠人格的力量。人格和德行作为一种非智力因素，尽管不是道理，但往往胜于道理。从某种意义上说，德行是形象的道理，道理是抽象的德行。

　　美国哈佛大学行为学家皮鲁克斯在《做人之本》一书中指出："做人不是一个定下几条要求的问题，而是要从自己的根本开始，把自己变成一个以德为本的人，否则你就绝不会赢得别人的信任，更谈不上成功人生，反而早晚会让人生塌方的。"

　　的确，做人必须从"德"字开始，树立有德的品牌，这样才能成大事。

其实品德对每一个人来讲都极为重要，品德由种种原则和价值观组成，它给我们的生命赋予了方向、意义和内涵。品德构成我们的良知，使我们明白事理，而非只根据法律或行为守则去判断是非。

许多人认为，成功靠天资、能力、人缘，历史却教导我们：从长远来看，"真正的自我"比"人家眼中的我"更为重要。古今中外所有关于成功和自我奋斗的故事，都着眼于当事人的德行。人生须以德为本，我们需要以德立命，德是包容智慧中永远不应该蜕变的品质，做人有德，便能做到厚德待人，有德才能守护真正的成就和满足。

雕琢品性，成就自己

梁漱溟先生曾在《人生的意义》一书中指出：著名的创造……还有一种是外面不大容易看得出来的，在一个人生命上的创造。比如一个人的明白通达或一个人的德性，其创造不表现在外面事物，而在生命本身。这一面的创造，我们也可以用古人的话来名之为"成己"。

可以说，真正意义上的创造来自于生命本身的修炼，在于对一颗蕙质兰心的雕琢。于谦的《石灰吟》写道："千锤万凿出深山，烈火焚烧若等闲；粉骨碎身浑不怕，要留清白在人间。"经过千锤百炼、烈火焚烧，经过这般艰苦卓绝的磨砺，只是为了留下一份清白在人间，至于人生旅途上其他的坎坷都可以不计较。这份清白就是他对自己人生的承诺，也是他所追求的人生境界的象征。看似没有做出什么丰功伟绩，但这也是一种创造。

这里所表达的就是梁漱溟先生所说的"生命上的创造"。要知道，一个人在人生旅途上的创造不只是那些外在的可见的功业，同时也是对自己品性等各方面的雕琢与完善。

孔子说："吾十有五而有志于学，三十而立，四十而不惑，五十而知天命，六十而耳顺，七十而从心所欲，不逾矩。"孔子一直在不断地修炼自己，他从"不立"到"立"，从"惑"到"不惑"……直至最后达到了"随心所欲不逾矩"的境界。

有个风华正茂的青年，享受着生命的美景，常常看不起饱经风霜的老人，认为他们已经垂垂老矣，已经不可能再有所作为。

一天，他和一位老人一同散步，看见路边有朵盛开的花，就走到花面前对老人说："看这朵花多么美丽啊！我们青年人就像它一样，洋溢着生命的活力。

你们老年人怎么能够与我们相提并论呢?"

　　老人听了,就从兜里取出一个核桃,放在手上回答说:"孩子,你这个比喻不错,如果你是鲜花,那么我就是这干瘪的果实。但是人们也都知道:鲜花喜欢让生命显露在炫目的花瓣上,而果实却爱把生命凝结在深藏的种子里。"

　　年轻人不服气地说:"要是没有鲜花,哪来的果实呢?"

　　老人哈哈大笑:"是啊,所有的果实,都曾经是鲜花;然而,并不是所有的鲜花都能够成为果实。"

　　自然界中,花开花谢,不是每一朵花都能够结出果实的;历史之中,人来人往,能够称得上"圣人"的又有几个? 如果不去雕琢,即使是璞玉,也会混迹在山石之中,不会发出自己独特的光芒。

　　其实人生最高的境界就是立德,也就是完善自己。一个人的一生,即是从诞生,然后成长、衰老,最后身死魂灭的人生旅程。其实,也是不断充实和丰富自己心灵的过程。人生路上的风雨洗礼,都可以化作雕刻自己的匕首,剔除身上的污泥。而且,对自己的雕琢,不会随着年华的衰老而迟钝,相反,到了最后,有了之前经验的积累,我们能够更加从容而自信。

　　有这样一个青年,出身于贫农家庭,种过庄稼,做过木匠,干过泥瓦工,收过破烂,卖过煤球,曾经感情受挫,官司缠身。他独自闯荡,居无定所,四处漂泊,总遭受别人鄙夷的眼光,但与众不同的是,他热爱文学,写下了许多优美的诗歌。曾经有知情者疑惑,这样优美的文字居然出自于一个痛苦挣扎在生活边缘的人笔下。对此,他解释道:"我是在农村长大的,农村人家家都储粪。小时候,每当碰到别人往地里运粪时,我总觉得很奇怪,这么臭、这么脏的东西,怎么就能使庄稼长得更壮实呢? 后来,经历了这么多事,我发现自己并没有学坏,也没有堕落,甚至连麻木也没有,就完全明白了粪和庄稼的关系。粪便是脏臭的,如果你把它一直储在粪池里,它就会一直脏臭下去,但是一旦它遇到土地,情况就不一样了,它和深厚的土地结合,就成了一种有益的肥料。对于一个人也是这样,如果把苦难只视为苦难,那它真的就是苦难。但是,如果你让它与你未来世界里最广阔的那片土地结合,它就会变成一种宝贵的营养,让你在苦难中如凤凰涅槃,体会到特别的甘甜和美好。"

　　每个人都无法选择出身环境,但是对自己的人生起决定作用的还是自己。就像这个青年一样,他也懂得生活的艰辛,但自己同样能够往好的方向走,努力提升而不是自甘堕落。别人看到的或许是他身处恶境,但是他懂得自己是涅槃的凤凰。

　　一个人俯仰天地之间,不仅要面对其他的人和事,更应该在面对自己时能够做到无愧于心。孟子说："我善养吾浩然之气。"就是希望能够拥有一种充天溢地、通透世事、包罗万象的胸怀和正直的品质。这样的人，才更为完美，才是在成就自己。

容人先容己

当我们主张包容他人的时候，我们应该首先认清楚自己，全面看待自己的优点，包容看待自己的缺点，发展地看待自身缺点向优点的转化。我们应该意识到，在这个世界上，我们是独一无二、无可取代的，我们可以很洒脱地向世界宣告"我很重要"。

很多时候，人总觉得自己不重要，少个我和多个我没什么区别，而作为独一无二的我真的不重要吗？对自己的父母来讲，你是他们爱情的结晶和今后的希望；对于你的家人来讲，不论别人多么优秀你依然是他每天心里挂念的人；对于你的儿女来讲，你就是他们可以仰仗的大树；对于你的好朋友来说，你就是他们一生中不可缺少的知己……难道这样的我不重要吗？当然不是！"我"很重要。

当我们对自己说出"我很重要"这句话的时候，"我"的心灵一下子充盈了。是的，"我"很重要。

"我"是由无数星辰、日月、草木、山川的精华汇聚而成的。只要计算一下我们一生吃进去多少谷物，饮下多少清水，才凝聚成这么一具躯体，我们一定会为那数字的庞大而惊讶。世界付出了那么多才塑造了这么一个"我"，难道"我"不重要吗？

你所做的事，别人不一定做得来。而且，你之所以为你，必定是有一些相当特殊的地方——我们姑且称之为特质吧！而这些特质是别人无法模仿的。

既然别人无法完全模仿你，就不一定做得了你能做的事。那么，他们怎么可能给你更好的意见呢？他们又怎能取代你的位置，替你做些什么呢？所以，你不相信自己，又能相信谁呢？

况且，每个人都是上帝的宠儿，上帝造人时即已赋予每个人与众不同的特质，所以每个人都会以独特的方式与别人互动，进而感动别人。要是你不相信的话，不妨想想：有谁的基因会和你完全相同？有谁的个性会和你丝毫不差？由此，我们相信：你有权活在这世上，你是别人无法取代的。

不过，有时候别人（或者是整个大环境）会怀疑我们的价值，时间一长，连我们自己都会对自己的重要性感到怀疑。请你千万不要让这类事情发生在你身上，否则你一辈子都无法抬起头来。

记住！你有权力相信自己很重要。

"我很重要。没有人能替代我，就像我不能替代别人一样。我很重要！"

生活就是这样的，无论是有意还是无意，我们都要对自己有信心。不要总是拿自己的短处去对比人家的长处，却忽视了自己也有别人所不及的地方。自卑是心灵的腐蚀剂，自信是心灵的发电机。所以，无论我们身处何境，都不要让自卑的冰雪侵占心灵，而应燃烧自信的火炬，始终相信自己是最优秀的，这样才能激发生命的潜能，创造无限美好的生活。

也许我们的地位低下，也许我们的身份卑微，但这并不意味着我们不重要。重要并不是伟大的同义词，它是心灵对生命的允诺。人们常常从成就事业的角度，判断自己是否重要。但这并不应该成为标准，只要我们时刻努力，为光明奋斗，我们就是无比重要的不可替代的存在。

让我们昂起头，对着地球上无数的生灵，响亮地宣布：我很重要！面对这么重要的自己，我们有什么理由不爱自己呢？爱自己，是对自己的包容，既可以看到自己的优点，也不忽略自身的缺点。面对优点，给予自己欣赏以及勉励；面对缺点，不气馁，给自己打气，以更好地改正。只有看到了我很重要，只有能够真正地容纳自己，热爱自己，那么我们也便拥有了爱他人的能力。

能容，便得幸福

幸福是人们一直都在关注的问题，在这个竞争激烈、忙碌不堪的时代，幸福仿佛距离人们越来越远。于是，有的人会抱怨，幸福到底是个什么东西，为什么自己就感觉不到？

幸福，其实很简单；想要得到幸福其实也非常简单，就是能够包容。如果用心去涵纳外界的一切纷扰与计较，如果面对再大的打击都能够心存希望，那么他已经成为了一个幸福的人。幸福与心胸往往是成正比的，心胸越大，越能看淡，幸福指数就会愈高。

包容是能够让我们收获幸福的基本条件，因为包容者可以让自己远离愤怒、痛苦与绝望的世界。包容者不会因为外在的思想论点与自己的不同，就心生怨气；也不会因为出身不同、经历不同、习性不同、觉悟不同，就会对他人的缺点存在偏见，而看不到他人优越的一面。人生活在这个世界上，就意味着需要不断地经历与承受，经历有顺心的也有不顺心的，懂得包容就更应该在不愉快的经历中学会淡定地承受。

幸福是一种很单纯的东西，不幸福只因为不够单纯。单纯要求我们能够以一颗海洋般纯净、透彻的心来面对伤害或者无奈。

这是一对很恩爱的夫妻，也是一对留有遗憾的夫妻。丈夫是一位对工作尽职尽责的人。他能力出众，工作出色，短短10年的时间，他就实现了由普通的任课老师到教育局局长的过渡。妻子是一位美丽大方的人，她很爱自己的丈夫，对丈夫的事业成功也感觉到欣慰。只是，自从丈夫升迁以来，他每天都有应付不完的应酬，每天都在忙碌中开展自己的工作。对此，妻子也没有任何怨言。

只是，在一次应酬中，丈夫因为喝酒太多，在沉醉中被一位崇拜他的年轻女人所迷惑。这位青春靓丽的女孩，主动为他献身。虽然在他酒醒之后感觉到自己有愧于妻子，但是出于男人的血性，他的激情总是被那位女子再次点燃。终于，当妻子出差的时候，他约了那位女子到自己的家中，与自己共享着"偷"来的二人世界。

可是，事情总是在巧合中败露。他没有想到自己的妻子会提前回家，然而更没有想到她回家的时候看见的竟是他与另外一名女子的激情缠绵。妻子看到这些，很淡定，她没有哭闹，也没有对丈夫说出什么指责的话，只是让那位慌张的女子不要太紧张。当女子匆忙穿好衣裙走掉之后，她依旧没有指责丈夫，只是不再主动对丈夫说一句话。

他很愧疚，也很后悔。他非常清楚他在事业上的成就离不开妻子的得力相助，他很明白在自己最为失意的时候，也是妻子一直给予自己精神上的支持。然而现在，他却做了对不起妻子的事情，她也不再原谅他。与他似乎成为了没有任何话可以说的陌路人。

直至10年后，妻子终于主动和他说了一句话："我已经被确诊患了乳腺癌，医生说病情已经到了晚期，已经没有多少可以活的日子了。"他听完后，紧紧抱住妻子号啕大哭，他埋怨妻子为什么不早告诉他。可是当他竭尽全力把妻子送到医院的时候，一切都已经太迟了。妻子在离世之前，对丈夫说："我错了，这么多年来不该这样对你，等我死后，你快找个合适的人一起过日子吧。"丈夫此时已经泣不成声。但是，就在妻子离世的3个月后，他也去世了。他其实在一年前就被查出患有了胃癌。临死前，他对女儿说："我已经死而无憾了，因为你的妈妈已经原谅了我。"

后来，他俩的一位专家朋友对他们的女儿说："你爸爸妈妈的病都是因为长期抑郁才得来的。"

　　这对夫妻的结局不免有些凄凉，其实他们可以很幸福，并一直幸福下去。只要妻子对丈夫的过失能够早早原谅，只要丈夫不要因为愧疚而让自己惶恐不安。

　　是的，如果她能够对他宽容一些，如果她不再让他的灵魂不得安宁，那么或许她不会得病，他也不会得病。

　　想要成为一个幸福的人，就要让自己时刻保持一种大胸襟的气度，不要把恨放大化，也不要把烦恼当成一种惯性的延续，试着接纳一切，便能得到真正的幸福与快乐。因此，包容本身就是一种幸福，能够包容别人是一种幸福，能够谅解自己也是一种幸福。

第三章 心敞亮，凡事不必太执着

不排斥差异，不计较利害

凡事不必太排斥，看似简单实则太难。我们作为拥有七情六欲的平常人，往往会在无形中去排斥一些自己并不喜欢与赞赏的东西。对于不好的言论，我们排斥；对于不赞同的观点，我们排斥；对于不喜欢的服饰风格，我们排斥……总之，我们排斥的东西太多。

"虽然我不同意你的观点，但我誓死捍卫你说话的权利。"这是西方人对尊重个体与尊重自由的呐喊。而在东方，在包容的智慧力量感化下，海纳百川，接受彼此的差异化，是和谐共处之道。

在喜马拉雅山中有一种共命鸟。这种鸟只有一个身子，却有两个头。有一天，其中一个头在吃美果，另一个头则想饮清泉，由于清泉离美果的距离较远，而吃美果的头又不肯退让，于是想喝清泉的头十分愤怒，一气之下便说："好吧，你吃美果却不让我喝清水，那么我就吃有毒的果子。"结果两个头同归于尽了。

还有一条蛇，它的头部和尾部都想走在前面，互相争执不下，于是尾巴说："头，你总在前面，这样不对，有时候应该让我走在前面。"头回答说："我总是走在前面，那是按照早有的规定做的，怎能让你走在前面？"两者争执不下，尾巴看到头走在前面，就生了气，卷在树上，不让头往前走，它看到头有放松的机会，立即离开树木走到前面，最后蛇掉进火坑被烧死了。

无论是两头鸟还是那条头尾相争的蛇，因为不知道求同存异的道理，最终导致两败俱伤，受到伤害的终究还是自己。如果那只鸟的一个头能够先让另一只喝到水，再过去吃鲜果，那自己也不是没有什么损失吗？只是哪个先哪个后的问题。人有时候和这两只鸟一样，不愿意让自己的利益受到一点点的损失，别人的一点要求也不能满足，所以到头来自己也是一无所获。

所谓万物共生才能够共长，这世上的事物千差万别，人与人之间也存在着众多的差异，生活背景、生活方式、个性、价值观等的差异，让我们的相处存在着或多或少的困难，无所谓希望或者失望、信任或者背叛，我们所能做的只能是相互尊重、相互包容、真诚相对，而不必强求一致。

不排斥，除却对差异化的理解与包容外，还可以表示对自身缺陷的正视与纠正。

人的一生，谁又能保证不犯错？谁又能一次面子都不丢呢？如果你想逃避丢脸而一辈子不犯错，那么结果只有一个：当你白发苍苍的时候，你仍然什么都不会，因为你什么都不曾尝试去做。

人的一生，谁又能完全活在完全一致的世界之中？正如丛林的茂盛不在于数目的庞大，而在于树种的差异性。

成就博大的人生伟业，就不应该排斥他人的差异，不应该计较自己的利害、得失，更不应该把面子当成一个人的所有。不排斥，就是一种敢于接受，勇于面对，积极纠正的包容哲学。

你容不下生活，生活就容不下你

人生在世，不如意事十之八九，如果事事都要探求个究竟，希望在发生不公平的时候，能够有人给我们一个合理的解释，或者必须要有一个人来给我们一些心灵上的安慰，是不太可能实现的。面对生活中的种种失意，我们不必总跟自己过不去，也不必总跟生活过不去。很多事情，并不是谁在刻意给我们制造麻烦，而是我们不懂得改变看待生活的视角，不肯给予生活以宽容。

有一位哲学家，当他是单身汉的时候，和几个朋友一起住在一间小屋里。尽管生活非常不便，但是，他一天到晚总是乐呵呵的。

有人问他："那么多人挤在一起，连转个身都困难，有什么可乐的?"

哲学家说："朋友们在一块儿，随时都可以交流感情，这难道不值得高兴吗?"过了一段时间，朋友们一个个相继成家了，先后搬了出去。屋子里只剩下了哲学家一个人，但是每天他仍然很快活。

那人又问："你一个人孤孤单单的，有什么好高兴的？"

"我有很多书啊！一本书就是一个老师。和这么多老师在一起，时时刻刻都可以向它们请教，这怎能不令人高兴呢？"

几年后，哲学家也成了家，搬进了一座大楼里。这座大楼有七层，他的家在最底层，环境是最差的，上面老是往下面泼污水，丢死老鼠、破鞋子、臭袜子和杂七杂八的脏东西。那人见他还是一副自得其乐的样子，好奇地问："你住这样的房子，也感到高兴吗？"

"是呀！你不知道住一楼有多少妙处啊！比如，进门就是家，不用爬很高的楼梯；搬东西方便，不必费很大的劲儿；朋友来访容易，用不着一层楼一层楼地去叩门询问，特别让我满意的是，可以在空地养些花，种些菜。这些乐趣，数之不尽啊！"后来，那人遇到哲学家的学生，问道："你的老师总是那么快快乐乐，可我却感到，他每次所处的环境并不那么好呀。"

学生笑着说："决定一个人快乐与否，不在于环境，而在于心境。"

正如心能决定一个人的快乐一样，心境同样能够决定一个人容得下生活的胸襟与气量。生活中，苦恼和悲哀常常让人们抱怨生活，哀自己的命运，怨生活的不公。其实生活仍然是生活，关键看我们看待生活采取什么角度。人生是什么？从某种意义上说，难道不像一场赌局吗？用我们的青春去赌事业，用我们的痛苦去赌欢乐，用我们的爱去赌别人的爱。

每逢沮丧失落时，我们会对一切感到乏味，似乎看什么都不顺眼。面对落榜，面对失恋，面对解释不清的误会，我们的确不易很快超脱。但是，我们究竟在烦些什么？我们的敌人就是自己，战胜不了自己，只有失败；想不开、钻死胡同，全是自己所为。

你若容不下生活，生活也会容不下你。我们要原谅生活有那么多阴差阳错，学会坚强、珍惜。生活在这个世界上，我们不得不怀着一颗包容的心去包容诸多人和事，原谅上天对人的不公，因为它总要去考验一些人、捉弄一些人，你若没有包容的心，那将会永远失去快乐的权利。

要宽心，不要自以为是

自以为是的人是一个喜欢以自我为中心、固执己见却又不愿意悔改的人，自以为是的人往往不愿意听从他人的建议与指导，并往往会因此而带来很多不必要的冲突。毕竟，世界太大，我们太小，还有很多东西是我们所不了解的。

人与人之间之所以会起冲突，往往是因为双方都自以为是，自己自信太多，又以鄙薄的态度去看对方，因此我不容你，你不容我。

有一只狐狸喜欢自夸，它以为森林中自己最大。

傍晚，它单独出去散步，走路的时候看见一个映在地上的巨大影子，觉得很奇怪，因为它从来没有见过那么大的影子。后来，它知道是它自己的影子，就非常高兴。它平常就以为自己伟大，有优越感，只是一直找不到证据可以证明。

为了证实那影子确实是自己的，它就摇摇头，那个影子的头部也跟着摇动，这证明影子是自己的。它就很高兴地跳舞，那影子也跟着它舞动。它继续跳，正得意忘形时，来了一只老虎。狐狸看到老虎也不怕，就拿自己的影子与老虎比较，结果发现自己的影子比老虎大，就不理它，继续跳舞。老虎趁着狐狸跳得得意忘形的时候扑了过去，把它咬死了。

人因自谦而成长，因自满而堕落。如果一个人只知自我陶醉，迷失于自我之中停滞不前，那就是为自己的成就画了句号。

每个人都有自己的喜好与见解，各有各的主张，这本无可厚非，但是如果非要把自己的标准强加在别人身上，一定会失望。毕竟，这个世界上并不是只有黑与白两种颜色，我们所代表的也未必是正义的、对的一方，所以不如包容地去看待相反的意见。

因此，在与人探讨的时候，至少要在彼此的人格上相互尊重，在此基础上去探讨其他的问题。如果连这个共识都不能达成，针锋相对地纠缠在一些无解的问题上，就会像暖寒流交汇一样，迸发出巨大的能量，而双方都会受到无谓的冲击和伤害。

悦纳人生的低谷

山有峰巅，也有低谷；水有平缓，也有漩涡。人生之路也是一样，扑朔迷离，充满坎坷。静坐灯下，常常暗自思忖，生活就像浩渺的大海，有落潮的无奈，也有涨潮的欣慰；生活也像一碗百味汤，酸甜苦辣溶于其中，个中滋味，品后才知分晓。人生不如意事十之八九，有悲有喜，有起有落，既有成功后的喜悦，也有失败后的痛苦。面对生活中的乐，我们安然接受，面对生活中的苦，我们更应该平静地承受。既然我们不排斥幸福的时间，那就不要计较悲苦的日子。

岁月会编织五彩斑斓的梦，给人积极向上的启迪，也会编织无情的网，使人走不出人生的沼泽地。面对短暂的人生，我们要学会面对磨难，不要错过人生的失意时刻，也许当生命之神把我们抛入谷底时，也是我们人生腾飞的最佳时机。调整自己的心情，走出人生的低谷，我们就会发现迎接自己的是一片湛蓝的天空。

有人说："低谷自有低谷的风景。"低谷是一种美妙的人生体验，它教会了我们希望、忍耐和奋斗。低谷的风景忧郁而美丽，低谷可以使我们变得对生活更执着、更沉着、更热烈，低谷更可以使我们成功后回味无穷。

美国独立企业联盟主席杰克·弗雷斯从13岁起就开始在他父母的加油站工作。弗雷斯想学修车，但他父亲让他在前台接待顾客。当有汽车开进来时，弗雷斯必须在车子停稳前就站到司机门前，然后去检查油量、蓄电池、传动带、胶皮管和水箱。

弗雷斯注意到，如果他干得好，顾客大多还会再来。于是弗雷斯总是多干一些，帮助顾客擦去车身、挡风玻璃和车灯上的污渍。有一段时间，每周都有一位老太太开着她的车来清洗和打蜡。这个车的车内踏板凹陷得很深，很难打扫，而且这位老太太极难打交道。每次当弗雷斯给她把车清洗好后，她都要再仔细检查一遍，让弗雷斯重新打扫，直到清除掉每一缕棉绒和每一粒灰尘，她才满意。

终于有一次，弗雷斯忍无可忍，不愿意再侍候她了。他的父亲告诫他说："孩子，记住，这就是你的工作！不管顾客说什么或做什么，你都要记住做好你的工作，并以应有的礼貌去对待顾客。"

父亲的话让弗雷斯深受震动，许多年以后他仍不能忘记。弗雷斯说："正是在加油站的工作使我学到了严格的职业道德和应该如何对待顾客，这些东西在我以后的职业生涯中起到了非常重要的作用。"

人生的低谷更像是一面镜子，人生的低谷能够教会我们审视人生、重新认识自己。人往往看不清自己，总是在处于逆境的时候才肯回过头来看看自己到底错在哪里，只有通过实践的验证才知道自己是怎么回事。当走了一段弯路，跌得头破血流时，才会在实践的基础上深刻反省自己，为自己今后的道路制定一个比较切合实际的目标。当我们走出低谷时，我们会变得更加成熟、坚强和理性。以前的经历则是以后的经验，只有经历了实实在在的痛，在以后的人生道路上我们才能谨言慎行，正确把握自己。置身于人生的低谷有时会让我们大彻大悟，让我们在人生的低谷中学会品味人生。

人生的低谷是锻炼意志的摇篮，而意志的锻炼则需要艰苦的环境。艰苦的环境能锻炼人的体魄，人生的低谷则能锻炼人的意志和素养。人生处于低谷时我们不得不承受、包容来自各方面的压力，我们只有默默地承受这一切，然后告诉自己，一切都将重新开始。

"生活是一面镜子，你对它笑，它就对你笑；你对它哭，它也对你哭。"对待生活，我们大多数人都还来不及体味和享受，就已经匆匆地走到了目的地。尤其在刚刚开始的时候，总喜欢把自己的目标定得又高又远，最后，当我们失望地发现，现实远不如我们想象中的那么美好，于是，许多人都会退而求其次。

当我们身陷人生的低谷，首先是要有一颗向上的心，就像朝阳，而不是夕阳。

从低谷走到平地远比从平地攀上高山容易，只要有坚定的信念，我们就可以战胜一切。或许在我们面前的，是很难越过的门槛，其实当事情过去以后，我们就会发现，这在自己的人生路上是多么不显眼的一件事情。所以，我们应该坦然接受生活中的低谷，随时准备重新扬起自信的风帆，鼓起劲摇桨，向成功的彼岸进发。

上帝关上一扇门的同时，会为我们打开另一扇窗。车到山前必有路，请记住，坚信我们可以走进来，就一定可以走出去。因此，我们需要学会愉悦地接纳人生中的各种低谷的来临。

淡一点，好过点

淡一点是对自然本色的接纳，对物欲浮华的排斥，对简单生活的追求，对杂乱生活的不理解。它体现的是一颗淡定的敢于容纳"好"东西，而排除不好的东西的理性内心。

现实的社会，成年人都避免不了追求舒适的物质享受、为人欣羡的社会地位和显赫的名声，青年人还在疲劳地追逐着时尚、流行，这些其实也不离物质享受和对"上等人"社会地位的尊崇。专注于此，人便像被鞭子抽打的陀螺，忙碌起来——或拼命打工，或投机钻营，应酬，奔波，操心，你就会发现自己很难再有轻松地躺在家中床上读书的时间，也很难再有与三五朋友坐在一起"侃大山"的闲暇，你忙得会忽略了自己孩子的生日，你忙得会没有时间陪父母叙叙家常……

菲律宾《商报》登过一篇署名陈美玲的文章，作者感慨她的一位病逝的朋友一生为物所役，终日忙于工作、应酬，竟连孩子念几年级都不知道。作者还写道，这位朋友为了累积更多的财富，享受更高品质的生活，他终于将健康与亲情都赔了进去。那栋尚在交付贷款的上千万元的豪宅，曾经是他最得意的成就之一，然而豪宅的气派尚未感受到，他却离开了人间。作者问："这样汲汲营营追求身外物的人生，到底生命感知何在，意义何在？"

而像陈美玲那样"住在恰到好处的房子里，没有一身沉重的经济负担，周休二日不值班的时候，还可以带一家大小外出旅游，赏花品草"，这样的生活岂不更美煞旁人？

陈美玲写道："'生活简单，没有负担'，这是一句电视广告词，但用在人的一生当中再贴切不过了。与其困在财富、地位与成就的迷惘里，还不如过着简单的生活，舒展身心，享受用金钱也买不到的满足来得快乐。"

"只有简单着，才能从容着、快乐着。"不奢求华屋美厦，不垂涎山珍海味，不追时髦，不扮贵人相，过一种简单自然的生活，一种外在的财富也许不如人，但内心享受充实富有的生活。这是自然的生活，有劳有逸，有工作着的乐趣，也有与家人共享天伦的温馨、自由活动的闲暇。

宠辱俱平常，人生境界实不平常。事事平常，事事也不平常。无论处于何种环境下，都能做到宠辱不惊，那一定是个了不起的人，就如孔子所赞美的，不是个圣人，也是个贤人。这是智者为人处世的一种境界，同样亦是胸怀宽广之人才有的气魄。面对羞辱能够气定神闲，这需要很大的自控力，而在成功之时的谨慎与不得意忘形更需要超人的自制力。

19世纪中叶美国有个叫菲尔德的实业家，率领工程人员，要用海底电缆把"欧美两个大陆连接起来"。为此，他成为美国当时最受尊敬的人，被誉为"两个世界的统一者"。

在盛大的接通典礼上，刚被接通的电缆传送信号突然中断，人们的欢呼声变为愤怒的狂涛，都骂他是"骗子""白痴"。可是菲尔德对于这些只是淡淡地一笑。他不作解释，只管埋头苦干，经过6年的努力，最终通过海底电缆架起了欧美大陆之桥。在庆典会上，他没上贵宾台，而只远远地站在人群中观看。

菲尔德在重大的成功面前选择隐藏自己，证明了他是个寻求自我价值的人，而不是追逐名利的人。否则的话，他就不会在被骂的时候保持淡定，在被赞同的时候保持沉默。

世上有许多事情的确是难以预料的，成功常常与失败相伴。人的一生，有如簇簇繁花，既有红火耀眼之时，也有暗淡萧条之日。面对成功或荣誉，要像菲尔德那样，不要狂喜，也不要盛气凌人，把功名利禄看轻些，看淡些；面对挫折或失败，也就不会乐极生悲。

人要有经受成功、战胜失败的精神防线。成功了要时时记住，世上的任何成功或荣誉，都依赖周围的其他因素，绝非你一个人的功劳。失败了不要一蹶不振，只要奋斗了，拼搏了，就可以无愧地对自己说："天空不留下我的痕迹，但我已飞过。"这样就会赢得一个广阔的心灵空间。

生活中有些事情，静下心的时候想一下便会觉得不过如此，只是由于心理作用我们把它放大了，若在生活中我们能做到得而不喜，失而不忧，方可让自己成为真正的能容者，善智者。因此，不要对生活中的一切人或者事斤斤计较，要学会看淡，才能够真正让自己好过，让自己在轻松的心情中进步与成长。

遗忘别人的不好，铭记别人的好

《庄子》中提到：故德有所长，而形有所忘。人不忘其所忘，而忘其所不忘，此谓诚忘。诚忘是遗忘的最佳境界，是心量宽大的结果。

然而一般人是这样，应该忘记的不忘，而不该忘记的却忘记了。他们都认为这就是聪明，其实这是一种大的糊涂。

习惯着忘记他人的"不好"，是对自我的解脱。不要太排斥他人的缺点，也是对自己的成全。

第二次世界大战期间，一支部队在森林中与敌军相遇，激战后两名战士与部队失去了联系。这两名战士来自同一个小镇。

两人在森林中艰难跋涉，他们互相鼓励、互相安慰。十多天过去了，仍未与部队联系上。这一天，他们打死了一只鹿，依靠鹿肉又艰难度过了几天，可也许是战争使动物四散奔逃或被杀光，这以后他们再也没看到过任何动物。他们仅剩下的一点鹿肉，背在年轻战士的身上。这一天，他们在森林中又一次与敌人相遇，经过再一次激战，他们巧妙地避开了敌人。就在自以为已经安全时，只听一声枪响，走在前面的年轻战士中了一枪——幸亏伤在肩膀上！后面的士兵惶恐地跑了过来，他害怕得语无伦次，抱着战友的身体泪流不止，并赶快把自己的衬衣撕下包扎了战友的伤口。

晚上，未受伤的士兵一直念叨着母亲的名字，两眼直勾勾的。他们都以为他们熬不过这一关了，尽管饥饿难忍，可他们谁也没动身边的鹿肉。天知道他们是怎么度过那一夜的。第二天，部队救出了他们。

事隔30年，那位受伤的战士安德森说："我知道谁开的那一枪，他就是我的战友。当时在他抱住我时，我碰到他发热的枪管。我怎么也不明白，他为什么对我开枪？但当晚我就宽容了他。我知道他想独吞我身上的鹿肉，我也知道他想为了母亲而活下来。此后30年，我假装根本不知道此事，也从不提及。战争太残酷了，他母亲还是没有等到他回来，我和他一起祭奠了老人家。那一天，他跪下来，请求我原谅他，我没让他说下去。我们又做了几十年的朋友，我原谅了他。"

安德森是一位何其伟大的战士，也是一位非常包容的朋友，对于朋友的伤害，他没有记在心上，而是首先站在朋友的角度为朋友做出了解释，并给出了原谅朋友的理由。

的确，宽容是一种美德。让我们相信每个人即使是有坏处，那也一定有值得人同情和原谅的地方。要知道，宽恕别人所不能宽恕的，是一种异常高贵的行为。

宽容是一种美。深邃的天空容忍了雷电风暴一时的肆虐，才有风和日丽；辽阔的大海容纳了惊涛骇浪一时的猖獗，才有浩渺无垠；苍茫的森林忍耐了弱肉强食一时的规律，才有郁郁葱葱。宽容是壁立千仞的泰山，是容纳百川的江河湖海。

宽容也是一种幸福，我们饶恕别人，不但给了别人机会，也取得了别人的信任和尊敬，从而能够与他人和睦相处。宽容，是一种看不见的幸福。宽容更是一种财富，拥有宽容，就拥有一颗善良、真诚的心。宽容和忍让是人生的一种豁达，是一个人有涵养的重要表现。

遗忘别人的"不好"，铭记别人的"好"。当你对别人宽容之时，即是对你自己宽容。

待人要"于有疑处不疑"

"于有疑处不疑"体现的是一种大气度与大胸襟，是一种对疑点的包容，对怀疑的分寸把握。

善"疑"既是好事，又是坏事。在做学问时多几点疑心，能探究出前人治学的失误和不足；但是与人相处要是疑心重，就会把自己置于疑神疑鬼的云雾中，觉得人人都不可信，其他人也会对你敬而远之，不付出真心。

动辄投以人猜疑的眼光，不是真聪明人的所为。真正大智慧者，会待人以宽，于有疑处不疑。

武则天当政时期，曾下诏禁止天下屠杀牲灵、捕捞鱼虾，弄得王公大臣宴请宾客只能吃素席，不敢带有一点荤腥。

朝中有个叫张德的人，官为左拾遗，一贯受到武皇的信任。在他儿子出生后的第三天，亲友、同僚纷纷前去祝贺。张德觉得席上都是素菜实在过意不去，便偷偷地派人杀了一只羊，做了一些带肉的菜，并包了一些羊肉包子让大家吃。

在他的同僚中有个叫杜肃的，官拜补阙，见席上有肉，以为张德违犯了皇帝的诏旨，顿生恶意。临散席时，他悄悄将两个肉包子揣在怀中。散席之后，便去武皇那里告了黑状。

第二天早朝，武皇处理完政事之后，突然对左拾遗张德说："听说你生了个儿子，我特向你表示祝贺。"张德叩头拜谢。武皇又说："你那席上的肉是从哪里来的？"张德一听，吓得浑身哆嗦，他知道，违诏杀生是要犯死罪的，故连连否认道："为臣不敢！为臣不敢！"武则天见状，微微笑道："你说不敢，看看这是什么？"说着，便命人将杜肃写的告状奏章和两个肉包子递给了张德。张德一见，面如蜡纸，不住地叩头说："臣下该死！臣下该死！"此时，告状的杜肃，站在一旁洋洋得意，等候封赏。

武则天对这一切，早已看在眼中，稍稍一停，便对张德说："张德听旨：朕下诏禁止屠杀牲畜，红白喜事皆不准腥荤。今念你忠心耿耿，又是初犯，也就不治你罪了。"

张德听后高声喊道："谢主隆恩！谢主隆恩！"而杜肃却惊得瞪大了眼睛。

只听武皇又道："不过，张德你要接受教训，今后如再请客，可要选择好客人，像杜肃这种好告黑状的人，可不要再请了。"

一时间，张德感激得痛哭失声，诸大臣见武皇如此忠奸分明，不信谗言，用人不疑，便一起跪倒在地，高呼："吾皇万岁！万岁！万万岁！"而那个告状的杜肃，在众人不屑一瞥的目光下，羞愧得无地自容，武皇"退朝"二字刚一落音，便赶紧溜走了。

杜肃向武皇告状，本是为了显示自己对主子的忠诚，维护武皇的威严，按理应得到封赏；张德违抗圣旨杀生，按理应当处以死罪。没想到武则天使用了灵活的政治手腕，戳破告密者的面皮，对倚重的忠诚给予了充分的信任，于是一位忠奸分明、不信谗言、用人不疑的君主的高大形象便在众人心目中牢固地树立起来了。

我们敬佩待人赤诚的人，但也不会为陌生的事物打包票，要做到于有疑处不疑，前提是我们要对此人有充分的了解。唯在充分了解的前提下，若有危机发生，才能坚定自己之前的想法，不给疑虑乘虚而入的机会。

胡适如是说："做学问要在不疑处有疑，待人要于有疑处不疑。"在包容智慧的指引下，敢于相信让自己怀疑的人，反而会激发他的感激之心。

用赞美取代批评

心敞亮的人，往往擅长发现他人的优点，而不会苛刻于他人的不足之处。毕竟生活在世界上的每一个人都有自己的缺陷，何必太去计较他人的缺陷呢？对他人的缺陷与不足，多点包容，将会利人利己。

很多人总喜欢批评别人，个子不高、长得不好、能力不够……批评是谁都会做的事情，很简单，但对于那些接受者而言，就是无尽的痛苦了。轻者变得不自信，严重的甚至自暴自弃，最后毁了一生。对比批评给人带来的杀伤力，显然，赞美更容易让人接受。

有一户人家刚搬到一个新住处，由于人地生疏，邻居的关系总是搞不好，常常发生口角。他们常为这件事情伤脑筋，于是去请教智者，智者说了三个字：说好话。

这家的女主人很聪明，她决定按照智者的话去做。之后她一见到邻居老太太就夸她精神好气色好；遇到邻居买菜就夸她篮子里的菜又新鲜又便宜；碰到邻居送儿子上学就夸邻居的儿子又聪明又懂事；要是有人到她家开的百货店买东西，见到年长的她就叫大娘、婶子和叔叔、大爷，见到年纪相仿的就叫姐妹、兄弟，而那些小孩们，她则冠以"多漂亮的小姑娘"和"多帅的小伙子"等美称。结果没过多久，这家人在镇上就小有人缘了，生意也做得红红火火。

女主人因为对邻居们说好话，给自己带来了人际的转机与生意的兴隆。不要对别人的优点视而不见，不要吝啬对他人的赞美。

世界上，有谁不喜欢被别人赞美呢？可以说，喜欢被人赞美是人的一种天性。而且，从社会心理学角度来说，赞美是一种有效的交往技巧，能缩短人与人之间的心理距离。

由衷地赞美，是最令对方温暖却最不令自己破费的礼物。更重要的是，这种无须破费的赞美带来的价值却是难以估计的。当我们把目光从他人的缺陷中转移出来的时候，尝试着用心观察他人的优点，并给予友善的赞美，他人将会在感激中加强对我们的友善与信任。

尤其是在我们发现了他人的失误与不足之处时，如果能够变批评为婉转的赞美，让对方体会到我们"别有用心的言外之意"时，他们将会更加乐意去改正自己的不足之处。

　　甲乙两人在一家公司任职，一次，两人闹了矛盾。一天，甲对另一同事丙说："你去告诉她，我真受不了她，请她改一改她的坏脾气，否则我再也不会理她了。"丙说："好，我会处理这件事。"丙果真去找了乙。之后，当甲遇到乙的时候，果然觉得她不再那么盛气凌人了，而且还跟甲友好地打招呼。在以后的日子里，乙变得和气又有礼貌，与从前相比，简直是变了一个人。甲就向丙表示谢意，并且好奇地问："你是怎么说服她的？"丙笑着说："我只是跟她说，有好多人都称赞她，尤其是你，说她又温柔又善良，不光人长得漂亮，脾气也好，人缘也好！如此而已。"

　　称赞，往往就会这样，让自己于无形中化解一份恩怨，赢得一份谅解与友情。因此，这就更需要我们能够学会发现他人的闪光点，学会给予恰当的赞美。批评和指责别人，只能给别人带来更大的怨怼和不满，非但很难解决问题，而且很容易让人与人之间关系恶化。相反，如果采用赞美的方法，问题就容易解决得多。所以，在人际交往中，我们不妨尝试着去赞美别人，努力去挖掘他人的亮点。称赞他人，也会给我们自己赢来一份美丽的心情。

第四章　心如止水，人生何必太计较

不计较，练达宽容

　　宽容是一种处世哲学，宽容也是人的一种较高的思想境界。学会宽容待人，也就懂得了宽容待己。

　　宽容是一种坚强，而不是软弱。宽容是以退为进、积极防御。宽容所体现出来的退让是有目的、有计划的，主动权掌握在你的手中。无奈和迫不得已不能算是宽容，宽容的最高境界是对众生的怜悯。切忌唠叨。虽然唠叨是一种关心，但这种过分的关注往往是不信任的表现，结果会适得其反。批评别人之前，首先要寻找出一个甚至多个自己在这一问题上做得不够或不对的地方。

　　从心理学角度看，任何想法都有其来由。宽容就是在别人和自己意见不一致时，不要固执之见。任何人都有自己对人生的看法和体会，我们要尊重他们的知识和体验，积极汲取其精华。

　　宽容就是不计较，事情过去了就算了。每个人都犯过错，如果执着于其过去的错误，就会形成思想包袱，不信任、耿耿于怀、放不开，这样既限制了自己的思维，对别人也是一种阻碍。

　　背叛固然是能给我们造成巨大伤害的一种敌对行为，但它也并非不可容忍。能够承受背叛的人才是最坚强的人，也将以他坚强的心志在生活和工作中占据主动，比威严更能够给人以信心、动力，因而更能制止危机的蔓延。

　　宽容不是纵容。否则，对方会一而再、再而三地犯禁，因为你的纵容，恰恰显示了你的软弱。给一次机会并不是纵容，不是免除对方应该承担的责任。任何人都需要为自己的行为负责，任何人都要承担各种各样的后果。

宽容是一种需要操练、需要修行才能达到的境界。有人说，宽容是软弱的象征。其实不然，有软弱之嫌的宽容根本称不上是真正的宽容。气愤和悲伤是心胸狭窄的影子。学会宽容，意味着你不会再为他人的错误而惩罚自己。

生气的根源不外乎是别人所做的事，侵犯、伤害了自己的利益和自尊心，于是勃然变色，怒从心起。此种反应无非是在惩罚自己，于己毫无益处。

学会宽容，意味着你不会睚眦必报，从而拥有一份潇洒的风采。在人类历史的进程中，党同伐异的事不胜枚举。其实质源于人自高自大的狭隘心理，每个人都或多或少带有自以为是的倾向，对与自己不同的见解、行为，一概排斥、贬低，甚至明枪暗箭，弄得自己也神经紧张，终日心事重重。要知道，以宽容心来处世，也要宽容地接受各种思想意识。想要将自己的思想强迫推销给别人，去改变别人，只会给自己带来烦恼。要培养自己活得自在、也让他人活得舒畅的涵养。学会宽容，意味着你不再患得患失。

宽容，也包括对自己的宽容。只有对自己宽容的人，才可能对别人宽容。承认自己在某些方面不行，才能扬长避短，才能心平气和地工作与生活。

心平气和，不浮躁

老一辈人说得好："所有人的加减乘除，最后的得分都是一样的。"其实，所有的这一切都是组成完整人生必不可少的内容，有大起就会有大落，太平顺就难免乏味。

所以，要以平常心做事，以平常心待人，心平气和，不浮躁，生活才会充实而美好。日守平常心是一种姿态，一种气度，这种气度从生活的细微之处就可以表现出来。这种心态教会我们以一颗淡定心接受着现实的凝重、琐碎、磨难甚至屈辱。任何风动、幡动，都终会化成虚无的过眼云烟。

奥地利作曲家舒伯特说过："只有那些能安详忍受命运之泰者，才能享受到真正的快乐。"当我们处于不可改变的境遇时，只有用平常心面对，从容地开拓，才能求得快乐宁静。

一对老夫妇谈恋爱时，粮店里的米与副食店里的肉、豆腐和百货店里的肥皂、布匹以及煤铺里的煤等生活物资均要凭票供应，普通人家的生活清苦至极。男方的家在城郊的小菜园里，用现在的话来说，那里是当地的蔬菜基地。

女孩第一次"访地方"（当地将女方到男方家里去了解情况称为"访地方"）时，男方留她和媒婆吃午饭。菜很简单，只有两道：几个荷包蛋外加一碗萝卜丝。其中，鸡蛋是向邻居借的，萝卜则是自己种的。

在回家的路上，媒婆说男方既穷又小气，劝漂亮的女孩不要嫁过来。女孩却说男方煮的萝卜丝很好吃，说明他很能干。

过了一段时间，当女孩一个人来找男孩时，男孩刚好捉了一些鲫鱼。招待女孩的菜仍然是两道：除了油煎鲫鱼外，还有一碗红烧萝卜。吃饭时，女孩称赞男孩的萝卜做得很有特色，并说自己很喜欢吃萝卜。男孩说："是吗？你下次来我请你吃另一种口味的萝卜。"

在后来的交往中，女孩尝尽了男孩所做的不同口味的萝卜：清炒萝卜、清炖萝卜、白焖萝卜、糖醋萝卜、麻辣萝卜、萝卜干和酸萝卜等。再后来，女孩就成了这些萝卜的俘虏，嫁给了男孩，并一起走到现在。

有人问老太太："当时为何不嫁给那些有条件煮肉、炖鸽、杀鸡的男孩，却嫁给那个只会烹饪萝卜的男孩？"老太太说："当时我认为，一个男人在那种清贫的日子里竟能够把一种普通的萝卜烹饪出甜酸苦辣咸等几种不同的口味而令我大饱口福、弥久难忘，那么他同样能够将清贫的日子调理得色彩斑斓。谈婚论嫁，既要注重眼前，更要注重将来。这不，如今我和他结婚已三十多年了，你看我们吵了几次架？也没有过那样动不动就闹离婚的经历。日子虽然过得平淡了一点，但平淡中更能见真情啊！"

故事中的男孩虽然清贫，却是有心之人；而女孩则是拥有一颗善良之心的女孩。他们之间的爱情没有被庸俗占领，他们彼此都拥有一颗如圣者般的平常心。

常言道：家有良田万顷也是日食三餐，家有广厦万间，也只能夜宿一床。水满则溢，月盈则亏，世人虽然也明白这其间的真意，但往往世事多烦扰，清新的心智因此蒙蔽，从容的步履由此蹒跚。"高山仰止，景行行止，虽不能至，心向往之。"我们可以不是圣人，可以不是伟人，也可以不是英雄和智者，但心灵要与他们等高。心如圣者，即使行不能企及，但已足够令自己身处无上、无敌的境界，即使遇到令心灵再烦乱的事情，也能平和善待，做到度己度人。

1944年冬天，德国纳粹终于被苏军打败了，数以百万计的德国兵成了俘虏。在莫斯科的大街上，每天都有一队队的德国战俘面容憔悴地走过。这时，所有的马路都挤满了人。苏军士兵和警察警戒在战俘和围观者之间。围观者大部分是妇女，她们当中的每一个人，都是战争的受害者，每一个人，都和德国人有着一笔血债。因此，当俘虏们出现时，她们那平时勤劳的双手都攥成了拳头，眼中充满仇恨。士兵和警察们竭力地阻挡着她们，害怕她们控制不住自己的冲动。

这时，令人意想不到的事情发生了：

一位满脸皱纹的妇女，穿着一双战争年代破旧的长筒靴。她走到一个警察身边，希望警察能让她接近俘虏。警察同意了这个老妇人的请求。她到了俘虏身边，从怀里掏出一个用印花方巾包裹的东西。里面是一块黑面包，她不好意思地把这块黑面包塞到了一个疲惫不堪的、眼神中透着绝望的俘虏的衣袋里。然后她转向身后那些充满仇恨的同胞们，平和而慈祥地说："当这些人手持武器出现在战场上时，他们是敌人。可当被解除了武装出现在街道上时，他们就是和我们一样，都只是有父母和子女的普通人。"老妇人说完这些，就静静地离开了。但空气在那一瞬间似乎凝住了，不一会儿，很多妇女便拥向俘虏，把面包、香烟等各种东西塞给他们。

这位老妇人所做的事虽然不属心忧天下、情系苍生的大事业，但她的做法令人万分感动。毕竟事关天下的大事并不多，但是这些看似微不足道的小事，却关系着个人幸福与社会和谐。由此我们也可以悟出一个道理，圣人并不是独一无二、与生俱来的，他们也是凡人经过不断努力修行而来，一个人虽不能成为孔孟一样的圣人，但只要拥有圣人的情怀做平常事，人人皆可称圣。平常心，实不平常。

要想获得良好的平常心态，有一个很好的方法，那就是让心灵留下一片空白，将忧虑、憎恶、不安、罪恶的情绪彻底消除，然后，在心灵呈现空白的同时，立即注入积极、健康的想法。这样，那些负面的想法将无法对你造成影响。久而久之，那些注入脑中的新想法将在你的思想中生根，而且能击退任何负面的想法，届时你的心灵将波澜不惊，你将会永怀平常心。

心平常，自非凡

"心平常，自非凡"，活在当下就需要拥有一颗平常心，能够让自己在更多的时间以及状况下保持情绪的平静。

生活和工作当中，很多人并不是被自己的能力所打败，而是败给自己无法掌控的情绪。人生不如意之事十常八九，在激烈的竞争形势与强烈的成功欲望的双重压力下，许多人往往会出现焦虑、急躁、慌乱、失落、颓废、茫然、百无聊赖等困扰工作的情绪，这种情绪一齐发作，常常会让人丧失对自身定位的能力，变得无所适从，从而大大地影响了个人能力的发挥，使自己的工作效能大打折扣，生活也因此变得混乱不堪。

古人云"宁静以至远，淡泊以明志"，只要沉住气，常怀一颗平常心，就能够开心地活在当下，尽情地超越自我，进而成为一名工作高效与生活平衡的人。

2004年8月21日，在雅典奥运会女子75公斤以上级举重比赛中，在抓举比赛结束后，唐功红的成绩依然靠后，夺金形势堪忧。但好在挺举是她的优势，如果唐功红今天能超常发挥，仍然有机会向金牌发起冲击。挺举比赛开始，在抓举中成功举起125公斤的美国选手哈沃蒂第一把就成功举起了150公斤，第二把又举起了152.5公斤，第三把举起了155公斤，以总成绩280公斤结束了比赛。而在前两次失败后，乌克兰选手维克托第三次终于成功举起了150公斤，也以总成绩280公斤结束了比赛。波兰选手罗贝尔第一把成功举起了165公斤，但第二把在167.5公斤时重心偏后失败，第三次试举也失利，最终以总成绩295公斤结束了比赛。韩国选手张美兰出场第一把就成功举起了165公斤，但在举170公斤时告负，第三次试举时，张美兰举起了172.5公斤，给唐功红夺金增添了难度。

轮到唐功红出场了，抓举落后对手7.5公斤的她，必须奋力一搏。这时候她心里只想着一句话，那是教练对她说过的——拼了，你随意去举，举起举不起都是英雄，死也要死在举重台上。

此时的杠铃重量已是172.5公斤，第一举重心偏后没有成功。第二次登场，唐功红咬紧牙关，成功举起了这一重量，显示了她超群的挺举实力。第三把唐功红要了182公斤，只见她顶住压力，顽强举起了这个重量，最终以302.5公斤拿到了这块金牌，打破了挺举和总成绩的世界纪录。

"拼了，你随意去举，举起举不起都是英雄，死也要死在举重台上。"勇者的气魄在这一刻展现得淋漓尽致。这时候的唐功红心里并没有想着要赢、要胜利，她想的只是尽力而为。

最终，她以一颗平常心收获了沉甸甸的奖牌。

无论做事还是做人，除了要善于抓住时机，懂得运用必要的技巧之外，更需要沉得下心来，对生活保持一颗平常心。

所谓平常之心，就是不能只想成功，而拒绝失败、害怕失败，要能正确对待成功与失败。成功了，不骄傲自满，不狂妄自大；失败了，也应该平静地接受。失败也是生活中不可缺少的内容，没有失败的生活是不存在的。生活中没有常胜将军，任何一个渴望成功的人，都应该平静地接受生活给予的各种困难、挫折和失败。唐功红正是凭借这种心态最后取得了抓举的胜利。

"心平常，自非凡"，心态就是战斗力，越是艰难越要沉得住气，保持从容不迫的心态。在工作中更是这样，只有保持平常心，我们才能保证自己高效率地投入自己的工作和生活。

因此，面对生活与工作中的起起伏伏，都要以平和之心待之，否则，得意的背后往往隐藏着失意。

要保持一颗平常心，要培养顺其自然的心态。你要让自己的心情彻底放松下来，要沉得住气，不要让欲望牵着你到处奔跑，让脚步随着心态走，让浮躁的心安顿下来，你就会体会到海阔天空。事实上，面对生活，你抱持何种心态，直接关系到你的工作效能和生活质量。多一份平常心，对生活就会多一份从容和洒脱。

不强求，随性活着

从懂事以来，我们心中就会有很多梦想和憧憬：追求幸福的生活、期待刻骨铭心的爱情、盼望出人头地、渴求一鸣惊人……可是，别忘了在想到和得到中间，还有一个做到。成功的道路上不但布满诱惑和陷阱，还有神出鬼没的突发状况和不见真身的隐形压力，似乎一切都像是故意折磨我们一样，不管是有意的整蛊还是无意的巧合，都不必忧虑过度，妄自菲薄，该面对的总是要面对，逃得过今天不一定能逃得过明天，凡事顺其自然发展就好。

一位政客到寺庙上香，结识了一位整日待在寺庙中诵经的小和尚。政客问："小师父，每天都待在黑暗的大殿里念经诵佛，不枯燥吗？难道你不愿意到外面的世界去吗？"

刚刚皈依佛门的小和尚不解地问，"为什么要到外面呢？"

"外面的世界多好啊！宽敞明亮，要什么有什么，又何必在这里做苦行僧呢？"

"可我现在也很好啊。我每天一心向佛，佛祖赐我屋檐遮挡风雨，风不吹头雨不打脸，还可以天天和师父交流得道的乐趣。"

"可是你自由吗？"

"……"小和尚沉默了。于是，政客把小和尚带出了寺庙，为他安排在了一处豪华奢靡的人家住下。随后，政客忙于政务，把这件事情忘记了。过了整整一年，政客忽然想起了小和尚，就去看望他。他问小和尚："小师父，你过得还好吗？"

小和尚回答："我佛慈悲，我过得还好。"

"那好，你能说说在这个精彩的世界里的感受吗？"政客很真诚地说。

小和尚长叹一声，说："唉，这里什么都好，我每天早上一醒来看见满院的佛光普照，比起我以前的那个小寺庙好多了。只是，这寺庙太大了。"说话间，小和尚已入定。

小和尚亲近佛法，心中有佛，在不在寺庙对他来说已没有差别。富贵人家的翡翠墙琉璃瓦在他澄澈的眼中闪烁的不是俗气的珠光宝气，而是灿烂瑰丽的佛光。这才是真正的学佛者应有的心态。学佛不是为了把自己交给寺院，而是把自我交托给一种信仰。

其实，不需要去刻意追求什么，也不需要向生命去索取什么，更不要刻意去给自己塑造什么形象，顺其自然一点就惬意一点。

龙王与青蛙一天在海滨相遇，打过招呼后，青蛙问龙王："大王，你的住处是什么样的？""珍珠砌筑的宫殿，贝壳筑成的阙楼，屋檐华丽而有气派，厅柱坚实而又漂亮。"龙王反问了一句："你呢？你的住处如何？"青蛙说："我的住处绿藓似毡，娇草如茵，清泉潺潺。"说完，青蛙又向龙王提了一个问题："大王，你高兴时如何？发怒时又怎样？"龙王说："我若高兴，就普降甘露，让大地滋润，使五谷丰登；若发怒，则先吹风暴，再发霹雳，继而打闪放电，叫千里以内寸草不留。那么，你呢？青蛙！"青蛙说："我高兴时，就面对清风朗月，呱呱叫上一通；发怒时，先瞪眼睛，再鼓肚皮，最后气消肚瘪，万事了结。"

不同的生命个体有着不同的快乐，不同的原因就在于他们对自己生活的一种顺其自然的满足。有些人他们活着，却没有时间去感悟；爱着，却没有定力去相守。他们满足，因为他们没有奢望生活过多的给予；他们简单，因为他们不用在人前掩饰什么。他们也许连幸福是什么都不知道，但就是这份简单和随性让幸福围绕在他们的身边。

世间万事转头空，名利到头一场梦，想通了，想透了，人也就透明了，心也就豁然了。名利是绳，贪欲是绳，嫉妒和褊狭是绳，还有一些过分的强求也是绳。一个人，只有摆脱这些心的绳索，听从内心真切的呼唤，不要被世俗的绳结羁绊，才能享受到真正的幸福，才能体会到做人的乐趣。

❀ 心素如简，人淡如菊

"人淡如菊"是一种平实内敛、拒绝傲气的心境。人淡如菊，要的是菊的内敛和朴实。生活中不缺少激情，但是每个人的激情都是一刹那的事，生活终将归于平淡，人终将归于平淡，一如平实淡定的菊花。人淡如菊，不是淡得没有性格，没有特点，也不是"独傲秋霜幽菊开"的孤傲和清高。人淡如菊，是清得秀丽脱俗，雅得韵致天然的一种遗世独立的从容与淡定。人淡如菊是懂得舍得的洒脱。

人生多秋，总难以事事如意，且无法达到古风再现，毕竟红尘俗事难了，仅有心定的意境却还是能够修到的。随心，随缘，随遇，行到水穷处，坐看云起时。落花无言而有言，人淡如菊心亦素。入眼处皆花，花落无声。人亦淡泊自如，若同那菊。

一个流浪歌手，抱着一把吉他，站在车水马龙的街头唱着一首叫不出名字的歌曲。一曲罢了。他说："我6岁的时候知道自己得了先天性心脏病，无法治愈。妈妈告诉我，以后不能太悲伤，也不能太高兴，因为不论是悲伤还是高兴，都会刺激心脏。"

他笑了，是那种淡得像水一样的微笑。"但是，我还是想做一些努力，为自己筹一些钱，希望能到上海或者北京的大医院去治疗。"

他的歌唱得挺好的，人围得越来越多，给的钱也越来越多。有一个人挤进人群，看了看流浪歌手，大声对他说："骗人的吧，街头像你这样的人多的是，谁知道你有没有心脏病？"

流浪歌手的脸抽搐了一下，又浅浅地笑了。他说："不是我选择了此生，而是此生选择了我。"在场的人似乎并没有听懂。

这是一种旷世的淡然情感，命运之潮非常强大，许多时候并非人力所能扭转，"认命"并不见得是一件坏事。"不是我选择了此生，而是此生选择了我"，这样笑对人生，才能把苦难放下，有责任地去面对多舛的命运。

生活应该是淡淡的，如菊般刚毅，如菊般纯洁，如菊般潇洒，如菊般自傲。不管外界是春夏秋冬，不管诧异或迷惑的眼光，一心坚持自己的理想。为美好的生活、为理想的人生怒放一生的芬芳，尽全力释放人生里极致的美丽。

大部分人的人生犹如平凡的菊花茶，没有闪耀的光环，也不是什么珍贵的品种。菊花茶的人生清淡中透着甘甜，开始品尝的时候或许会有些苦涩，但随后而来的便是清淡的芬芳和耐人寻味的甜美。

生活，并不是只有功和利。尽管我们知道我们大家必须去奔波赚钱才可以生存，尽管我们知道生活中有许多无奈和烦恼。然而，只要我们舍弃功利，拥有一份淡泊之心，量力而行，坦然自若地去追求属于自己的真实，能做到宠亦泰然，辱亦淡然，有也自然，无也自在，如淡月清风一样来去不觉。生活，可以如此轻松。

心若止水，不以物喜不以己悲

物理上常用的"水平"一词，其实是很富有哲理的一个词语。"水平"出自《庄子》，"平者，水停之盛也"。即水真正平了，停住了，就不流了，有一点倾斜就流了。佛中所提到的打坐修道，就是要做到心静水平，做人做事不计较不比较。古人所说的定的境界即止水澄波，像水一样止住不流，清澈见底，但又非死水一潭。这是道德修养的境界所在，这也是修炼包容心胸的智慧所在。

在这里，我们可以了解到修心的方法，即效法水平。止心如水，止水澄波，杂念、妄想、喜怒哀乐一切皆空。

有一个人脾气很暴躁，常常因此得罪别人，而事后又懊恼不已，所以一直想将这暴躁的坏脾气改掉。后来，他决定好好修行，改变自己的脾气，于是花了许多钱，盖了一座庙，并且特地找人在庙门口写上"百忍寺"三个大字。这个人为了显示自己修行的诚心，每天都站在庙门口，一一向前来参拜的香客说明自己改过向善的心意。香客们听了他的说明，都十分钦佩他的用心良苦，也纷纷称赞他改变自己的决心。

这一天，他一如往常站在庙门口，向香客解释他建造百忍寺的意义时，其中一位年纪大的香客因为不认识字，而向这个修行者询问牌匾上到底写了些什么。修行者回答香客说："牌匾上写的三个字是'百忍寺'。"香客没听清楚，于是又问了一次。这次，修行者的口气开始有些不耐烦："上面写的是'百忍寺'。"等到香客问第三次时，修行者已经按捺不住，很生气地回答："你是聋子啊？跟你说上面写的是'百忍寺'，你难道听不懂吗？"香客听了，笑着说："你才不过说了三遍就忍受不了了，还建什么百忍寺呢？"

心若止水，静心凝神，不以物喜，不以己悲，才是释然的极致。

"内保之而外不荡也。"内在心境应该永远保持这个界，不受外界的影响，不管外境界怎样变化，死生存亡，穷达贫富，我们的内心应该学会像止水一样平静，要有修养。

"德者，成和之修也。德不形者，物不能离也。"道德达到这个境界，才真正地成就了和平。内在有了这种道德修养，入世出世，不受万物的影响，都始终凝定在祥和的境界。有大德之人，往往也具备着一颗大定之心。

其实，生活就是心灵的修炼场，凡事顺其自然，遇事处之泰然，得意之时淡然，失意之时坦然，艰辛曲折必然，历尽沧桑了然，方是修身养性之道。

所谓"唯止能止众止"。只有真达到了止的境界、定的境界，才能够停止一切动相。所以人不能得定，心念不能像止水一样澄清，就永远没有智能，永远不能悟道，而生命之流永远不能属于我们自己，我们就永远无法自主，无法掌控自己的人生。所以我们要尝试并学会心如止水的心性修炼，当我们对外界的变化不再急躁与骚动的时候，我们的人生已经成功了一大半。

第五章　不抱怨，不纠结

放松心灵，接受不平坦的现实

在这个世界上，一个人如何才能获得逍遥的自由境界，才是我们所要追寻的。一个人如果自己迷失在物质世界中，如果把自己的真性情流失到世俗之中，那么这个人就是一个本末倒置的人，就无法获得心灵的自由。

因此，一个人要想真正获得自由的逍遥境界，必须看破执着于物、迷失于世俗的虚妄。所谓因由看破自逍遥，看破了这些虚妄的因由，一个人就能获得逍遥的境界。

《我希望能看见》一书的作者彼纪儿·戴尔是一个几乎失明50年之久的女人，她写道："我只有一只眼睛，而眼睛上还满是疤痕，只能透过眼睛左边的一个小洞去看。看书的时候必须把书本拿得很贴近脸，而且不得不把我那一只眼睛尽量往左边斜过去。"

可是她拒绝接受别人的怜悯，不愿意别人认为她"异于常人"。小时候，她想和其他小孩子一起玩跳房子，可是她看不见地上所画的线，所以在其他孩子都回家以后，她就趴在地上，把眼睛贴在线上瞄过去瞄过来。她把她的朋友所玩的那块地方的每一点都牢记在心，不久就成为玩游戏的好手了。她在家里看书，把印着大字的书靠近她的脸，近到眼睫毛都碰到书本。她得到两个学位：先在明尼苏达州立大学得到学士学位，再在哥伦比亚大学得到硕士学位。

她开始教书的时候，是在明尼苏达州双谷的一个小村里，然后渐渐升到南德可塔州奥格塔那学院的新闻学和文学教授。她在那里教了13年，也在很多妇女俱乐部发表演说，还在电台主持节目。她写道："在我的脑海深处，常常怀着一种怕完全失明的恐惧，为了克服这种恐惧，我对生活采取了一种很快活而近乎戏谑的态度。"

然而在她 52 岁的时候，一个奇迹发生了。她在著名的梅育诊所施行了一次手术，使她的视力提高了 40 倍。一个全新的、令人兴奋的、可爱的世界展现在她的眼前。她发现，即使是在厨房水槽前洗碟子，也让她觉得非常开心。她写道："我开始玩着洗碗盆里的肥皂泡沫，我把手伸进去，抓起一大把肥皂泡沫，我把它们迎着光举起来。在每一个肥皂泡沫里，我都能看到一道小小彩虹闪出来的明亮色彩。"

当我们去审视和扣问自己的心灵，能否像彼纪儿·戴尔那样在肥皂泡沫中看到彩虹？生活中的阴云和不测，不知会使多少人活在自怨自艾的边缘，许多人早已习惯了用抱怨和悲伤去迎接生命的各种遭遇。由于自身内心世界的阴晦，使得原本明朗的生活变得泥泞而毫无希望。想想彼纪儿·戴尔这样的人吧，也许我们可以从她们身上学到点什么。用心去感受你眼中的可爱世界吧，阳光下洗碗盆的肥皂泡沫都是五彩缤纷的。

从今天起，请放松你的心灵，做到心性旷达，不被世俗左右，正如《红楼梦》中跛足道人唱过的《好了歌》：

世人都晓神仙好，只有功名忘不了！古今将相在何方？荒冢一堆草没了！
世人都晓神仙好，只有金银忘不了！终朝只恨聚无多，及到多时眼闭了！
世人都晓神仙好，只有娇妻忘不了！君生日日说恩情，君死又随人去了！
世人都晓神仙好，只有儿孙忘不了！痴心父母古来多，孝顺儿孙谁见了？

在这"好"与"了"之间，我们何不做一个放达的人，不为名利所束缚，自由驰骋于天地间，无忧无虑。

人在面临困境的时候，不要抱怨命运，因为抱怨不但会让自己内心痛苦不堪，而且在怨天尤人的愤怒情绪中，只会把事情搞得越来越糟，把解决问题的机会再次错过，抱怨除了使自己对待他人的态度很恶劣以外，还会令自己一事无成。然而，在困境中能够放松自己的心灵，看到自己幸运的一面，不要担心已经无法改变的事实。学会接受不平坦的现实，勇于承担上天带给我们的考验，我们将会在逆境中等到幸运的降临。

毫不抱怨，才能得偿所愿

人人都会犯错，但"没有什么人比那些不能容忍别人错误的人更经常犯错误的"。不幸的是，总有人习惯严于律"人"，一遇到什么不容易的事，就会把责任推到别人身上，抱怨个不停。

于是，他人就成了这些人心中的"地狱"，是一切不幸的罪魁祸首。所谓"牢骚太盛防肠断"，当抱怨他人成为了一个人生活中的必修课时，他的生活就会在这种抱怨中腐败变质，而自己却久而不闻其臭，成了"抱怨"的牺牲品。因此，不抱怨才能让自己的价值在挫折中得到历练与迸发。

南北战争期间，林肯曾经更换了好几次将军——马克克兰、波普、伯恩赛德、胡克，还有米地。这些将军接二连三地失败，几乎使林肯陷入绝境。所有人都在指责林肯用人不当，但林肯"毫不怨天尤人，宽容地保持缄默"。林肯最喜欢说的话就是："你不论断他人，他人就不会论断你。"

1863 年 7 月 1 日，盖茨堡战役开始了，到了 4 日晚上，南军抵挡不住了。李将军带着败兵，冒着倾盆而下的暴雨，逃到了波多马克河边，河水在他面前咆哮，北军在后面追击，南军已经陷入了绝境之中。林肯知道这是取得胜利的天赐良机，只要把李将军打败，战争很快就可以结束了。

于是，他立即给米地将军下了一道命令，要他立刻发动攻击。可米地将军犹豫了。他违背林肯的命令，先行召开紧急军事会议，故意拖延时间，用各种借口拒绝发动攻击。最后的结果是雨停了，风退了，李将军和南军也渡过波多马克河逃跑了！

你自己想象一下林肯愤怒的心情吧！他对着办公室空空的墙壁大声咆哮发泄着心中的愤怒："我的上帝呀，他们就在伸手就可以摸到的地方，在这种情况下，随便什么人都可以打败李将军。可为什么就让他跑掉了呢？难道我的命令就不能让军队向前迈动半步吗？"

极端恼怒的林肯，决定写一封信给米地将军。

亲爱的将军：

我不相信你对李将军逃走一事会深感不幸。他就在我们伸手可及之处，而且，只要他被擒，加上我们最近获得的胜利，战争即可结束。现在，战争势必延续下去，如果上星期一你能顺利擒得李将军，如今他逃到波多马克河之南，他又如何能保证成功呢？企盼你会成功是不明智的，而我也并不企盼你现在会做得更好。良机一去不复返，我实在深感遗憾。……

这封已经表达了林肯愤怒的信，言论措辞还是这么保守自制。想一想米地将军读到这封信的表现吧！

让所有人都感到意外的是，米地将军从来没见过这封信，这是后人在政府的文件堆中偶然发现的。

原来林肯根本没有发出这封信。

永远不批评、责怪或抱怨他人，使林肯赢得了"最完美的统治者"的美誉。以至后来的西奥多·罗斯福总统，也深受其影响。他说，在他当总统时，凡是遇到难解的问题，总会望着挂在墙上的林肯像自问："如果林肯先生能活到今天，会如何解决这个问题呢？他也会把矛头指向别人吗？"

抱怨他人是在出现问题之后最不明智的一种选择，有些人似乎养成了这种恶习，他们动辄批评、指责他人，有些人更以此为乐。一旦出现了问题，他们首先想到的就是射出抱怨之箭，中伤他人。其结果要么伤害他人，要么利箭反弹，弄得自己反遭他人伤害。不抱怨他人，既是一种宽容，也是一种理解，是一个人走向成熟的一个门槛。

学会接受和改变

傍晚时分，过路的神见一位年轻人坐在一块石头上唉声叹气，他的身边放着一担柴火，显然是刚从山上砍下来的。

"年轻人，你有什么事吗？"神不解地问道。

"唉，别提了，每天上山前，我都计划砍两担柴，可是，每次不是体力不支，就是斧子钝了，以至于我的目标从未实现过。因此，我很沮丧，没有一天过得开心的。"

"万事不可强求，如果你顺其自然，不去抱怨，就不会有这么多烦恼了。"神说完，就消失了。

顺其自然，不去抱怨，看似容易做起来却很难，但是如果我们真能做到这一点，肯定会从中获益良多。

在生活中，也经常有这样一些人，他们总是抱怨自己的不如意，生不逢时，并由此而产生了一系列的烦恼。比如说，有的人对自己目前的工作不满意，认为职位低、赚钱少，比不上别人，于是就不断地抱怨，工作常常出错，上司也不喜欢他，同事也觉得他没出息。这样，他就越来越孤独，越来越被单位排挤，越来越远离快乐和成功。

但是，怨恨不是解决问题的好方法，因为它很快就会转变成一种习惯。一个人习惯于觉得自己是不公平的受害者时，就会将自己定位于受害者的角色上，并可能随时寻找借口，即使是别人最无心的话在最不确定的情况中，他也能很轻易地看到不公平的证据。

抱怨会使自己的情绪恶化，看什么都不顺眼，陷入一种自己制造出来的消极情境之中。经常抱怨也会变成一种习惯，遇到压力或不如意之事，便先抱怨一番，这是最可怕的事。

一位伟人曾说："有所作为是生活中的最高境界。而抱怨则是无所作为，是逃避责任，是放弃义务，是自甘沉沦。"不论我们遭遇到的是什么境况，光是喋喋不休地抱怨，注定于事无补，还会把事情弄得更糟。

倘若我们的抱怨毫无理由，就应从根本上改变自己的心态，由消极变为积极，由推诿变为主动，由事不关己变为责任在我。即使我们的抱怨具备十足的理由，还是不要抱怨。在逆境中拼搏能够产生巨大的力量，这是人生永恒不变的法则。当你遇到某一个难题时，也许一个珍贵的机会正在悄悄地等待着你。抱怨并不能解决实际问题，尽快地停止抱怨，只有行动才能解决问题。

因此，从现在开始我们要记住，不要抱怨父母，不要抱怨环境；无法改变环境，就改变自己；改变不了过去，就努力改变未来。

认真完成下面的行动计划，就能很好地帮助我们克服抱怨的弱点。

行动1：写出发生在自己身上的五件事，写下其中自己的抱怨。

对照自己写的内容，抱怨能真正帮你解决问题吗？显而易见，抱怨不能解决任何事情，相反会阻碍我们成功。

行动2：找出一直困扰自己的一件事，我们要像看电影一样回忆其中每一个细节，然后把这段过程转化为滑稽的形式。

找一把高高的椅子坐在上面，然后气定神闲地进行这一过程。如果有个人对自己说了什么坏话，我们就像录像带倒带一样，让那个人说话的速度变快很多，如果不过瘾，我们还可以给那个人安上米老鼠的鼻子和唐老鸭的耳朵，再配上一些古怪的音乐。这样来来回回十遍，再看这个困扰自己的过程，我们会发现这一切变得非常滑稽，会觉得已经失去了抱怨的欲望。

行动3：找一个值得信赖的真挚友人作为倾诉的伙伴，把所有的抱怨、牢骚、不满都发泄出来。

行动4：在一张纸上尽快地写下我们所有的感觉，把我们的每一个意见、思想和感觉尽情发泄在纸上。当我们全部写完之后，把纸撕掉，最好把纸撕得粉碎，换一张再写出来，再撕掉，直到自己感觉不到激烈的情绪为止。

当我们克服了抱怨的弱点后，我们就成了一个内心充满阳光的人，一个时刻感受到快乐和幸福的人。

一个可以把用在抱怨上的时间与精力，都用在纠正自己的缺点获得进步的心思上，你一定会成为一个优秀的人才。不要抱怨，这个世界可以由自己说了算，如果给自己一种抱怨的情绪，那么自己将过着抱怨的生活，如果给自己一种想得开、放得下的姿态，那么世界就会被洒脱的美好所取代。停止抱怨，你会在自我改变中享受到生命的乐趣与人生的意义。

不必为琐事抓狂

不管走到哪里，我们都能发现许多才华横溢的失业者。当我们和这些失业者交流时，我们会发现，这些人对原有工作充满了抱怨、不满和谴责。要么就怪环境条件不够好，要么就怪老板有眼无珠不识才，总之，牢骚一大堆，积怨满天飞。殊不知，这就是问题的关键所在——抱怨的恶习使他们丢失了责任感和使命感，只对寻找不利因素兴趣十足，从而使自己发展的道路越走越窄，在自己的抱怨声中不断退步。

我们可以发现，几乎在每一个公司里，都有"牢骚族"或"抱怨族"。他们每天轮流把"枪口"指向公司里的任何一个角落，埋怨这个、批评那个，而且从上到下，很少有人能幸免。他们的眼中处处都是毛病，因而处处都能看到或听到他们在批评、发怒或生气。本来他们可能只是想发泄一下，但后来却一发而不可收拾。他们理直气壮地数落别人如何对不起他们，自己如何受到不公平待遇等等，牢骚越讲越多，使得他们也越来越相信，自己完全是遭受别人践踏的牺牲品。

事实上，我们很难找到一个成功人士会经常大发牢骚、抱怨不停，因为成功人士都明白这样的道理：抱怨如同诅咒，越抱怨越退步。

李强在一家电器公司担任市场总监，他原本是公司的生产工人。那时，公司的规模不大，只有三十多人，有许多市场有待开发，而公司又没有足够的财力和人力，所以，每个市场只能派去一个人，李强被派往西部的一个市场。

李强在那个城市里举目无亲，生活很窘迫。租了一间破旧的地下室，晚上只要电灯一关，屋子里就有老鼠在那里载歌载舞。没有钱坐车，他就步行去拜访客户，为了等待约好见面的客户，常常顾不上吃饭。

而那个城市的气候也不好，春天沙尘暴频繁，夏天时常暴雨，冬天天气寒冷，这对于李强来说简直就是一个巨大的考验。公司提供的条件太差，远不如李强想象的那样舒适。有一段时间，公司连产品宣传资料都供应不上，好在李强写得一手好字，自己花钱买来复印纸，用手写宣传资料。在这样艰苦的条件下，不抱怨几乎是不可能的，但每次抱怨时，李强都会对自己说："开拓市场是我的责任，抱怨不能帮助我解决任何问题，相反，只会妨碍我前进的速度。"于是，他选择坚持下来。

一年后，派往各地的营销人员都回到公司，其中有很多人早已不堪忍受工作的艰辛而离职了，而李强凭着自己过硬的业绩当上了公司的市场总监。

面对如此恶劣的环境，李强很清醒地选择对自己的工作尽职尽责，而不是抱怨，最终，使他在前进的阶梯上得到了飞速发展。

一个人无论在生活中还是在工作中，都应当选择不抱怨的态度，尊重自己的工作，尽自己的最大努力去争取进步，好工作不是挑出来的，而是干出来的。

抱怨会让人迷失心智，找不到工作的乐趣，也无法融入工作状态中，那么也就没有好的工作成效。所以，任何一个聪明的人都会选择不抱怨自己的工作。

社会是不公平的，但又是公平的，它给我们每个人同样多的机会，它永远遵循社会发展变化的规律性，关键在于操作的人会不会巧妙地利用它，让它为你服务。当你常常为一件小事而郁闷的时候；常常为遭遇到别人的冷眼而放弃的时候；常常在新的东西出现因恐惧而不去做的时候，最终很可能让你失去很多原属于你的机会。一次的失去，两次的失去……于是就有更多的失去，以至于最后永远地失去了。

我们没有必要总抓着生活中一些小事不放手，看到一朵花、一棵草甚至于一滴水都觉得那么伤感，日复一日年复一年地思考一个同样的问题，却永远理不出头绪，也找不到答案。何苦执着于那些虚幻的琐事，为之抓狂，独添伤感，暗自愁闷。心就是一个人的翅膀，心是包容的载体，心有多大，包容的空间就有多大，生命施展的舞台就有多大。

从快乐的起点出发，让乐观压倒悲观

乐观是对抗抱怨的有效方式，乐观的人总是喜欢看到生活中积极的一面，因此不会总跟抱怨过不去。

很多乐观的人都善于控制自己的情绪，让自己活在快乐之中。人生在世，总会遇到很多悲伤与痛苦，如果不能操之在我，掌控自己的情绪，就会成为情绪的奴隶。作家、励志学大师斯摩尔曾经说过："做情绪的主人，驾驭和把握自己的方向，使你的生命按照自己的意图提供报酬。记住，你的心态是你——而且只是你——唯一能够完全掌握的东西。学着控制你的情绪，并且利用积极心态来调节情绪，超越自己，走向成功。"

人的一生不可能总是一帆风顺，在遇到挫折和失败时，保持乐观和幽默的心境，淡然应对，相信战胜挫折和失败将不再是难事。

"八佰伴"曾经是日本最大的零售集团。总裁和田一夫经过长达半个世纪的苦心经营，将一家小蔬菜店发展成为在世界各地拥有 400 家百货店和超市，员工总数达 2.8 万人，年销售额突破 5000 亿日元的国际零售集团。1997 年，正当他努力开拓中国市场之际，留在日本总部坐镇的弟弟因经营不慎，使得整个集团遭遇重大挫折，最后不得不宣布破产。

从国际大集团总裁到一文不名的穷光蛋，从寸土寸金的深院豪宅到一室一厅的公寓，从乘坐劳斯莱斯专车到自己买票乘坐公共汽车……这对于已经 68 岁的和田一夫而言，无异于是从天堂到了地狱。

一时之间，舆论哗然，众说纷纭。有人说他肯定爬不起来了，只能在穷困潦倒中悄悄地了此残生；有人甚至猜测，他应该会自杀，就像很多在一夜之间破产的人一样。然而事实出乎所有人的意料，和田一夫没有一蹶不振，更没有懦弱地选择自杀，反而抖擞精神地"复活"了。他从经营顾问公司迈开第一步，后来又和几个年轻人合作，开办了网络咨询公司。虽然进入的是陌生领域，但凭借努力和过去的经验教训，他的生意一步步红火起来。

对他在人生如此的大起大落面前仍然能反败为胜、东山再起，很多人敬佩之余也十分好奇，认为他一定有什么"秘密武器"。对此，他的回答是，如果说有秘诀，那就是乐观地自我激励。他又解释说，是不断的自我激励使他即使面对巨大失败也没有失去希望，即使处在事业的低潮和人生的谷底仍然相信有光明的前途。在这种乐观信念的支撑下，他决心重新上路。

和田一夫有一套独特的乐观激励方法，即多年一直坚持"心灵训练"。他曾说："如果想真正获得人生幸福的话，就需要有'没关系，一切都会好起来的'这种豁达的想法。"这种心灵的训练是很有必要的。从他涉足商场起，就一直坚持写"光明日记"，记录每天让他感到快乐的事。和田一夫说："如果想使自己的命运好转，就必须不断地用积极向上的语言来鼓励自己，并使自己保持开朗的心情。这是非常重要的。"

除了"光明日记"外，和田一夫还独创了"快乐例会"。在每月的工作例会中，和田一夫规定：在开会前每个人要用三分钟的时间，从这个月发生的事情中找出三件快乐的事情告诉大家。"刚开始的时候，大家很难找出三件快乐的事。后来，养成习惯后，别说三件，人人都想发表十件快乐的事。每月这样延续下来，人人都逐渐露出笑脸。"和田一夫对自己的成绩很自豪，这种别开生面的方式，的确有效地调动了员工的乐观情绪。

乐观的人会因为不抱怨，因为有激励、有梦想而更容易成为一个成功的人。

和田一夫已经向我们证明了这一点。

许多不成功的人不是没有成功的能力与潜质，而是他们在思想上就放弃了。他们在受到挫折时只会暗自神伤，叹息命运不济，而从不给自己打气，他们习惯了"劣势"，久而久之，只有失败与之为伍。

也有一些人并不是不给自己激励，也不是不乐观，而是把对自己的承诺抛在脑后，没有认真地实现当时的目标。他们乐观得过分，以致从不考虑自己的未来，结果乐观就成了他们的缺陷。

人生的变数过于频繁，保持"有质有量"的好心态，保持乐观的精神状态，它会成为支配人们行动的动力，帮助人们在谈笑自如间从容应对种种事情和困难，即使某一次失败了，人们也不会就此一蹶不振。乐观会帮助人们从失败中吸取教训，再次登上成功的巅峰。

用微笑征服世界

卡耐基对微笑有着这样的描述：它在家中产生，它不能买，不能求，不能借，不能偷，因为在人们得到它之前，它是对谁都无用的东西。它在给予人之后，会使你得到别人的好感。它是疲倦者的休息，失望者的阳光，悲哀者的力量，又是大自然免费赋予人们的一种解除苦难的良药。

善于微笑的人是一个不会经常抱怨的人，也是一个具有积极思考力的人。他们往往热爱生活，往往能够在做事情中认真负责。

纽约一家极具规模的百货公司里的一位人事部主任，在谈到他雇人的标准时说，他宁可雇用一个有着可爱笑容，但只有小学学历的女孩子，也不愿意雇用一个冷若冰霜的哲学博士。因为爱微笑的人更容易完成任务，不去抱怨。

斯坦哈德在纽约证券交易所上班，他给人的感觉是很严肃的，在他脸上难得见到一丝笑容。他结婚已有18年了，这么多年来，从他起床到离开家这段时间，他难得对自己的太太露出一丝微笑，也很少与她说上几句话。家里的生活也很沉闷。沉闷的生活让他不得不抱怨生活的空洞。有一天，他得到一位成功学大师的指点，这使他下定决心要改变这种状况。早晨他梳头的时候，从镜子里，看到自己那张绷得紧紧的脸孔，他就对自己说：斯坦哈德，你今天必须要把你那张凝结得像石膏像的脸松开来，你要露出一副笑容来，就从现在开始。坐下吃早餐的时候，他脸上有了一副轻松的笑意，他向太太打招呼："亲爱的，早！"太太的反应是惊人的，她完全愣住了。可以想象，她感到很高兴，当然，也很意外，斯坦哈德告诉她以后都会这样。从那以后，他的家庭生活完全变样了。

现在斯坦哈德去办公室时，会对电梯员微笑着说："你早！"去柜台换钱时，面对里面的伙计他脸上也带着笑容；甚至在他去股票交易所时，面对那些素昧平生的人，他的脸上也带着笑容。

不久，他就发觉人人都反过来开始对自己微笑了。斯坦哈德觉得微笑每天都带给自己许多财富。而且，自从他善于以微笑示人之后，已经好久没有抱怨生活的乏味了。确切地说不是忘记了抱怨，而是喜欢微笑的他已经懂得生活没有什么好抱怨的。

微笑的威力就是如此之大，它能够在潜移默化中改变一个人的生活观念，让一个人由失落找到了通往乐观的出口。

我们也许觉得自己确实该笑了。练习不抱怨的心态，就要练习微笑，要强迫自己微笑。你可以吹吹笛子，或哼哼调子，唱唱歌。做出快乐的样子，那就能使自己快乐。已故的哈佛大学教授威廉·詹姆斯曾说过："行动好像是跟着感觉走的，可是事实上，行动和感觉是并行的。所以你需要快乐时，就要强迫自己快乐起来。"

总之，当生活中有什么不开心的事情时，不要让自己沉浸在烦闷中不能自拔，要学会微笑，学会用一颗微笑的心面对生活，打败抱怨的心绪，征服自己、征服他人。

第六章 随形就势，能方能圆

处世做人，方圆相兼

"方圆"是由老庄的道学中得来，与儒学的"中庸"之道有异曲同工的妙处。方圆与中庸都需要深浅有度，太过圆滑，便是狡猾厚黑。

庄子虽然讲方圆，但他的方圆却有尺度，并不是毫无原则地任人摆布。就比如与一个人在一起，可以跟他很亲近，但是自己的内心有自己的一套原则，也就是随和而不随便，这才是处世待人的最好方法。

外圆内方、深浅有度是一门微妙的、高超的处世艺术，使人们在正义和生活的天平上保持着微妙的平衡。

五代时期，皇帝换来换去，国家动乱。每当一个朝代发生变动，冯道都会被请去辅政，他成了时代的不倒翁，事四姓、相六帝，直到73岁才死，简直是个奇迹。如果说太平时代，冯道能够在政坛不倒或许不稀奇，但在乱世中不倒实在是本事。

首先，此人清廉、严肃、淳厚、宽宏；其次，深谙方圆处世之道，深浅有度、中正平和、大智若愚。冯道曾写诗云："莫为危时便怆神，前程往往有期因。须知海岳归明主，未必乾坤陷吉人。道德几时曾去世，舟车何处不通津。但教方寸无诸恶，狼虎丛中也立身。"言辞中尽显其戒骄用慎之态。

看冯道的应世风格，修道的功夫，不着痕迹，内在方直而外面曲成，这样就是所谓为人处世的"外圆内方"。冯道甚至可以去包容和感化自己的敌人，试问又能有几人有此涵养？

　　事实上，外圆内方，并非老于世故、老谋深算者的处世哲学。圆，是为了减少阻力，是方法；方，是立世之本，是实质。船头不是方形而是尖形或圆形是为了劈波斩浪，更快地驶向彼岸。真正的"方圆"之人是大智慧与大容忍的结合体，有勇猛斗士的威力，有沉静蕴慧的平和。真正的"方圆"之人能对大喜悦与大悲哀泰然不惊。真正的"方圆"之人，行动时干练、迅速，不为感情所左右；退避时，能审时度势、全身而退，而且能抓住最佳机会东山再起。真正的"方圆"之人，没有失败，只有沉默，是面对挫折与逆境积蓄力量的沉思。

　　古语道："处治世宜方，处乱世宜圆，处叔季之世当方圆并用；待善人宜宽，待恶人宜严，待庸众之人当宽严互存。"处在太平盛世，待人接物应严正刚直，处天下纷争的乱世，待人接物应随机应变、圆滑老练，处在国家行将衰亡的末世，待人接物要方圆并济、交相使用；对待善良的人，态度应当宽厚，对待邪恶的人，态度应当严厉，对待一般平民百姓，态度应当宽厚和严厉并用。

　　一个人，天下大事也好，个人做事也罢，要了解自己什么时候该进一步，什么时候该退一步，随时随地知道自处之道。如能做到以上所说的这般圆通又不失原则，既不过于锋芒毕露，又不软弱可欺，在纷繁复杂的人际关系中周旋纵横，那么这个人就可以所向披靡。

　　人生也像大海，处处有风浪，时时有阻力。是与所有的阻力正面较量，拼个你死我活，还是积极地排除万难，去争取最后的胜利？生活是这样告诉我们的：事事计较、处处摩擦者，哪怕壮志凌云，即使聪明绝顶，也往往落得壮志未酬泪满襟的结果。

　　因此，学会方圆处世，不是让我们要学会如何世故做人，而是指导我们如何在与人相处中不会伤害他人，如何让我们更加大度、宽宏地面对人生的挫折与不如意的事情。趋进退止，是为自处的方圆之道，更是包容智慧的练达使用。

外圆内方，练达人情

　　人生方圆，方圆人生，这正如《红楼梦》中所说："世事洞明皆学问，人情练达即文章。"无方，人生便无约束无秩序；无圆，人生负荷太重，便不能自理。"方"，方方正正，有棱有角，指一个人做人做事有自己的主张和原则，不被人所左右。"圆"，圆滑世故，融通老成，指一个人做人做事讲究技巧，既不超人前也不落人后，或者该前则前，该后则后，能够认清时务，使自己进退自如，游刃有余。

一个人如果过分方方正正，有棱有角，必将碰得头破血流；但是一个人如果八面玲珑，圆滑透顶，总是想让别人吃亏，自己占便宜，也必将众叛亲离。因此，做人必须方外有圆，圆中有方。

外圆内方的人，有忍的精神，有让的胸怀，有貌似糊涂的智慧，有形如疯傻的清醒，有脸上挂着笑的哭，有表面看是错的对。

方中有圆，是指在纷纭变化的现象中能不忘本质；在表现个性的同时不忘共性；在静态中不忘动态；在坚持原则的同时不排除适当的灵活性；在遵守道德规范和礼仪、保持文化修养的同时又能不失自己的天真和本色。

而圆中有方，从人生的原则性和灵活性上讲，是指特定条件下的一种处世方法。尤其是在乱世、困境、险境之中，人不能事行直道，不得不小心谨慎，讲究权变。有时为了大的原则、大的利益而不得已牺牲或违背小的原则、小的利益。

管仲原来是辅佐公子纠的。公子纠和齐桓公是兄弟，也是政敌。齐桓公杀了公子纠，管仲不但没有为公子纠殉死，反而给齐桓公当了宰相。有人说管仲不仁，孔子说，管仲这个人是很了不起的。他帮齐桓公九合诸侯，没有使用武力，使天下得到了安定，老百姓如今还受到他的恩惠。如果没有管仲，我们今天很可能都成了野蛮人了。他为天下和国家做出了这么大的贡献，不是一个只知道自己上吊，倒在水沟里默默无闻，白白死去的普通老百姓所能比的。

管仲为齐桓公做事，对公子纠来说是不忠、不仁、不义，从个人处世的角度讲是圆而不方。但是，他为天下国家做出了贡献，为天下百姓尽了大忠、大仁、大义，可以说是圆中有方，没有违背天下的大义、大原则。所以孔子不但没有否定他，还充分肯定了他的伟大功绩。

"方"是做人之本，是堂堂正正做人的脊梁。人仅仅依靠"方"是不够的，还需要有"圆"的包裹，无论是在商界、官场，还是交友、情爱、谋职等，都需要掌握"方圆"的技巧，才能无往不利。

《庄子》中说："矩虽然可以用来画方，但是矩本身却不是方的，所以说矩不可以为方；规虽然可以用来画圆，但规本身却不是圆的，所以说规也不可以为圆。"《算经》中说："方中有圆者，谓之圆方；圆中有方者，谓之方圆。"古人说明了可方可圆的道理。

可方可圆，是为人处世的最高境界。做人也要效法天地，像天那样生生不息，大公无私；像地那样厚朴笃实，宽厚待人。尊与卑、智与愚、贵与贱、得与失，都在方、圆之间。

学会外圆内方，让自己的内心公正、笃定、无私，让自己的外在行为圆融、信人、爱人。这是一种由内而外散发的气质与胸怀。也就是说，一般懂得圆融、和气对外的人，往往需要先修炼好一颗方正厚德的心。

圆融宽厚，与人为善

做人圆融，首先要学会豁达，与人为善。在与人交往的过程中，多一些宽容和忍让，少一些苛责。在与人相处的时候不要放大他人的缺点，也不会放大是非的烦恼。

人之形形色色，事之千变万化，生活中我们常常会遇到不如意的事，这时候于自己，必须学会自己欣赏自己，无须悲观绝望，于别人，在小的地方无须过分坚持，必要时应做出适当的让步，我们需要有一种圆融的性格，对人多存善意，这样双方各让一步，事情往往能得到更好的解决，我们的心境也会变得平衡。

真正的"圆融"之人能对大喜悦与大悲哀泰然不惊。真正的"圆融"之人退避时，能审时度势，而又不失原则。

齐国的孟尝君是战国四公子之一，以养士和贤达而闻名。他的门客有时多达三千人，只要有一技之长，就可投其门下。他一视同仁，不分贵贱。他因养士而在一定程度上保全了国家。

有一次，孟尝君的一个门客与孟尝君的妾私通。有人看不下去，就把这事告诉了孟尝君："作为您的手下亲信，却背地里与您的妾私通，这太不够义气了，请您把他杀掉。"孟尝君说："看到相貌漂亮的就喜欢，是人之常情。这事先放在一边，不要说了。"

一年之后，孟尝君召见了那个与他的妾私通的人，对他说："你在我这个地方已经很久了，大官没得到，小官你又不想干。卫国的君王和我是好朋友，我给你准备了车马、皮裘和衣帛，希望你带着这些礼物去卫国，与卫国国君交往吧。"结果，这个人到了卫国并受到了重用。

后来齐卫两国因故断交了，卫君很想联合各诸侯一起进攻齐国。那个与孟尝君的妾私通的人对卫君说："我听说齐、卫国的先王，曾杀马宰羊，进行盟誓说：'齐、卫两国的后代，不要相互攻打，如有相互攻打者，其命运就和牛羊一样。'如今您联合诸侯之兵进攻齐国，这是违背了您先王的盟约。希望您放弃进攻齐国的打算。您如果听从我的劝告就罢了，如果不听我的劝告，我定要用我的热血洒溅您的衣襟。"卫君在他的劝说和威胁下，最终放弃了进攻齐国的打算。齐国人听说了这件事后，说："孟尝君真是善于处事、转祸为福的人啊。"

孟尝君的宽厚实属一种美好的品质，正是这种品质造就了一个人圆融处世的达观。

待人接物，不能对人过于苛求。送人一轮明月，我们的心中也会沐浴月光，这就是圆融中的宽容；宽容能够容纳万物，能够包含太虚。心旷为福之门，心狭为祸之根。心胸坦荡，不以世俗荣辱为念，不为世俗荣辱所累，不为凡尘琐事所扰，不为痛苦烦闷所惊，就会活得轻松、潇洒、磊落、舒心。

"宽以待人"既是一种待人接物的态度，也是一种高尚的道德品质，它能够化解人和人之间的许多矛盾，增强人和人之间的友好情感。同时，宽厚待人的过程也是提高自身道德修养的过程。

真正幸福的人生，难以圆满。有苦有乐的人生是充实的，有成有败的人生是合理的，有得有失的人生是公平的，有生有死的人生是自然的。喜欢月圆的明亮，就要接受它有黑暗与不圆满的时候；喜欢水果的甜美，也要容许它通过苦涩成长的过程，人生总是一半一半，我们应本着宽厚的气量，在人生的乐、成、得、生中，包容不完美，这才是真正完整的幸福。

任何人的人生伊始，都像一株不起眼的百合，它状如野草，实则内涵秀骨。外界的污秽常会沾染到它，但它如果始终保持坚贞，容纳一切营养，接受一切污秽，用自身的包容来净化秽物，那么它将永远不失其节。

宽厚做人是在为他人送去福音，却也为自己留了后路。每一个人都不应该将宽厚的修养抛却在脑后，而片面地认为宽厚并不能够给自己带来什么实质性的回报。实际上，宽厚为人，是一种圆融处世的至高境界。虽然不求回报，却能在最终求得最好的回报。

刚柔相济，不刚即强

子路向孔子请教什么是刚强，孔子说："你问的是南方人的刚强，北方人的刚强，还是你这样的刚强呢？用宽厚温和的态度教育别人，不报复别人的蛮横无理，这是南方人的刚强，君子属于这一类。顶盔贯甲，枕着戈戟睡觉，在战场上拼杀至死而不悔，这是北方人的刚强，强悍的人属于这一类。所以，君子温和而不随波逐流，这才是刚强啊！君子中立而不偏不倚，这才是刚强啊。国家太平、政治清明时，君子不改变贫困时的操守，这才是刚强啊。国家混乱、政治黑暗时，君子一直到死不改变操守，这才是刚强啊。"

可见，在不同的情况下对于刚强的理解也是不同的，也许在此地为刚，在彼地为柔。但是刚柔相济却是一种无往而不胜的方圆之道，它可使激烈的争论停下来，也可以改善气氛，增进感情。

晚清重臣曾国藩说："天地之道，刚柔互用，不可偏废，太柔则靡，太刚则折。"做人应明此理：该刚则刚，硬如钢；当柔则柔，柔如水。刚柔相济，方能无往而不利。

刚是一种威仪、一种自信、一种力量。由于有了刚，那些先贤们才能独立不惧，坚韧不拔。柔是一种魅力、一种收敛。人也不可无柔，无柔则不亲和，不和就会陷入孤立，四面楚歌，拒人于千里之外。刚柔相济，方是成功之道。

前秦时符坚即位后，任用汉人王猛治理朝政，在近二十年的时间内，先后攻灭前燕、仇池、代、前凉等割据政权，占领了东晋的梁、益两州，把整个黄河流域和长江、汉水上游都纳入了前秦的控制。为了争取支持者，他对各族上层人物极力笼络，如鲜卑族的慕容垂、羌族的姚苌，都委以重任。对符坚这一做法，谋臣王猛曾多次劝说符坚对那些异族重臣要有所制约，甚至还不止一次利用机会，设法除掉这些人。但符坚迷信自己对他们的恩义，阻止他这么做。

在鲜卑贵族慕容垂、慕容泓相继谋反后，符坚仍对自己手下的原前燕国主慕容玮说："卿欲去者，朕当相资。卿之宗族，可谓人面兽心，殆不可以国士期也。"在慕容玮叩头谢过之后，他又说："《书》云，父子兄弟相及也……此自三竖之罪，非卿之过。"但是，慕容玮并未为符坚这一套所感化，在暗中仍企图谋杀符坚来响应起兵复国的慕容氏鲜卑贵族，后来阴谋泄露才被符坚擒杀。符坚这才后悔不听王猛的忠谏，但这时大局已无法挽回了。

这就是做人只知圆，不知方的后果，而历史上的智者则往往方圆并济，成就伟业。

大凡刚烈之人，其情绪颇好激动，情绪激动则很容易使人缺乏理智，仅凭一股冲动去做或不做某些事情，这便是刚烈人的优点，同时又恰恰是其致命的弱点。俗语说："牵牛要牵牛鼻子。"有个成语叫："四两拨千斤。"讲的正是以柔克刚的道理。俗语说："百人百心，百人百姓。"有的人性格内向，有的人性格外向，有的人性格柔和，有的人性格刚烈，各有特点，又各有利弊。然而纵观历史，我们不难发现，往往刚烈之人容易被柔和之人征服利用。为职者需善于以柔克刚。

但"柔"也要注意一定的分寸，当你想施恩于对方，打算做出让步之前，首先考虑你的让步在对方眼里有无价值。若开始你就做出许多微小的让步的话，对方也许不仅不会领情，反而会加强对你的攻势，因为他知道你做出这些小的让步有企图，而且他们并不看重这些让步。

可见，懂得该刚则刚、当柔则柔的人，才是深谙方圆之道的人，也才会使事情向最顺利的方向发展。刚柔相济，这是对包容智慧的巧妙应用。包容不仅需要我们能够包容柔和的东西，也需要让我们意识到刚的重要性。这个世界上的万物，不能够只有刚，也不能够只有柔，只有刚柔相济，共存共生，才能够实现共荣、共强。

顺势而动，识时务者为俊杰

社会环境的任何一次变化，都有可供发展的机遇，紧紧抓住这些机遇，好好利用这些机遇，不断随环境之变调整自己的观念，就有可能在社会竞争的舞台上开创出一片天地，站稳自己的脚跟。

环境的风云变幻，对于竞争者来说，既是危机，又是时机。改变观念，适时而进，可收到事半功倍的效果。相反，观念俗旧，漠然对待，则要付出事倍功半的代价。甚至，一味抱着老观念不放，则可能被挤出社会，在竞争中无容身之地。

社会环境是变化多端的，一大批新机遇产生了，便有一些旧观念制度随之消逝，而观念制度的消逝必然带来部分人定位的危机。所以，每个人在生存的过程中，必须有应变的能力，这是社会环境下的生存之本。

一位官员在一柄精制的竹扇上题了一首唐诗送给了慈禧太后。他题的是唐代王之涣的《凉州词》："黄河远上白云间，一片孤城万仞山。羌笛何须怨杨柳，春风不度玉门关。"可是这位官员一时疏忽，竟然漏掉了一个"间"字。这下子可触怒了慈禧太后，说这位官员有欺君之罪，我是堂堂一国之后，难道还不知道这首唐诗吗？你分明是戏弄于我。这位官员急中生智，急忙说："启奏老佛爷，我所题的并非是一首唐诗，而是一首词。词云：'黄河远上，白云一片，孤城万仞山。羌笛何须怨，杨柳春风，不度玉门关。'"

慈禧一听，觉得很有道理，非常高兴，便重重地赏了这位官员。

这位官员的生死，决定在慈禧太后的一喜一怒间，幸亏这位官员能随机应变，才保住一条性命。

随着情况、形势的变化，掌握时机、灵活应付，这就是随机应变。作为一种能力，一种应付各种场合、情况和变化的能力，这是人们最经常使用的方法之一，同样，它的目的也是为了保护自己，免遭羞辱或灾难。正因为随"机"

应变，所以随时可能用得着，很难预先计划。

　　一个人、一个团体乃至一个国家、一个社会总是处于一个具体的、复杂的、多变的环境之中，面临众多的机遇和挑战。如何在激烈的竞争中立于不败之地，随机应变是一个必不可少的因素。对于个人而言，随机应变是一个人智慧的象征。古书称："随机应变，则易为克殄。"意思是说，跟随时机调整策略就容易战胜对方。

　　随机应变就个人而言具有极其重要的意义，它能使被动转化为主动，不利转化为有利，获得出奇制胜、化险为夷的效果。运用随机应变的优势，其一在于保持创造机遇的主动地位；其二，把被动应付环境变化变为主动制造有利环境。而其最终目的是使自己永远处于主动地位，驾驭事态发展，以实现既定目标。

第七章　懂得变通，退步原来是向前

换一种思路，步入新境

我们可能无法改变生活中的一些东西，但是我们可以改变自己的思路。有时，只要我们放弃盲目的执着，选择理智的改变，就可以化腐朽为神奇。美国科学家贝尔曾说过："创新有时需要离开常走的大道，潜入森林，你就肯定会发现前所未见的东西。"这也就是说我们往往按照自己已经习惯的思维角度来思考问题，从同样的角度出发，我们所拥有的资源总是一样的，就永远要在资源的限制下发展。但如果你能换一个思路去思考，很可能就会有不一样的发现。

大凡高效能的成功人士，踏上成功之途总是从改变思路开始的。

有一家电视台请来了一位商业奇才做嘉宾主持。很多人想听听他成功的方法。他却淡淡一笑，说："还是我出道题考考你们吧。"

"某处发现了金矿，人们一窝蜂地涌了过去，然而一条河挡住了他们的去路。这时，如果是你，你将怎么办？"

有人说绕道走，也有人说游过去。嘉宾只笑不说话，过了很久他才说："为什么非要去淘金呢？不如买船从事运送淘金者的营生。"

众人愕然。是啊，那种情形下，即便你向那些淘金者要高价，他们也心甘情愿呀，因为对岸就是金矿。

成功往往就隐藏在别人没有注意到的地方，假如你能发现它、抓住它、利用它，那么，你就有机会获得成功。困境在智者的眼中往往意味着一个潜在的机遇，愚者对此却无动于衷。

人云亦云、随波逐流往往是我们生活中的陷阱。如果总是大家做什么你也做什么，就无法取得突破。为何不想一下"大家不做什么""大家还没有做什么"呢？这样，在他人忽略的特殊领域，我们便能挖掘出新的产品和服务项目。要想改善生活品质，首先要学会改变思路？不善改变思路就不可能找到成功的路径。

美国康奈尔大学威克教授做过这样一个试验：拿一个敞口玻璃瓶，瓶底朝光亮的一方，放进一只蜜蜂。蜜蜂在瓶口反复朝有光亮的方向飞。它左冲右突，努力了多次，都没有飞出瓶子。尽管这样，它还是不肯改变突围方向，仍旧按原来的方向冲撞瓶壁。最后，它耗尽了气力，累死了。

接着，教授又放进了一只苍蝇。苍蝇也向有光亮的方向飞，突围失败后，又朝各种不同方向尝试，最后终于从瓶口飞走了。

实验虽简单，道理却并不简单。实验的结果告诉我们，有时候，人只要稍微变通一下思路，生命的前景、工作的效率就会大为改观。当工作遇到挫折的时候，你是否常常这样鼓励自己："坚持到底就是胜利。"有时候，这会陷入一种误区：一意孤行，一头撞南墙。因此，当你的努力迟迟得不到预期的业绩时，就要学会改变一下思路。其实，细想一下，改变一下方向又有什么难的呢？

改变一个想法，我们改变的，就不止是自己的那个世界。有人说：心就是一个人的翅膀，心有多大，我们就能飞多远。一条路走不顺畅，可以硬着头皮走下去，也可以放弃原路，另辟蹊径。换一种思维，换一个想法，往往能使人豁然开朗，步入新境，也能使人从"山穷水尽"中看到"峰回路转"和"柳暗花明"。

改变自己胜于苛求环境

人生最大的改变永远来自于自身的重塑，苛求其他，毫无用处。"当我们不再与不可改变的现实抗争时，就会有能力开创更丰富的人生。"一个人是可以通过改变自己来接受任何现实的。

环境的变化，虽然对一个人的命运有直接影响，但是，任何一种环境都有可供发展的机会，紧紧抓住这些机会、好好利用这些机会，不断随环境的变化调整自己的观念，就有可能在社会竞争的舞台上开辟出一片新天地。所以，每个人在经营的过程中，应该做好中途应变的积极准备，这是市场环境下的生存之本，也是强者的生存之本。

美国小说家塔金顿常说："我可以忍受一切变故，除了失明，我绝不能忍受失明。"可是在他60岁的某一天，当他看着地毯时，却发现地毯的颜色渐渐模糊，他看不出图案。他去看医生，知道了残酷的事实：他即将失明。有一只眼差不多全瞎了，另一只也如此，他最恐惧的事终于发生了。

塔金顿面对最糟糕的环境会如何反应呢？他是否觉得："完了，我的人生完了！"完全不是！令人惊讶的是，他很愉快，他甚至发挥了他的幽默感。有些浮游的斑点妨碍了他的视力，当大斑点晃过他的视野时，他会说："嗨！又是这个大家伙，不知道它今早要到哪儿去。"

完全失明后，塔金顿说："我现在已经接受了这个事实，也可以面对任何状况。"为了恢复视力，塔金顿在一年内不得不接受12次以上的手术。要知道手术只能采取局部麻醉。他会抗拒它吗？他了解这是必需的、无可逃避的，只有接受现实。他放弃了私人病房，住在普通病房。他想办法让同房的病友们高兴一点。

当他必须接受手术时，他提醒自己是何等幸运："多奇妙啊，科学已进步到连人眼这样精细的器官都能动手术了。"

塔金顿曾经说："我不愿用快乐的经验来交换这次的体验。"他因此学会了接受，相信人生没有任何事会超过他的容忍度，他也重新认识了一个人适应环境的能力到底有多强。

松树无法阻止大雪压在它的身上，蚌无法阻止沙粒磨蚀它的身体，但松树可以弯曲自己，蚌可以包裹沙子。学会适应环境，这是一种生存的技巧，人类作为万物的灵长又怎能屈居于这些生物之下？正如席慕容所说："请让我们相信，每一条所走过来的路径都有它不得不这样跋涉的理由，每一条要走下去的前途都有它不得不那样选择的方向。"我们也许没有选择的权利，但我们有改变自己的能力。

有些时候，面对一些棘手的问题，应该迫切改变的或许不是环境，而是我们自己。换句话说就是：有些时候，我们不是找不到方法去解决问题，而是在问题面前，我们没有真正做出努力。相信，在完善自己的同时，我们也就找到了解决问题的方法。

所以，在工作中当我们遇到一时难以抉择的困境，与其苛求环境改变，不如先试着将自己改变，及时改变自己的观点和思路，这样才能尽早走出困境，使工作有所起色。

变通做人，圆融做事

变通是一种不会对传统死守的人，是一种接受变化，包容改变的应变之道。圆融做事，则是对外界一切有棱角的事物的包容，主张圆融做事是为了能够在和睦中达到为人做事的目的。变通做人，圆融做事本身就是对包容智慧的深刻解读。

所谓变通，顾名思义，就是以变化自己为途径，通向成功。哲学家讲："你改变不了过去，但你可以改变现在；你想要改变环境，就必须改变自己。"文学家讲："明智的人使自己适应世界，而不明智的人坚持要世界适应自己。"我们每天都面对层出不穷的矛盾和变化，是以不变应万变，还是采取灵活机动的变通方法应万变，这是我们需要确立的一种做人做事的心态。在人际交往中，同样要懂得变通。

东晋明帝时，中书令温峤备受明帝的亲信、大将军王敦的妒忌。王敦于是请明帝任温峤为左司马，归王敦管理，准备等待时机除掉。

温峤为人机智，洞悉王敦所为，便假装殷勤恭敬，综理王敦府事，并时常在王敦面前献计，借此迎合王敦，使他对自己产生好感。

除此之外，温峤有意识地结交王敦唯一的亲信钱凤，并经常对钱凤说："钱凤先生才华、能力过人，经纶满腹，当世无双。"

因为温峤在当时一向被人认为有识才看相的本事，因而钱凤听了这赞扬心里十分受用，和温峤的交情日渐加深，同时常常在王敦面前说温峤的好话。透过这一层关系，王敦对温峤戒心渐渐解除，甚至引为心腹。

不久，丹阳尹辞官出缺，温峤便对王敦进言："丹阳之地，对京都犹如人之咽喉，必须有才识相当的人去担任才行，如果所用非人，恐怕难以胜任，请你三思而后行。"

王敦深以为然，就请他谈自己的意见。温峤诚恳答道："我认为没有人能比钱凤先生更合适了。"

王敦又以同样的问题问钱凤，因为温峤推荐了钱凤，碍于面子，钱凤便说："我看还是派温峤去最适宜。"

这正是温峤暗中打的小算盘，果然如愿。王敦便推荐温峤任丹阳尹，并派他就近暗察朝廷的动静，随时报告。

温峤接到派令后，马上就做了一个小动作。原来他担心自己一旦离开，钱风会立刻在王敦面前进谗言而让王敦召回自己。于是，他在王敦为他饯行的宴会上假装喝醉了酒，歪歪倒倒地向在座同僚敬酒。敬到钱凤时，钱凤未及起身，温峤便以笏（朝板）击钱凤束发的巾坠，不高兴地说："你钱凤算什么东西，我好意敬酒你却不敢饮。"

王敦以为温峤真的喝醉了，还为此劝两人不要误会。温峤去时，突然跪地向王敦叩别，泪眼汪汪。出了王敦府门又回去三次，好像十分不舍离去的样子，弄得王敦十分感动。

温峤刚上任，钱凤真的晋见王敦说："温峤为皇上所宠，与朝廷关系密切，何况又是皇上的舅舅庾亮的至交，实在不能信任。"

王敦以为钱凤是因宴会上受了温峤的羞辱而恶意中伤，便生气地斥责道："温峤那天是喝醉了，对你是有点过分，但你不能因这点小事就来报复嘛！"

钱凤只得快快退出。

温峤终于摆脱了王敦的控制，回到了建康，将王敦图谋叛逆的事报告了明帝；又和大臣庾亮共同计划征讨王敦。消息传到武昌王敦将军府，王敦勃然大怒："我居然被这小子骗了。"

故事告诫我们：做人固然需要正直，但是如果不知变通，就有可能碰钉子，甚至会遭遇不测。人的工作环境，有时候是无法选择的，但是我们要对环境给予充分的理解与包容。在危险或尴尬的环境中工作，头脑一定要灵活，思想要博大，遇事该方则方，不该方时就要圆一些，尤其在遇到将要对己不利的形势时，应将刚直不阿和委曲求全结合起来，随机应变，先保护自己以屈求伸。温峤在处理王敦、钱凤等人的关系中，运用一整套娴熟的处世技巧，不但保护了自己，而且在时机成熟时，对敌人又主动出击，绝不手软。相信，我们一定能从中读出有益的变通与圆融的智慧。

水随器而圆，人随水则变通。如果我们像水那样随着客观情况的变化而变化，该聪明时聪明，该糊涂时糊涂，该行动时行动，该停止时停止，那么，再难的问题也会迎刃而解。这就是包容万物，包容变通所带给我们的福利。

不跟对手硬拼，曲线取胜

在生活中，我们难免会因为一些竞争而与对手针锋相对。矛盾也许不可避免，但是我们没有必要非得跟对手斗个你死我活不可。如果真的躲不过去，也不要跟对手硬拼，要懂得利用智慧和技巧，在方法上变通取胜。

　　聪明的人懂得在危险中保护自己，而只有愚蠢的人才喜欢依靠蛮力，即便耗掉自己全部的精力也要与对手拼个高下，弄得自己没有回旋的余地。

　　在获得成功的道路上，有无数的坎坷与障碍需要我们去跨越、去征服。

　　人们通常走的路有两条：一条路是找出对手的弱点，并改之。用最直接的方法，快速解决问题。另一条路是懂得放弃，不跟对方硬拼，全面增强自身实力，在人格上、知识上、智慧上、实力上使自己加倍地成长，变得更加成熟、更加强大，以己之强攻敌之弱，使许多问题迎刃而解。

　　不跟对手硬拼，也是一种智慧。绕开圈子，才能避开钉子。适当地给对手留有余地，也许可以将对方感化，从而化僵持为友好，将敌人变成朋友。适当地给自己留些余地，我们才有机会东山再起，才能把握住更多的机遇。

第八章 忘却是非，求同存异

和而不同，不盲从附和

《论语》有曰：君子和而不同；小人同而不和。

"和"与"同"是春秋时代常用的两个概念。"和"，和谐，调和，指不同性质的各种因素的和谐统一。如五味的调和，八音的和谐。君子尚义，无乖戾之心，能和谐共处，但不盲从附和，能用自己的正确意见来纠正别人的错误意见，对不合理的事情，就要反对，所以会有不同，故说"和而不同"。"同"，相同，同类，同一。小人尚利，在利益一致时，同流合污，能够"同"；对有损于个人利益的事他不会干，对有利于自己的事则不管是否合于正义他都干，一旦利益发生冲突，则不能和谐相处，更不能用道义来调人情世故，故说"同而不和"。

能够将"和而不同"的气度精彩演绎的人，娄师德当之无愧。

在狄仁杰当宰相之前，有个将军娄师德，曾经在武则天面前竭力推荐过他，但是狄仁杰并不知道这件事，他认为娄师德不过是普通武将，有些瞧不起他。

有一次，武则天故意问狄仁杰说："你看娄师德这人怎么样？"狄仁杰说："娄师德作为将军，小心谨慎守卫边境，还不错。至于有什么才能，我就不知道了。"武则天说："你看娄师德是不是能发现人才？"狄仁杰说："我跟他一起工作过，没听说过他能发现人才。"武则天微笑着说："我能发现你，就是娄师德推荐的啊。"狄仁杰听了，十分感动，觉得娄师德为人厚道，自己不如他。

像娄师德这样的人才算得上真的"和而不同"，这样的人总是把整体利益放

222

在第一位。

"和"是人际关系的理想状态。孔子在这里所主张的君子之"和"，是在承认对立差异的基础上，寻求双方都可以接受的解决方案，从而使双方共生、共存、共发展。这一"和谐"的思想，不仅可以用于处理人与人的关系，也可以处理人与自然、人与社会的关系。

宋代的开国功臣赵普，在原则是非问题上，往往与皇上发生争执，但无论何时，他都始终坚持"和而不同"的做人做事原则。

赵普原是赵匡胤的幕僚，任掌书记，曾与赵匡胤等策划陈桥兵变，帮助赵匡胤登上皇帝宝座。以后又参与制定先南后北、先易后难的统一战略，帮助太祖、太宗二帝一统江山。

有一次，赵普举荐某人做官，宋太祖不肯任用。第二天，他还是举荐那人，宋太祖仍然不肯任用此人。第三天，他又向宋太祖推荐那人，宋太祖发怒了，把奏章撕碎扔到地上，赵普脸不变色，也不辩白，跪下来拾起奏章碎片就回家了。过了几天，他又把被撕碎的奏章贴好，再次像以前那样上奏，宋太祖终于醒悟，就任用了那人。

多少做宰相的人，为私利着想，一切言行都要讨皇帝的欢心，不触怒皇帝。赵普却把治理好国家看成是自己的责任。在与皇帝发生分歧时，只要他认为自己的意见有利于国家，就犯颜直谏。

当然，赵普不是普通人，他做事"和而不同"的出发点是社稷民生。即使我们没有崇高的思想意图，但凡事坚持原则，力避同流合污，还是应该能做到的，否则，一旦流于"同而不和"，将互相损耗。

以非常之量解冤家之结

常言道："多个朋友多条路，少个仇人少堵墙。"人与人之间，只要矛盾还没有发展到你死我活的地步，总是可以化解的。记住中国有句老话："冤家宜解不宜结。"相识就是缘分，还是少结仇为好。

正所谓"得饶人处且饶人"，在人际交往中，最好想办法化敌为友。这样人生之路就会平坦许多，顺畅许多，甚至还可能会有意外的收获。

古希腊哲学家毕达哥拉斯说："要这样生活——使你的朋友不致成为仇人，而使你的仇人却成为你的朋友。"放开眼界，收起报复的心态，以一种大度宽容的方式对待周围的人，即便不能都使其成为朋友，也能避免其站到自己的对立面去。

古时有一位国王在领兵跟敌国作战时，遇到顽强的抵抗。战争异常残酷，持续了几个月之久。

一次，敌方将领想出一个"擒贼擒王"的计策——派一位武士行刺国王。这位武士骁勇机智、行动敏捷，他躲开岗哨，想从马棚进入国王的卧室。不料，国王的马非常通灵，见有生人入侵，便嘶叫起来。这个情况是武士事先没想到的，他拿不准应该杀马灭口、继续冒进，还是脚底抹油、溜之大吉。

国王听见马鸣声有异，估计出了情况，手持宝剑出来察看，发现了刺客。他一声招呼，卫兵们便蜂拥而来。向刺客扑去。武士知道此番性命难保，想举刀自刎，却已经来不及了，被卫兵们捆得结结实实，扔在地上。

这时，卫兵长跑过来，向国王自责疏于防范之过，并请示如何处置这名刺客。

国王走到武士身边，厉声问："你是来偷马的吗？"

武士不明白是什么意思，含含糊糊地答应一声，心里却想：我是来取你性命的，怎么说我偷马呢？

国王回头对卫兵长说："这家伙一定是来偷马的。现在是战争时期，老百姓都很穷，想偷马卖钱，情有可原。把他放了吧！"

卫兵长急忙说："不能放！他明明是来行刺的，不是来偷的，应该将他就地正法。"

国王说："他明明是个偷马贼，为什么说他是刺客呢？我看他也是一条好汉，一定是迫不得已才干这种小偷小摸的事。把他放了吧！"

卫兵长无奈，只好把刺客给放了。

这件事传出去后，人们都称颂国王心胸宽广、爱惜人才。各地的勇士如潮水般涌来投奔他，他的军队实力大增，很快就取得了战争的胜利。后来，国王统一了北方各部，建立了一个强大的王国。

非常之人必有非常之量。不过，虽然原谅仇敌可以带来很大好处，但原谅仇敌并不是一件容易的事，一方面，我们很难克制自己的仇恨心理；另一方面，在操作上很难做到恰到好处——带着鄙视不屑的心理予以原谅，反而会引发新的仇恨。

人在世界上，有一个敌人不算少，有一百个朋友不算多。带着尊重的心理原谅别人，收缴他心中的锐器。让别人对自己有所依赖，或者让自己对别人有所帮助，这样，朋友会越来越多，而仇敌会越来越少，成功就会越来越近。

谅解他人，求同存异

悲观主义者们认为，欲望根植着痛苦，欲望不止痛苦不止，乐观的人则会苦中作乐，品出甘苦背后的甜。然而，无论事实怎样变换，人们都在寻找着痛苦的出口。纵观各种人的痛苦，我们不难发现，痛苦是自身对自身的束缚，当任何事不如己愿时都会造成痛苦，这主要是我们不肯谅解的缘故。

忍着疼痛宽慰别人，也使自己的胸怀更加宽广。如果，你谅解他人，他人则不会给你带来痛苦；如果，你谅解自己，自己也不会因情绪的纠结而痛苦；如果你谅解目光所及的一切，一切都不会给你带来痛苦。你什么时候学会了谅解，也就远离了痛苦。

人生本来就是一个需要我们想得开、放得下的过程。如果对于生活中大大小小的事情，总是挂在嘴上，记在心里，那么最受折磨的不是别人，只是我们自己。因此，不要让自己记性太好，也不要让自己心胸太窄，一切将会向好的方向发展。曹操用他的实际行动证明了这一点。

在我国历史上，以少胜多的著名战例屡见不鲜，官渡之战就是其中之一。

当时曹操仅有七万兵力，袁绍却有七十多万兵力，兵力悬殊可见。为了避其锋芒，曹操采纳智者的谋略出奇兵火烧了袁绍的粮草重地，把袁绍打得落花流水。

由于仓皇出逃，袁绍竟没有来得及处理那些重要密件，密件全部落入曹操手中，其中还有曹操手下一些将领因惧怕袁绍强大而暗中写给袁绍的密信。许多忠将建议曹操把那些写密信的人全部杀掉，以除后患。聪明的曹操却说："大兵压境，袁绍那样强大，就连我也几乎发生了动摇，不能坚定自己的意志，何况他人？"于是，他下令把所有的密信当众烧掉。

正当那些写密信的人心惊胆战地等待处罚时，却没料到曹操如此宽宏大量，不单没有治罪于他们，还把他们通敌的证据全部烧毁了。这件事让他们从内心深处对曹操感恩戴德，从此便死心塌地地为曹操卖力，绝大多数后来成了曹魏的开国元勋。一些敌对势力的谋臣勇将听说曹操如此大度不计前嫌，也都纷纷前去投奔，为他建立宏图大业创造了条件。

曹操火烧密信，是他个人的智慧，也是他的宽宏所致，虽然多有人说曹操多疑小心眼，那也许是身在其位带来的防范心理，但是在这件事上，曹操表现出的宽容却成就了他一世的业绩。曹操因为敢于谅解接近敌军的人，才能让自己的大义征服了即将叛变自己的人，进而创出了在存异中求得了大同的局面。

谅解不是语言上说说就算的事，真正的谅解是从内心里不计较。谅解，需要真诚地接受；谅解，需要坦然地忘却；谅解，需要有退一步海阔天空的胸怀。朋友间的谅解，是一笑泯恩仇的释然；亲人之间的谅解，是亲缘的无可割断；夫妻间的谅解，是吵过嘴后轻轻递给对方的那杯香茶；同事之间的谅解，是大家同心协力完成工作。学会了谅解，你才会真正明白什么叫"反观自己难全是，细论人家未尽非"。学会了谅解，你才能真正享受到"处处绿杨堪系马，家家有路到长安"的潇洒。

谅解，要能容下人世间酸甜苦辣，能化解所有恩怨是非，能坦诚地忘却。在"山重水复疑无路"时，学会宽容，便会"柳暗花明又一村"。学会宽容吧！因为宽容，许多烦恼琐事，便会不战自败，便会自动烟消云散。宽容，会让我们的青春更加美丽！

俗话说，"尺有所短，寸有所长"，人的性格、特长各有差异，在处理人际关系中不能强求一致。人与人要和谐相处，就要有宽广的胸怀，要存异求同、相互谅解。既然我们自身都不完美，那又何必苛求他人完美无缺。

不拿别人的错误惩罚自己

"生气就是拿别人的错误来惩罚自己"，然而真正做到不惩罚自己的人却很少。能够将是非忘却是一种修行，更是一种觉悟。真正做到不生气的境界就在于给自己创造一个善于忘却的脑袋。

不生气真的很难。走在路上被人泼了一身水，也不知道是什么水。虽然对方一个劲地道歉，你也明白人家不是故意的，可是看着自己湿漉漉的衣服，还是忍不住生气：真可恶，怎么这么倒霉！于是一整天都在想这件事，又后悔不已：早知道就早点出门，早知道就晚点出门。结果，到头来还是在生自己的气。过后一想，真是不值得，已经被泼了，再怎么抱怨、后悔都没用，衣服还是湿的。倒不如这样想，人们常说遇水则发。这样一来，就没有什么可生气的了，回家换件衣服，重新开始新的一天。宽恕了他人，宽恕了这件事，不也是宽恕了自己吗？为什么要为一件无法挽回的事而破坏自己一天的情绪，浪费自己的时间呢？

当遇到令自己生气的事情时，先用别的事情来转移自己的注意力，那么生气便在分心中消失得无影无踪了。

一个拥有平和心态的人，总是尽量做到自然，不会在意太多，并总能找到排解烦恼、忧愁的渠道。不拿别人的错误来惩罚自己，对于外在的是是非非，发生就的让它发生，过去的就让它过去，把更多的心思放在是非之后的解决方法上。这样才能够让自己在平静的心态中抵达心想事成的彼岸。

快乐属于善于遗忘的人

有人说快乐很难，可是在更多的人看来，快乐却是如此简单，快乐不需要我们掌握多大的技巧，快乐只需要我们善于遗忘。忘记不开心的事情，忘记惹自己不开心的人，快乐已经如影随形。简而言之，快乐的积极人生属于会忘记、懂宽恕的人。

宽恕是文明的责罚。在有权力责罚时而不责罚，就是宽恕；在有能力报复时而不报复，就是宽恕。做人做事应当拥有这种宽恕的德行，否则很难取得成就。

写过不少美妙的儿童故事的英国学者路易斯小时候常受凶恶的老师侮辱，心灵深受创伤。他几乎一生不能宽恕这位伤害过自己的老师，且又因为自己的不能宽恕而感到困扰。然而在他去世前不久，他写信告诉朋友道："两三星期前，我忽然醒悟，终于宽恕了那位使我童年极不愉快的老师。多年来我一直努力想做到这一点，每次以为自己已经做到，却发觉还需再努力一试。可是这次我觉得我的确做到了。这真是大彻大悟啊！"

从路易斯的彻悟中，我们可以深刻体会到，如果我们的记性太好，总是把曾经的是是非非牢记于心的话，我们受到的将是一生的惩罚。

仇恨的习惯是难以破除的。和其他许多坏习惯一样，我们通常要把它粉碎很多次，才能最后把它完全消灭。伤害愈深，心理调整所需要的时间就愈长。可是久而久之，总会慢慢地把它消灭。

斯宾诺莎说："心不是靠武力征服，而是靠爱和宽容大度征服。"如果一个人能原谅、宽容别人的冒犯，就证明他的心灵是超越了一切伤害的。做人要心胸开阔，对事要思想开明。宽恕人家所不能宽恕的，是一种高贵的行为。

人们在受到伤害的时候，最容易产生两种不同的反应：一种是憎恨，一种是宽恕。憎恨的情绪，使人一再地浸泡在痛苦的深渊里。如果憎恨的情绪持续在心里发酵，可能会使生活逐渐失去秩序，行为越来越极端，最后一发不可收拾。而宽恕就不同了。宽恕必须随被伤害的事实从"怨怒伤痛"到"没什么"

这样的情绪转折，最后认识到不宽恕的坏处，从而积极地去思考如何原谅对方。

有句老话说：不能生气的人是笨蛋，而不去生气的人才是聪明人。

这也是纽约前州长盖诺所推崇的。他被一份内幕小报攻击得体无完肤之后，又被一个疯子打了一枪，这让他几乎送命。当他躺在医院的时候，他说："每天晚上我都原谅所有的事情和每一个人，这样，我才很快乐。"

可想而知，上面这几位人士都有一个共同的特点，就是能够对伤害过自己的人报以谅解的大度。他们懂得只要自己的内心不去计较，世间便不会存在什么仇恨与愤怒。尽管棍子和石头也许能打断我们的骨头，可是他人永远也不能伤害我们，我们会生活得很快乐。忘记惹你生气的人，这样做才是明智的。

第九章 对不同的声音，要心生欢喜

走适合自己的路

生活中，眼睛的枷锁无处不在。我们有大惊喜时，想长啸一声来表达内心的喜悦，责备的眼睛马上浮现，不得不掩上微张的嘴巴。眼睛很讨厌，我们想做什么的时候，它总会出现，像一个一板一眼的教习者一样，用戒尺来衡量行动是否出格。眼睛长在别人身上，却刻在我们心上。它更像一杆指挥的旗帜，众人向东，我们向东，众人向西，我们也向西。

人生太累，是否因为不敢、不去走自己的路，所以只能和众人一起看着同样的风景，只能不断重复别人的路。

一百个人有一百种对生活的理解。只要自己认为对，只要自己觉得值得，又何必在乎世俗的眼光、别人的看法呢？自由的心灵将指引我们幸福的所在。如果我们的心对世人多有怜悯，那便去做吧，管他人怎么说呢。即使被认为是傻子又如何！别人不做的、不愿做的、不敢做的，如果我们的心愿意、渴望去做，那便去做。人生真正的勇气不是压抑自己追随大众，而是跟着自己的心走。

归省禅师担任住持期间，由于天旱，很少有人能拿粮食来养这些僧人，僧人们只能每天喝粥、吃野菜，个个面黄肌瘦。

有一日，住持外出化缘，法远就召集大家取出柜里储藏的面做起饭来。饭还没做好，归省禅师就回来了，小师弟们一下子就消失得无影无踪。归省禅师看到法远居然把应急用的面用了，生气地说："谁让你这么做的？"

法远毫无惧色地说："弟子觉得大家面如枯槁，无精打采，于是就把应急用的面拿出来煮了，请师父原谅。"

归省严厉地说："依清规打三十大板，驱逐出寺！"

法远默默离开了寺院，但他没有下山，而是在院外的走廊上觅了个角落栖息下来。无论刮风下雨，都不曾动摇他向佛的决心。

归省禅师有一次偶然看见他在寺院的角落睡觉，十分吃惊地问道："你住这里多久了？"

"已半年多了！"法远说。

"给房钱了吗？"

"没有。"

"没给房钱你怎么敢住这里。你要住，就得交钱。"

法远默默托着钵走向市集，开始为人诵经、化缘，赚来的钱全部用来交房钱。

归省禅师笑着对大众宣示："法远乃肉身佛也！"

法远是大无畏的，做自己认为对的事，走自己选择走的路。即使犯了清规，即使被驱出寺院，即使受到诸多非难，他仍然不改初心。如法远者，走自己的路需要大无畏的勇气，需要承受磨难的意志，但只要走下去，就有绝美的风景，有身心的愉悦与满足。

别让走自己的路成为一种梦里的奢望。不要太在乎他人的怀疑与误解，梦想是自己的，路也是自己的，没有人会真正知道自己的内心所想。做个了解自己、坚定自己的人。勇敢地走适合自己的路，才是正确的选择。

不要太在意别人的看法

在这个世界上，没有任何一个人可以让所有人都满意。跟着他人的眼光来去的人，会逐渐暗淡自己的光彩。

道理很简单，生活在别人的眼光里，我们往往就很难找到属于自己的人生道路。其实，每个人的眼光都有不同。面对不同的几何图形，有人看出了圆的光滑无棱，有人看出了三角形的直线组成，有人看出了半圆的方圆兼济，有人看出了不对称图形特有的美……

面对我们自身的特点，千人千面，千面有千语。不去在意他人的眼光，用自己的坚守证明自己的正确。

西莉亚自幼学习艺术体操，她身段匀称灵活。可是很不幸，一次意外事故导致她下肢严重受伤，一条腿留下后遗症，走路有一点跛。为此，她十分沮丧，甚至不敢走上街去。作为一种逃避，西莉亚搬到了约克郡的乡下。

　　一天，小镇上的雷诺兹老师领着一个女孩向西莉亚学跳苏格兰舞。在他们诚恳的请求下，西莉亚勉为其难地答应了。为了不让他们察觉自己残疾的腿，西莉亚特意提早坐在一把藤椅上。可那个女孩偏偏天生笨拙，连起码的乐感和节奏感都没有。

　　当那个女孩再一次跳错时，西莉亚不由自主地站起来给对方示范。西莉亚一转身，便敏感地看见那个女孩正盯着自己的腿，一副惊讶的神情。她忽然意识到，自己一直刻意掩盖的残疾在刚才的瞬间已暴露无遗。这时，一种自卑让她无端地恼怒起来，对那个女孩说了一些难听的话。西莉亚的行为伤害了女孩的自尊心，女孩难过地跑开了。

　　事后，西莉亚深感歉疚。过了两天，西莉亚亲自来到学校，和雷诺兹老师一起等候那个女孩。西莉亚对那个女孩说："如果把你训练成一名专业舞者恐怕不容易，但我保证，你一定会成为一个不错的领舞者。"

　　这一次，他们就在学校操场上跳，有不少学生好奇地围观。那个女孩笨手笨脚的舞姿不时招来同学的嘲笑，她满脸通红，不断犯错，每跳一步，都如芒刺在背。西莉亚看在眼里，深深理解那种令人无奈的自卑感。她走过去，轻声对那个女孩说："假如一个舞者只盯着自己的脚，就无法享受跳舞的快乐，而且别人也会跟着注意你的脚，发现你的错误。现在你抬起头，面带微笑地跳完这支舞曲，别管步伐是不是错。"说完，西莉亚和那个女孩面对面站好，朝雷诺兹老师示意了一下。悠扬的手风琴音乐响起，她们踏着拍子，欢快起舞。其实那个女孩的步伐还有些错误，而且动作不是很和谐。但意外的效果出现了——那些旁观的学生被她们脸上的微笑所感染，而不再关注舞蹈细节上的错误。后来，有越来越多的学生情不自禁地加入到舞蹈中。大家尽情地跳啊跳啊，直到太阳下山。

　　西莉亚是个内心很强大的女孩子，她不在乎别人的嘲笑与异样的眼光，她只是在为自己跳着让自己喜欢的舞蹈。她是一个让我们感动的女孩子，她让我们意识到当我们专心做自己的事情时，不要让注意力被他人的眼光所分散，告诉自己要理解他人各种异样的眼光，然后埋头继续做自己的事情就好。

　　人生是一个多棱镜，总是以它变幻莫测的每一面反照生活中的每一个人。不必介意别人的流言蜚语，不必担心自我思维的偏差，坚信自己的眼睛、坚信自己的判断、执着自我的感悟，用敏锐的视线去审视这个世界，用心去聆听、抚摸这个多彩的人生，给自己一个富有个性的回答。

保持对逆言过耳不过心的风度

与别人看法和意见不一致，就去跟别人争辩？这样的想法是错的。因为在你争辩的过程当中，势必会想办法证明自己是对的，别人是错的。

通常情况下，没有人愿意听到别人对于自己的批评和指正，所以即使我们说的是对的，他也未必能够听进去。再者，争论的过程中，每一方都以对方为"敌"，试图以一己的观念强加于别人而根本不把对方的意见放在眼里，最终一定会伤害彼此之间的情感，引发很多不必要的误解。

美国耶鲁大学的两位教授曾经做过一项实验。他们耗费了7年的时间，调查了种种争论的实态。例如，店员之间的争执，夫妇间的吵架，售货员与顾客间的斗嘴等，甚至还调查了联合国的讨论会。结果，他们证明了凡是去攻击对方的人，绝对无法在争论方面获胜。

当别人在和我们谈话时，他根本没有准备听你说教，若你自作聪明，拿出更高超的见解，对方绝不会乐意接受。所以，你不可随便摆出要教导别人的姿态。你的同事向你提出一个意见时，你若不能赞同，最低限度要表示可以考虑，但不可马上反驳。要是你的朋友和你谈天，你更要注意，太多的执拗会把一切有趣的生活变得乏味。遇上别人真的错了，又不肯接受批评或劝告时，别急于求成，往后退一步，把时间延长些，隔一天或两个星期再谈吧。否则大家都固执，不仅没有进展，反而互相伤害感情，造成了隔阂。

许多人因为喜欢表示不同意见，而得罪了同事，所以常常有人认为不要轻易表示出不同意见。这种看法是很片面的。只要你的办法是正确的，向别人表示自己的不同意见，不但不会得罪人，而且有时还会大受欢迎，使人有"听君一席话，胜读十年书"之感。

不被别人的评论所迷惑

今天，人们更注重从自己的兴趣特长出发，选择自己的人生方向。这种选择的过程就是一种决策过程，是将个人特点与事业需求最大限度地相匹配的过程。就像世上没有完全相同的两片树叶一样，世上也没有完全相同的两个人。每个人都具有独特的、与众不同的心理特点，也总存在着一些更适于他做的事业。

对于大多数人来说，总有一些事业更适合他的特点；对于大多数事业来说，也总有一些更适于承担的人。因此，为了获得人生的成功，有必要更多地了解和更准确地认识自己，更多地了解自己的长处和短处，勇于担当外在的批评与不理解的声音。

但是，我们在生活中很难认清自我，因为我们常常会被别人的评论所迷惑，被别人的言论所左右。生活中，我们常常很在意自己在别人的眼里究竟是一个什么样的形象，因此，别人的话语往往成为我们的"圣旨"，轻易改变我们的人生道路，结果让自己抱憾终身。

一个人是否实现自我并不在于别人的评论，而在于他在精神上能否坚持与自主。只要你能够树立他人所没有的目标，那么即使表现得不尽如人意也没有什么。仔细想想，包括我们在内的每一个人，好像一不小心就会犯以上的错误，只不过是程度严重与否的问题。无怪乎有句古话说："自己才是自己最大的敌人。"因为我们总是不断地用别人的言语"迫害"自己。

一名热爱文学的青年苦心撰写了一篇小说，请作家指教。因为作家正患眼疾，青年便将作品读给作家听。读到最后一个字，青年停顿下来。作家问道："结束了吗？"听语气似乎意犹未尽，渴望下文。这一追问，煽起青年的激情，立刻灵感喷发，马上接续道："没有啊，下部分更精彩。"他以自己都难以置信的构思叙述下去。

到达一个段落，作家又似乎难以割舍地问："结束了吗？"

小说一定跌宕起伏、扣人心弦！青年更兴奋，更激昂，更富于创作激情。他不可遏止地一而再、再而三地接续、接续……最后，电话铃声骤然响起，打断了青年的思绪。

电话里有人找作家有急事，作家准备出门。"那么，没读完的小说呢？"青年问。"其实你的小说早该收笔，在我第一次询问你是否结束的时候，就应该结束。何必画蛇添足、狗尾续貂？该停则止，看来，你还没把握情节脉络，尤其是，缺少决断。决断是当作家的根本条件，否则，绵延逶迤、拖泥带水，如何打动读者？"

青年追悔莫及，自认性格过于受外界左右，作品难以把握，恐不是当作家的料。

很久以后，这名青年遇到另一位作家，羞愧地谈及往事，谁知作家惊呼："你的反应如此迅捷、思维如此敏锐、编造故事的能力如此强盛，这些正是成为作家的天赋呀！假如正确运用，作品一定能脱颖而出。"

青年的文学生涯由于别人的几句话而中断，实在令人可惜。但更可悲的是，他没有自己的主见，轻易让别人设定了他的人生。

"一千个人眼里有一千个哈姆雷特。"凡事很难有统一定论，别人的"意见"你可以适当地参考，但绝不可代替自己的"主见"，不要被他人的论断束缚了自己前进的步伐，追随你的热情、你的心灵，它们将带你实现梦想。遇事没有主见的人，就像墙头草，东风西倒，西风东倒，没有自己的原则和立场，不知道自己能干什么，会干什么，自然与成功无缘。

歌剧演员卡罗素美妙的歌声享誉全球。但当初他的父母希望他能当工程师；而他的老师则说他那副嗓子是不能唱歌的。

贝多芬学拉小提琴时，技术并不高明，他宁可拉他自己写的曲子，也不肯做技巧上的改善，他的老师说他绝不是个当作曲家的料。

达尔文当年决定放弃行医时，遭到父亲的斥责："你放着正经事不干，整天只管打猎、捉狗捉耗子的。"另外，达尔文在自传上透露："小时候，所有的老师和长辈都认为我资质平庸，我与聪明是沾不上边的。"

爱因斯坦4岁才会说话，7岁才会认字。老师给他的评语是："反应迟钝，不合群，满脑袋不切实际的幻想。"他曾有过退学的经历。

罗丹的父亲曾怨叹自己有个白痴儿子，在众人眼中，他曾是个前途无"亮"的学生，艺术学院考了三次还考不进去。他的叔叔曾绝望地说，孺子不可教也。

法国化学家巴斯德在读大学时表现并不突出，他的化学成绩在22人中排第15名。牛顿在小学的成绩一团糟，曾被老师和同学称为"呆子"。

如果这些人被别人的评论所左右，怎么能取得举世瞩目的成绩？

罗斯福总统的夫人曾向她的姨妈请教："对待别人不公正的批评有什么秘诀？"她姨妈说："不要管别人怎么说，只要你自己心里知道你是对的就行了。"避免所有批评的唯一方法就是只管做你心里认为对的事——因为你反正是会受到批评的。不要被他人的论断束缚了自己前进的步伐。追随你的热情、追随你的心灵，不被别人设定的强者心态将带你到你想要去的地方。

如果将自己的发展依赖于别人的定位，而没有自己的人生目的，没有自我实现的欲求，就不可能做出一番事业。你的生命，要靠自己去雕琢，你要选择自己的生活道路，确定人生的目标，也就是为自己"人生道路怎么走""朝着什么方向走""最终要达到什么目的"进行设计。

被别人设定，并且照着别人的设定去做的人，他的生命注定只能平淡无奇，一生碌碌无为。而强者对自己的生命充满激情和幻想，并充满了对梦想的坚持，这种坚持需要不去在乎他人反对声的勇气与魄力。不要让别人的定位慌乱了自己的人生定位。

于是，对于他人的理解与支持声，我们心领神会；对于他人的反对与诬蔑，我们就当没有听见。不排斥他人的意见，却更加执着地坚守自己的努力，这样才能够不断地超越自己，达到一个又一个高峰，人生也因此而绚丽多彩。

笑纳他人的建议

很多人不喜欢倾听他人的意见，因为意见中往往含有对自己一些不足的看法。尤其是在竞争者与竞争者之间，一般人更不愿对竞争者的意见表示感激与赞同。包容作为一种不可或缺的人生智慧，不仅仅是一种美德与涵养的体现，更是一种心法的展现。包容不能够成为一个人怯懦的借口，而应该成为一个强者的胸襟。包容能够积蓄更多的力量，完善自我，以德服人。

真正具有包容胸怀的人，往往能够把他人的意见听成是对自己有利的建议。他们不会排斥对自己说出意见的人，反而满是感激有人能够正面指出自己的不足之处。也只有听得进意见的人，才能够与人为善、化解各种矛盾、消除自身的不利因素。纵观古今，凡是能够成就大事者必定在生活与工作中大度践行着"包容"的实质涵义。

比如在工作中，同事与同事之间存在着竞争与合作的关系。作为职场中人，我们更应该多看同事的优点，对于同事提出的意见不要持有不屑的态度。无论同事对自己提出来的意见是对是错，我们应该学会包容接受。这样，才能够在不得罪同事的情况下，让自己有所反省与有所提高。

日本推销之神原一平年轻的时候，有一天，他来到东京附近的一座寺庙推销保险。他口若悬河、滔滔不绝地向一位老和尚介绍投保的好处。老和尚一言不发，很有耐心地听他把话讲完，然后以平静的语气说："听了你的介绍之后，我丝毫没有投保的兴趣。年轻人，先努力去改造自己吧！"

"改造自己？"原一平大吃一惊。

"是的，你可以去诚恳地请教你的投保户，请他们帮助你改造自己。我看你有慧根，倘若你按照我的话去做，他日必有所成。"

原一平接受了老和尚的教诲，他策划了一个"批评原一平"的集会。集会的目的是让别人能坦率地批评自己，所以他确定了三项原则：一是集会要使人人都能畅所欲言，所以人数不能多，以五人为限。二是为了要让更多的人都有批评的机会，每次邀请的对象不能相同。三是既然是自己主动邀请别人来的，来的人就都是贵宾，一定要热诚地招待他们。为感谢贵宾的宝贵意见，会后赠送每人一个小礼品。

一切就绪，原一平立刻去拜访几个关系较好的投保户，他诚恳地说："我才疏学浅，又没有上过大学，因此连如何反省都不会，所以我决定召开原一平批评会，恳请您抽空参加，对我的缺点加以指正。"这些人觉得这种性质的集会很有意思，都很痛快地答应了。

原一平批评会终于开锣了，他觉得自己就像是砧板上的一块肉，等着任人宰割。第一次批评会就使原一平原形毕露：你的个性太急躁了，常常沉不住气。你的脾气太坏，而且粗心大意。你太固执，常自以为是，这样容易失败，应该多听别人的意见。对于别人的托付，你从不知拒绝，这一点务必改进，因为"轻诺者必寡信"。你面对的是各种各样的人，所以你必须有丰富的知识。你的知识不够丰富，所以必须进修，以成为别人的"生活指导者"。待人处世千万不能太现实、太自私，也不能耍手腕或耍花招，一切都应诚实。人与人之间的关系，只有诚实才能维持长久。他把这些宝贵的逆耳忠言一一记下来，随时反省。

原一平批评会按月定期举行，他发觉自己就像一只蚕正在"蜕变"。每一次的批评会，他都有被剥一层皮的感觉。经过一次又一次的批评会，他把身上一层又一层的劣根剥了下来，他逐渐进步、成长。他把在批评会上获得的改进用在每天的推销工作中，业绩直线上升。

正是因为原一平虚心接受他人的批评，听取别人的劝告与意见，他才能成为日本的"推销之神"。

良药苦口利于病，忠言逆耳利于行，所有人在职场中都会犯错误，正因为有了这些苦口之药和逆耳之言，才能逐渐成长，独当一面。相反，假如人们听到的都是奉承和夸奖，就很容易想当然地认为自己全是对的，自满的情绪也会渐渐滋生，这无疑等于给自己吃了毒药，要毁掉自己的职业前途，哪还有什么事业成功可言？

包容接受他人的意见，笑纳他人的批评，我们才能在不断的反思中找到纠正自己、提升自己的有效途径。从这个意义上来说，包容接受他人的意见，就是在接纳自己的成长与进步。

不念旧恶，赢在职场

孔子对于伯夷、叔齐、泰伯这三个人一向非常敬佩，他曾用"伯夷、叔齐，不念旧恶，怨是用希"来称赞他们三位。他们什么样的美德让孔子大为褒扬呢？

"不念旧恶"，就是胸怀广博，对伤害过自己的人不记仇，宽以待之。"怨是用希"则是不把仇恨放在心里面，不怨天尤人。如此，那些曾经伤害过他们的人渐渐也会被他们感化。

以博大的胸襟包容别人的龃龉、排挤甚至诬陷，让对手深感恐慌。从相反的角度去对待别人对你的攻击，往往会有另一番感受：风凉话，可以给发热的头脑"冷敷"；给你穿的小鞋，或许能让你在舞台上跳出曼妙的"芭蕾舞"；给你的打击，仿佛运动员手上的杠铃，只会增加你的爆发力。睚眦必报，只能说明你无法虚怀若谷；言语刻薄是一把双刃剑，以此抱怨，最终也割伤自己。

职场是一个容易滋生人际问题的地方，要想合作愉快，就要心胸宽广，如果心存芥蒂、寸利不让，只会把关系搞得越来越僵。

小刘和小王大学毕业后到了同一家单位工作，两年来互相协作完成了很多工作，是众人眼中的黄金搭档，领导对他们两个人也非常满意。可是不久前单位新公布了一批升职名单，在名单上有小刘的名字而没有小王的。从平起平坐、不相伯仲的同事、搭档，到地位的突变，小王心中愤愤难平，仿佛是被迎头泼了一盆冷水。从那以后，小王看到小刘就觉得别扭，而且越来越不服气，再加上其他同事的"同情"和"关心"，小王越发痛苦不堪，继而对小刘表现出明显的敌意。

对小王的这些举动，小刘并不在意，他还经常说："小王的工作能力其实比我强，只是不善表现自己才让我占了这个便宜。"他在工作中还像以前那样，什么都抢着干，而且还不时客气地问小王是否需要帮忙。这一切令小王十分感动，他也终于意识到了小刘升职是因为人家确实有度量和胸怀，于是满腔的愤懑和不平都渐渐消退，两人和好如初。

当遇到工作中不顺心的事情时，你能像小刘这样用包容去感化你的对手吗？如果能这样，你就有福了，因为假如你发起脾气来，对人家大骂一阵，这固然非常痛快地发泄了你的情感，但你想过这样做的后果吗？你刺耳的声音、仇视的态度，除了让人们疏远你，你又能得到什么呢？也许，有的人认为只要自己有才华就可以傲视天下了。要知道，公司里从来不缺人才。缺少的是一份控制自我的心态，一份达到成功和卓越的心态。一旦你拥有它，你将成为一名从容淡定的优秀员工。

在人与人的交往中，误会在所难免，对此，我们所要表现的不应是对他人的冷落，而要给予他们必要的尊重和谦让，在消除误会的基础上，长期、稳定地携手合作。偶尔的误会可能会造成客户、同事或者上级对我们的不满，但在误会消除后，它带给我们的将会是更融洽的工作环境。尝试宽待他人，就是学会善待自己，这是工作中最聪明的做法。

因此实际上，"成者王侯败者寇"那种非此即彼、你死我活的激烈竞争并不适用于办公室。赢在职场不仅仅依靠能力，更是依靠对他人的理解与包容。

谣言止于智者

谣言很多，常常令我们身陷被动的境地。怎么处理它成为每个人关心的问题，其实对于身陷谣言旋涡中的人来说，最需要的是冷静的头脑，而非沮丧的心情和失望的愤怒。

他人对我们造谣的动机各种各样，但无论是出于嫉妒还是别的阴谋，我们都要保持冷静，绝不能被谣言的制造者打倒。

谣言就是一个纸老虎，智者不会惧怕谣言带来的影响，而会让它消失在无形之中。

南子是卫国国君的宠妃，是个倾国倾城的美人，但是在外面的名声不太好。子路生气的事就是关于这个美人的。从前的一些学者是这样解读这一段的：孔子去会见了南子，子路很不高兴。（我们都知道子路是个急性子，而且耿直。）这一次他大概是劈头盖脸地质问他的老师了，一点也不给孔子面子。急得孔子赌咒发誓说："我要是做了什么伤天害理的事，那真是要天打五雷轰！"其实，子路听说孔子去见了南子，很着急也很生气，主要是担心老师的声誉被毁。但是孔子并不这样认为，他说："子路啊，你不要人云亦云。难道你不知道人言可畏吗？别人说南子不好——是个天厌之的人，但是我见了她觉得她很好，并不是外面所传说的那样。"

在这里我们能够看到一个智者的修养：背后不胡乱说他人是非，而且让谣言止于智者。

有一个人急急忙忙地跑到苏格拉底那儿，对苏格拉底说道："我有个消息要告诉你……"

"等一等，"苏格拉底打断了他的话，"你要告诉我的消息，用3个筛子筛过了吗？"

"3个筛子？哪3个筛子？"那人不解地问。

"第一个筛子叫真实。你要告诉我的消息，确实是真的吗？"

"不知道，我是从街上听来的。"

"现在再用第二个筛子审查吧，"苏格拉底接着说，"你要告诉我的消息就算不是真实的，也应该是善意的吧。"

那人踌躇地回答："不，刚好相反……"

苏格拉底再次打断他的话："那么我们再用第三个筛子，请问，使你如此激动的消息很重要吗？"

"并不怎么重要。"那人不好意思地回答。

苏格拉底说："既然你要告诉我的事，既不真实，也非善意，更不重要，那么就请你别说了吧。这样的话，它就不会困扰你和我了。"

这就是智者的胸怀，让扰乱人心的谣言到我们这里戛然而止。否则口口相传，后果就不堪设想了。在20世纪的旧上海，阮玲玉可以说是名噪一时的名角。但是这位才华卓绝的女演员却因为不堪忍受流言飞语而自杀，在25岁的花样年华香消玉殒。她走得匆忙，也留给我们诸多揣测，难道她年轻生命的代价还不能让世人警醒吗？

人在社会中，总难免会遇到各色人等，也难免会遇到谣言，但是面对闲言碎语我们要有足够的理性，千万不能火上浇油，也不要轻易相信这些人云亦云的传谣者，要学习圣人的理智与大度，对于谣言要学会练就"静"的忍耐力以及"容"的淡定力。以这样的态度面对谣言，谣言也就不攻自破了。

❀ 大度地面对指责

"端人家的碗，受人家的管"，这是一位打工仔的心得体会。虽然他的认识有失偏颇，但也说明了一些问题，表达了一部分人的心声。其实，从某种意义上讲，受别人管未必不是一件好事。

作为下属，无论多么优秀，不可避免会有缺陷。在工作中出现差错是难免的，被上司批评是正常的。虽然对上司的指责心怀不悦，甚至会产生辞职不干的念头，但是，凡事应该从多角度进行考虑，在挨训斥这件事上不妨想一想："上司的职责就是管理部下。""做着人家的事，拿着人家的工资，挨点骂算什么？"脸皮厚些就不会生气、窝火了。你还可以从另一方面想一想，上司是把你当作公司的一员、工作上的伙伴来看待，如若不然，炒你鱿鱼就可以了，没有必要与你较真。这样一想，你的心里就舒服多了，而且从上司的训斥中你还可以学到一定的业务知识或为人处世的经验。

受到上司批评时，应该表现出诚恳的态度，让上司知道，我们从他的批评中确实接受了什么，学到了什么。最让上司恼火的，就是他的话被你当成了耳旁风。如果你对上司的批评置若罔闻，依然我行我素，这种效果也许比当面顶撞更糟，因为这表明你的眼里没有领导。

下属要科学地面对批评，坦诚地面对指责。上司批评你，必定有他的道理，错误的批评也有其可接受的出发点。更何况，有些聪明的下属善于利用批评。也就是说，受批评才能了解上司，接受批评才能体现对上司的尊重。批评的对与错本身有什么关系呢？比如说错误的批评吧，对你的晋升来说，其影响本身是有限的，你处理得好，反而会成为有利因素。可是，如果你不服气、发牢骚，那么，你这种做法产生的负效应，足以拉大你和上司之间的距离，使你们的关系恶化。当上司认为你"批评不起""批评不得"时，也就产生了相伴随的判断——认为你"用不起""提拔不得"。

受到批评时，最忌当面顶撞，当面顶撞是最不明智的做法。既然是公开场合，你下不了台，反过来也会使上司下不了台。其实，如果在上司一怒之下而发其威风时，你给了他面子，这本身就埋下了伏笔，设下了转机。你能坦然大度地接受批评，他会在潜意识中产生歉疚之情或感激之情。

受到上司批评时，反复纠缠、争辩，希望弄个一清二楚，这是很没有必要的。确有冤情，确有误解怎么办？可找一两次机会表白一下，点到为止。即使上司没有为你"平反昭雪"，也完全用不着纠缠不休。斤斤计较型的下属，是很让上司头疼的。如果你的目的仅仅是为了不受批评，当然可以"寸土必争""寸理不让"，可是，一个把上司搞得筋疲力尽的下属，又谈何晋升呢？

受批评，甚至受训斥，与受到某种正式的处分、惩罚是很不同的。在正式的处分中，你的某种权利在一定程度上受到限制或剥夺。如果你是冤枉的，当然应认真地申辩或申诉，直到搞清楚为止，从而保护自己的正当权益。但是，受批评不同，虽然受到错误的批评，使你在情感上、自尊上、在周围人们心目中受到一定影响，但你处理得好，不仅会得到补偿，甚至会收到更有利的效果。相反，过于追求弄清是非曲直，反而会使人们感到你心胸狭窄，那人们对你只能戒备三分了。

为了使上司尽快息怒，在聆听训导时，要表现出悔意，要面露愧色。不要显示出一副垂头丧气的表情，更不能与上司嘻嘻哈哈、态度不严肃，使上司对你产生一种不好的印象。要以坦率诚恳的语言向上司承认错误、赔礼道歉，并表示尽快改正错误，争取最大限度地弥补损失。

勇于接受上司的批评，对你是有益而无害的。脸皮厚点不吃亏，更不会受到伤害。但最关键、最重要的在于对训斥的原因要认真进行反思，尽快改正错误，使自己不断进步，在挨骂中成长。因为上司总是希望他比你强，能找到你犯错误的地方正好可以显示出他的伟大和聪明，你何不成全他呢？上司对你进行批评时，你要学会忍耐，就算上司有错你也不要与之争辩，忍一忍就过来了，没有什么大不了的，不就是挨一顿批评吗？忘记它不只是策略，更确切地说应该是一种幸福。

　　面对上司的批评，不妨脸皮厚点，那些有益的训导自然是必须采纳与学习的，而对于那些误解引发的责骂你也应低下头仔细聆听。因而有人戏言，"挨骂"是与上司相处时必须练就的一种能力。这种虚心接受挨骂的姿态，就是一种勇于接受批评言论的风度与气度。

第十章 舍得，是最富有的开始

先"舍"才能后"得"

英国退役军官迈克莱恩曾是一名探险队员。1976年，他随英国探险队成功登上珠穆朗玛峰。在下山的路上，遇上了狂风暴雪。这时，他们的食品已为数不多，如果停下来扎营休息，他们很可能在没有下山之前，就会被饿死；如果继续前行，大部分路标早已被大雪覆盖，不仅要走许多弯路，还会被每个队员身上所带的增氧设备及行李等物压得喘不过气来，最终因疲劳而倒下。

在整个探险队陷入迷茫的时候，迈克莱恩率先丢弃所有的随身装备，轻装前行。他的这一举动就意味着在十天里不仅不能扎营休息，还可能因缺氧而使体温下降，导致冻坏身体。那是极其危险的。面对队友的反对，迈克莱恩很坚定地告诉他们："我们必须而且只能这样做，在雪山上，这样的天气十天半月都有可能不会好转，再拖延下去，路标也会被全部掩埋。丢掉重物，就不允许我们再有任何杂念，只要我们坚定信心，就可以提高行走速度，也许这样我们还有生的希望！"最终队友们采纳了他的意见，一路上相互鼓励，不分昼夜前行，结果只用了8天时间，就到达了安全地带。

若干年后，伦敦英国国家军事博物馆的工作人员找到迈克莱恩，请求他赠送一件与英国探险队当年登上珠穆朗玛峰有关的物品，不料收到的却是迈克莱恩因冻伤被截下的10个脚趾和5个右手指尖。当年一次正确的放弃，挽救了所有队员的生命。由于这个选择，他们的登山装备无一保存下来，而冻坏的指尖和脚趾，却在医院截掉后，留在了身边。这是博物馆收到的最奇特而又最珍贵的赠品。

人生的高度是一份知足的恬然，生命的高度是能取能舍、当取则取、当舍则舍、善取善舍的那份安然。很多时候，人们向往去取得，并且认为多多益善，然而，"取"与"舍"取决于有没有敢于舍弃的气魄。迈克莱恩舍弃自己的行囊物资来换取生存的机会，无疑是明智的选择。

大舍大得，小舍小得，最大的舍就是最大的得。人生的心态只在于进退适时、取舍得当。中国雅虎前任总裁曾鸣曾说："一个臭的决策往往是很容易就决定了，而一个好的决策往往在一时之间难以取舍，这是因为你不知道它到底是对的还是错的。"

舍与得之间往往存在着重大的因果联系，要想采一束清新的山花，就得放弃城市的舒适；要想做一名登山健儿，就得舍弃娇嫩白净的肤色；要想永远拥有掌声，就得舍弃眼前的虚荣。梅、菊放弃安逸和舒适，才能得到笑傲霜雪的艳丽；大地舍弃绚丽斑斓的黄昏，才会迎来旭日东升的曙光；春天舍弃芳香四溢的花朵，才能走进硕果累累的金秋；船舶舍弃安全的港湾，才能在深海中收获满船鱼虾。

俗话说："万事有舍必有得。"舍与得就像小舟的两支桨、马车的两个车轮，相辅相成。舍弃是一种痛苦，但也是一种幸福。

放下次要的，留下需要的

我们很多人都有过年前大扫除的经历，当你一箱又一箱地打包时，一定会很惊讶自己在过去短短一年内，竟然累积了这么多的东西。然后懊悔自己为何事前不花些时间整理，淘汰一些不再需要的东西，否则，今天就不会累得你连脊背都直不起来。

人一定要随时清扫、淘汰不必要的东西，只留下自己最有用的，日后才不会变成沉重的负担。人生又何尝不是如此！每个人都在不断地累积东西。这些东西包括你的名誉、地位、财宝、亲情、人际关系、健康、知识等。另外，当然也包括了烦恼、苦闷、挫折、沮丧、压力等。这些东西有的早该丢弃而未丢弃，有的则是早该储存却未储存。我们需要简单生活，而不是负重的生活状态。

"简单生活"并不是要你放弃追求、放弃劳作，而是说要抓住生活、工作中的本质及重心，以四两拨千斤的方式去掉世俗浮华的琐务，把更多的位置空出来放自己需要的东西。

活得简单才能活得自由。简单是一种朴实且散发着灵魂香味的美。现代人的生活太复杂了，到处都充斥着金钱、功名、利欲的角逐。被这些复杂的生活所牵扯，怎么能不疲惫？去除烦躁与复杂，恢复本真，才能让我们的人生找到快乐的光芒。

住在田边的蚂蚱对住在路边的蚂蚱说："你这里太危险，搬来跟我住吧！"路边的蚂蚱说："我已经习惯了，懒得搬了。"几天后，田边的蚂蚱去探望路边的蚂蚱，却发现对方已被车子压死了。原来掌握命运的方法很简单，远离懒惰就可以了。

一只小鸡破壳而出的时候，刚好有只乌龟经过，从此以后，小鸡就打算背着蛋壳过一生。它受了很多苦，直到有一天，它遇到了一只大公鸡。原来摆脱沉重的负荷很简单，寻求名师指点就可以了。

一个孩子对母亲说："妈妈你今天好漂亮。"母亲问："为什么？"孩子说："因为妈妈今天一天都没有生气。"原来要拥有漂亮很简单，只要不生气就可以了。

一位农夫，叫他的孩子每天在田地里辛勤劳作，朋友对他说："你不需要让孩子如此辛苦，农作物一样会长得很好的。"农夫回答说："我不是在培养农作物，而是在培养我的孩子。"原来培养孩子很简单，让他吃点苦就可以了。

有一家商店经常灯火通明，有人问："你们店里到底是用什么牌子的灯管？那么耐用。"店家回答说："我们的灯管也常常坏，只是我们坏了就换而已。"原来保持明亮的方法很简单，只要常常换掉坏的灯管就可以了。

有一支淘金队伍在沙漠中行走，大家都步伐沉重，痛苦不堪，只有一人快乐地走着，别人问："你为何如此惬意？"他笑着说："因为我带的东西最少。"

原来快乐很简单，只要放弃多余的包袱就可以了。

有人这样说过，"简单不一定最美，但最美的一定简单"。最美的幸福生活也应当是简单的生活。幸福的真谛就在于过简简单单，内心纯净的生活。跳出忙碌的圈子，丢掉过高的期望，走进自己的内心，清扫清扫多余的货品，你会发现生活原本就是简单而轻松的。简单生活不是忙碌的生活，也不是贫乏的生活，只是一种不让自己迷失的方法。在这个沉淀的过程中，我们也尝试着放弃一些复杂的东西，让一切都恢复简单的面孔。

其实生活本身并不复杂，复杂的只有我们的内心。而要想恢复简单的生活，就得从心开始，给人生来一次大扫除，净化心灵上的杂质，倾倒怨言的苦水。卡尔逊说："简单生活不是自甘贫贱。你可以开一部昂贵的车子，但仍然可以使生活简化。"这就是说快乐完全来自于我们的内心，不论我们处于怎样的生活之中。

学会时刻清理自己的生活与人生，放下次要的、不重要的东西，留下自己最需要的、对自己最有帮助的东西。有选择性地舍去，才会给自己留出更多的空间收获更多有价值的事物。

懂得休息才懂得如何加速

生活中，常常听到有人抱怨活得太辛苦，压力太大，觉得生活了无生趣，其实，这往往是因为在没有衡量清楚自己的能力、兴趣、经验之前，便给自己在人生各个路段设下了过高的目标，这个目标不是根据个人实际情况制定的，而是通过和他人比较制定的，所以为了达到目标，每天都不得不背着沉重的包袱去生活，不得不忍受辛苦和疲惫的折磨。我们应该舍得放下过多的负担与包袱，舍得给自己留出充足的时间休息，这样才是对自己负责，才是在给自己加速提供动力。

其实，人首先要为自己负责任。了解自己，做你自己，就不必勉强自己，不必掩饰自己，也不会因背负太重的责任包袱而扭曲了自己。如此，就能少一些精神束缚，多几分心灵的舒展；少一点自责，多几分人生的快乐。

歌德曾经说过："责任就是对自己要求去做的事情有一种爱。"只有认清了在这个世界上要做的事情，认真去做自己喜爱的事，我们才会获得一种内在的平静和充实。知道自己的责任之所在，不要强加包袱在自己的身上，就能体会到人生旅途的快乐。

所以，不要把过多的责任压到自己身上，舍不得休息就找不到快乐。为此，我们可以想办法为自己减压，让自己停下来歇一会儿，比如说合理地安排度假时间就是一个非常不错的主意。

在朋友们的眼中，陈鹏是一个特别能"折腾"的女孩子。这个生活在重庆的女子总让大家出乎意料，她的所为实在不能使大家将说话温柔、慢条斯理的陈鹏和那个常常跳槽、独自出游的"不安分"形象结合起来。

"工作—旅游—工作—旅游"，四年来陈鹏就是按照这个时间表来进行的。每当结束了一家公司的工作，陈鹏便给自己放假，然后出外旅游，短则一两个月，长则一年。陈鹏说，这是她梦想中的工作和生活方式，对待工作，她既可以在心情愉快的时候尽情投入，又可以在特别不想工作的时候抽身而出。如此收放自如，怪不得这个小女子乐此不疲了。

陈鹏是个聪明的女孩，她懂得张弛有度，懂得快乐地生活才能有效地工作这个道理。但一定要记住：合理安排度假才能继续更好地工作。

在瑞士，休息是最重要的权利，"会休息的人才会工作"这句话，几乎被瑞士人当成座右铭。一位年轻人对自己能够进入政府部门工作自豪不已。为政府工作在瑞士算是不错的铁饭碗，福利条件好，工资待遇也不低，而且上班时间宽松。

如何安排每年的休假更是瑞士人的头等大事，许多人通常在前一年就开始计划如何安排日程。他们通常不顾手头的工作进展，该休假就休假，就算老板多给加班费也不干，天大的事情都得等度完假回来再办。瑞士人休假是纯粹的休息，不带手机不穿西装，或者上山或者下海，完全换了一种生活环境。

定期出去度假可以为自己减压，能更好地让自己倾听心灵的声音。我们只要到在乡间开辟的休闲旅游景点看看，心境就会舒畅很多。而后，我们会发现自己的工作效率已经在心情放松后，得到了大大的提升。

聪明的人们，舍得为自己留出一些"安逸"的放松时间，放松不是在浪费时间，而是在为我们的工作加油，为我们的生活质量加速。

先有低头，后有抬头

很多人总是喜欢保持一副斗志昂扬的姿态，这样固然能振奋精神，为自己提高战斗力，但有时这是固执和不开化的表现，尤其在遇到难以克服的困难时，如果能够适时地低头，给自己一个反思和调整的机会，也许，下一步你会迈得更远。舍得认输，舍得低头，才能保存实力，为下一步的崛起做好基础。

美国有一位拳王曾说，任何拳手都不可能打败所有的对手，好的拳手知道在恰当的回合低头。因为，及早低头，下次还有赢的机会；如果逞能，对手把自己打死了，或把自己拖垮了，那岂不是连输的机会也没有了吗？

不单单是拳击这种竞技性比赛，生活中还有很多竞争需要我们舍得适时低头。

我们都知道，社会是复杂的，社会中的各种竞争也是纷繁复杂的，其中不乏乱箭和暗器。面对不讲竞争规则的阴损奸诈之人，碰上怀着"谁也别想比我好"的病态心理的嫉妒奸诈之人，我们斗得越凶，就会陷得越深。与其让生命的价值在乱斗中无端折损，不如低个头、认个输，离开是非圈，用自己保存下来的实力，去寻找真正的竞技场。我们应该勇敢而果断地舍弃牵绊我们的不利环境。

此外，生活中常有竞争和角逐，如果深知自己"斗"不过对手，还一味地跟人家"斗"，这样做并没有任何益处，"斗"得越起劲，"斗"得越久，自己就会输得越惨。舍得低头认输，急流勇退，将使我们避开锋芒，以退为进，赢得潜心发展的主动权；将使我们得以冷静下来去认识差距，虚心向对手学习，从而真正打败对手。

美国柯达公司在与日本富士公司竞争时，就颇有自知之明，勇于认输，不跟富士争"第一"。柯达公司甘拜下风，既减少了恶性竞争造成的大量人财物的浪费，又使公司能够根据自己的实际情况制定适宜的发展策略，老老实实向富士取经。结果，柯达快速发展了，成了和富士不分伯仲的胶卷大王。

我们要明白：当知道自己做不到时，就应该及时认输。并不是所有的困难和挫折都可以逾越，并不是所有的机遇和好运我们都可以把握，在明知无力回天、败局已定时，我们不应该不舍得放弃最后的一点已经不是希望的希望。舍得低头，不去坚持下完一盘根本下不赢的臭棋，而是弃之一边，将使我们及早从"死胡同"里走出来，避免付出更惨重的代价。柯达公司已经用他们的实践经验向我们更好地证明了这一点。

也许有人认为，低头就表示宣告失败，低头就表示自甘消沉，这样想其实是错误的。低头其实有它积极进取的内涵，它能使人以退为进，赢得潜心发展的主动权，扬长避短，夺取成功。如果硬认死理，逞强好胜，盲目蛮干，一味地刚强、一味地硬撑，只会给自己带来不必要的伤害，甚至牺牲，最终输掉自己。只有做到审时度势、随机应变、刚柔并济，懂得认输，才能保护自己，立于不败之地。

另外，舍得低头也是一种自我认识，一种积极的自我评价，这使我们在与别人竞争时，在认同他人优势时，也看到了自己的缺陷与不足。面对自己的缺陷与不足，只有舍得认输，才能正视不足。有错误和不足并不可怕，舍得低头、知道自省，就能避免铸成大错，以致抱憾终生；舍得低头，就能及时调整人生的方向，去争取赢的机遇和时间。

总而言之，低头不表明失败、永远不再站起来，在竞争中，舍得低头不失为一种策略，它将使我们摆脱不健康的心理羁绊，使我们调整好位置，进入最佳的心理状态。舍得低头，才能够让自己在该抬头时抬起"高贵"的头，因为低头不是软弱，而是在蓄势待发。

适时放弃，会有加倍的获得

徘徊在人生的十字路口，我们体会着泪水与欢笑、激情与迷茫。当鱼与熊掌不可兼得时，我们该如何取舍？放弃是一种睿智的选择，生活的真谛便在这取舍之间。

放弃作为一种量力而行的睿智，更是一种顾全大局的果敢。放弃并不完全代表着失败和气馁，明智的放弃是为了得到。有时，适时选择了放弃，便选择了成功和获得。

生活里，经常会遇到让我们选择的时候。如果我们单单想到获得，而不想舍弃，那么我们可能失去更多。在恰当的时候，我们主动去舍弃，反而会得到更多。

现在叱咤篮坛的篮球巨人姚明最早是打水球的，他曾是水球守门员。不过那段水球岁月留给他的除了有趣，就是伤心。姚明小时候身高就很高，于是被水球队看中了，因为水球队需要身材高大的守门员，人高手长，封堵的面积才够大。虽然条件不错，但是他回忆说："主要是教练嫌我游得太慢，没办法我就去打篮球了。"

随后，姚明的个子继续猛长，而篮球球技也日益娴熟，最终成为中国家喻户晓的巨星。在做客东方卫视《杨澜访谈录》时，这个大个子笑称要不是自己游得太慢，说不定现在还在打水球……

姚明并不是天生的篮球运动员，是正确的选择改变了他的命运，成就了他在篮球场上的辉煌。我们普通人也一样，有时第一次选择并不一定适合自己，需要我们在以后的人生道路中学会不断选择和放弃。

有所为，就有所不为；有所得，就必有所失。什么都想得到，只能是生活中的失败者。要想获得某种超常的发挥，就必须抛弃许多东西。盲人的耳朵最灵，因为眼睛看不见，他必须竖着耳朵听，久而久之，听力变得很灵敏。生活中也一样，当你的某种功能充分发挥时，其他功能就可能退化。

要想有所获取，必须有所舍弃。可惜很多人在生活中，往往会为是否舍弃一种生活追求而犹豫不决。优柔寡断是不可取的。一个人的精力是有限的，不可能分散到每件事情上。期望所有事情都有好的发展，结果可能一无所成。学会适时放弃，才是成大事者明智的选择；学会适时放弃，我们才能找到自己前进的方向，做最好的自己。

　　放弃，是一种人生境界，只有超然于生命之上的顿悟，才能够让自己获得重生。人处在生命的紧要关头，往往会因为怕死而无谓牺牲，有时候放弃了手上的救命稻草，反而获得了另一种生机。

　　人生亦是如此，当生活强迫我们必须在两难境地做出抉择的时候，必须要放弃一时的眼前心安，而来争取全局。放弃是一种远见，是一种智慧。有所放弃，才会有所收获，才能最少地损害自己的利益，最大地保全自己。有所放弃，才能发现自己执着的人生背后还有一片天空。学会放弃，便会迎来另一种机遇，另一个精彩的世界。

第十一章 放下就是幸福

由心放下，心是幸福的根

境由心造，你的心里有多幸福，你也就会得到多少幸福。幸福不是可以用物质与获得的东西来衡量。幸福不是一种感觉，而是一种生活的态度。

有句话这样说道：心情的颜色影响世界的颜色。现代社会是一个高度竞争的社会，我们很容易就被卷入了各种利益的相互交合碰撞的旋涡之中，这样势必会影响到我们的心情，而心情的好坏与否对于一个人来说至关重要，它会影响一个人在日常生活中的办事效率，甚至会影响到人的身心健康。

我们应该给自己一种可以随时放下的洒脱，让自己随时收获幸福的果子。

方晴是机关的一名女职员。今年 27 岁的她出身于农民家庭，父母均无文化。她自小勤奋好学，家中对她寄予的希望很大，她也想依靠自身的努力使父母生活得更好一些，因此，她自小就埋头苦读，从小学到高中、到大学，她学习都很好。但由于一心读书，方晴很少交朋友，根本没有什么知心伙伴，因此，方晴常感到很孤单、很寂寞。尤其是参加工作后，在机关上班，工资较低，仍旧无法接济父母，她经常自责。

另一方面，她很难与人相处，总是一人独来独往。她也很想与人交往，但又不敢，也不知道怎样去结交朋友。四年前经人介绍和某同事结婚，但两人感情基础不好，常为一些小事吵架。因此，两年来她有一种难以言状的苦闷与忧郁感，但又说不出什么原因，总是感到前途渺茫，一切都不顺心，老是想哭，但又哭不出来，即使遇到喜事，方晴也毫无喜悦的心情。过去很有兴趣去看电影、听音乐，但后来就感到索然无味，工作上亦无法振作起来。

她深知自己如此长期忧郁愁苦会伤害身体，但又苦于无法解脱，而且还导致睡眠不好、多噩梦及胃口不开。有时她感到很悲观，甚至想一死了之，但对人生又有留恋，觉得死得不值，因而下不了决心。

抑郁让方晴徘徊在生与死的边缘。生活在这个世界上，一个人看问题的角度不同，行动不同，其结果也会不同。如果已经意识到自己的心影响了当下的生活，便要想办法去改变它。人们往往有很多解忧的方法。在痛苦的时候，找个朋友倾诉，找些活干；对待不幸，要有一个清醒而客观的全面认识，尽量抛掉那些怨恨、妒忌等情感负担。有一点也许是最重要的，也是最困难的：你应尽一切努力愉悦自己，真正地爱自己，本着这样的初衷，你才可能摆脱低落的情绪，迎接更好的明天。

另一方面来说，其实许多事情过后，你会发现那不过是庸人自扰，根来没有你原先想象的那么复杂、困难。何苦非要与自己过不去，要懂得由心放下。

在遭遇困苦时，乐观的人总会努力想办法让自己快乐起来，让精神的伤痛远离自己。如此，才可以伴着轻松愉悦的心情投入到眼前的事情中，让事情顺利进行。

为了获得幸福，曾经有一个年轻人不惜跋涉千山万水来到普陀山。因为那里生长着一种特殊的植物——幸福藤，只要是得到这种藤的人，都会喜形于色、笑逐颜开，从此不知烦恼为何物。

年轻人历尽千辛万苦的搜寻之后，终于找到了幸福藤，但结果并非传说中的那样——他仍然不快乐。

这天晚上，他在山下的一位老人家里借宿，看着手中的幸福藤，不由得长吁短叹。

他问老人："为什么我已经得到了幸福藤，却仍然不快乐呢？"

老人一听乐了，说："其实，幸福藤并非普陀山才有，人人心中都有，只要你有幸福根，无论走到天涯海角都能得到幸福。"

老人的话让年轻人精神一振，又问："什么是幸福的根？"

老人就说："心是幸福的根。"

年轻人恍然大悟，最后笑了。

人生一世，草木一秋，能够快快乐乐、开开心心地过一生，这是每个人心中的一个梦。"心是快乐的根"，快不快乐，幸不幸福，全由自己而定。每个人总是习惯看重自己的痛苦，而常常忽略别人的痛苦。当自己痛苦不堪的时候，要是能够换一个心境来思考，痛苦的程度就会大大减弱。当自己兴高采烈的时候，应多向上比，会越比越进步；当自己苦恼郁闷的时候，应多向下比，会越比越开心。人生最可怜的事，不是生与死的诀别，而是面对自己所拥有的，却不知道它是多么的珍贵。

境由心造，你的心里有多幸福，你也就会得到多少幸福的感觉。这是世界上最容易做到的事情。你要是告诉自己什么事情都不顺利，没有什么事情让自己满意，那么，你肯定开心不起来。但是，如果你对自己说"事情进展良好，生活也不错，所以我选择开心、放下不愉快"，那么，你就会快乐起来，心情好了，手中的难题在乐观与积极的陪伴下，也会迎刃而解。

无论生活给我们笑脸，还是给我们苦酒，我们都要保持一种快乐的心情，放下扰乱自己心情的杂念纷扰，做个随时放下、适时幸福的人。

简化生活，享受快乐

当今社会日趋繁华，喧嚣之中多了一份前所未有的诱惑。人心的弱点所在，让很多诱惑难以抵制。我们的生命就在这诱惑之中变得沉重与浮躁，变得复杂与无奈，甚至让我们忘记了活着的意义。

纷繁的诱惑产生的是无休无止的欲望。当我们攀上了一个顶峰，总会发现还有一个更高的山峰。不断地攀越，不断地追寻，人生就在这无穷的诱惑之中悄然逝去。最终发现，我们的一生剩下的只是沉重的负担。

而快乐人生的真谛却在于简简单单的幸福。在满足生活的必需之后，不去追求过多的奢华，只享受简单而又快乐的生活。也许粗茶淡饭、俭衣陋居在别人的眼里看起来是那么寒酸，但我们要知道，生活是自己的享受，而不是别人眼中的华彩。我们在为自己而活，而不是为了他人。

一个人去沙漠中寻找宝藏，可是宝藏没找到，所带的食物和水却都已经没有了。没有食物，也没有水，身上更没有一丝力气，他只能静静地躺在那里等待死亡的降临。

在死的前一刻，他向神做了最后的祈祷："神啊，请帮助我这个可怜的人吧！"

神真的出现了，问道："你想要什么呢？"

他急忙回答说："我想要食物和水，哪怕是很少的一份也行。"

神于是满足了他的要求。他吃饱喝足以后，又继续向沙漠深处走去，很幸运，他找到了宝藏，那些宝藏在那里散发着夺目的光彩。他贪婪地将宝藏装满了身上所有的口袋。

但是他已经没有足够的食物和水来支持他走完剩下的路。他带着宝藏往回走，由于体力不断下降，他不得不扔掉一些宝藏，他一边走一边扔，到最后把身上所有的东西都扔掉了。最后，他躺在地上，临死之前，神又出现了，问道："现在你要什么？"

他回答道："食物和水，更多的食物和水！"

财富、名利都是身外之物，生不带来，死不带去。欲望是人类天性中最大的弱点。柜子里的衣服再多，我们也只需几种就饱了；饭店里的菜再多，我们也只需要吃几种就饱了；我们的财富再多，也不能同时住在两栋别墅里，同时开两辆跑车，同时喝下两杯美酒。

快乐，更多的时候只是一种心理感受。

对于一个在建筑工地上劳累了一整天的人来说，晚上能吃碗拉面，就是一种幸福。而对于一个月收入过万的白领来说，他面对一桌子的山珍海味，却未必能高兴起来。他想到的是今天的工作压力，明天的工作挑战，老板的训斥，同事的竞争，老婆的约束，子女的未来……对于不能包容简单生活的他来说，幸福又在何方？

简单是一种纯真，是一种超越，是生命的回归，是心灵的解脱。包容简单的生活，不费尽心机地去追求那不确定的未来，珍惜实实在在的今天。自己的目标务实一些，让自己的快乐真实一些。

不计失败，收获另类成功

成功的哲学就是屡败屡战，跌倒了要有再站起来的勇气。不要因为一次跌倒，就丧失了前进的动力。失败只是对我们的一种考验，它会让我们在收获的时刻，感到更加幸福和喜悦。面对失败，我们要坚定自己的信念，拿出 10 倍的勇气与它勇敢作战。

人生就是一个舞台，我们扮演着各种角色。我们各有所爱，各有所好，各有各的理想，各有各的追求。但人们都喜欢一样东西，都渴望着一样东西，这便是成功。之所以这样，是因为人们以为成功是一种收获。的确，事实也是如此，但人们往往因为太看重成功，而忽视了失败。其实，失败也是一种收获，这种收获是迈向成功的原始积累。

失败是成功之母，是成功的基石，是一笔巨大的财富。众所周知，发明大王爱迪生一生有一千多项发明成果，但他一生的失败次数却达十几万次。

1877 年，爱迪生开始着手研究白炽灯。为此，他查阅了大量的资料，做了

20 本记录，共计 4 万多页。从中，他不仅了解了在电力照明上前人的成就和进展，也总结了前人的经验和教训。

在这段时间里，爱迪生常常通宵达旦地干，疲倦了，就把书当枕头，在实验桌上打个盹。爱迪生沿着前人的脚印先后做了许多次试验。他绞尽脑汁，历时一年多，先后用了 1600 多种矿物和金属的耐热材料，进行了上万次的实验，结果都失败了。此前，对他发明电灯，报纸上还大吹大擂，可一转眼，报纸上却开始讽刺他，说他这是白日做梦。无论是吹捧还是讥讽，爱迪生都不为所动，他毫不气馁，乐观地面对试验的失败。

有一次不知怎么回事，他的手指碰到了桌上的一堆灯捻子，他那灰色的眼睛突然一亮，便叫助手拿来几轴棉线，助手们按照他的吩咐，把棉线弯成发夹的样子，放在镍制的模型里，送到高温密闭的炉中，烧成了一根碳精丝，然后小心翼翼地把它装进玻璃泡，抽掉了灯泡里的空气，再把抽气口加以密封，一通电流，电灯便亮了，而且光线是那么明亮、柔和、稳定，成功了！

1879 年 10 月 21 日，世界上第一盏白炽灯诞生了！爱迪生发明的"夜间的太阳"使人类进入了电灯照明的新时代，这真是一个伟大的发明！这第一个"夜间的太阳"——电灯，整整亮了 45 个小时，爱迪生的助手们都唱着、笑着，就连圣诞节都没有这么欢乐、这么热闹。

后来当别人问爱迪生为什么试验失败了上万次，还能够一如既往地坚持下去，爱迪生面带笑容说："谁说我试验失败了上万次啊，每一次试验都有收获，因为我知道了那一种物质不能用来制作电灯啊。"爱迪生就是这样享受着他"失败"的试验成果，最终他也如愿以偿地发明了电灯。

失败并不可怕，可怕的是面对失败灰心丧气，在失败的打击下一蹶不振，失去一颗敢于尝试的心。而只要尝试，我们就有成功的希望和可能。如果我们能够拥有坦然面对失败的勇气，在失败中总结经验，让失败成为我们下一次开始的台阶，那么成功迟早会属于我们。失败并不一定就是件坏事，至少通过失败，我们可以看到自己的不足，充分认识到需要改进和提高的地方。在生活中，失败不可避免。失败并不可怕，关键是面对失败，我们做出怎样的反应。如果我们能够像爱迪生那样乐观地面对失败，把失败看作自己成功的一个步骤，在失败中学习，那我们迟早能叩开成功的大门。

人生道路上，并不只有成功才是收获，失败也是收获。如果人生少了失败，那将会是一种缺憾；人生有了失败，才会更加绚丽多彩。我们应该让自己习惯把遭遇的失败放下，不要因为一时的失败就让自己失去了前进的信心与斗志。其实，放下失败的刹那，我们已经收获了觉悟的成功。

知足才能常乐

一个人的欲望如果只是追求金钱或权势，他便永不能获得满足，而不满足便不能快乐。物质的快乐，不等于心灵的幸福，物质的不快乐，同样也不等于心灵的不幸福。"的确，当有些人在生活中屡屡埋怨找不到快乐的方向时，其实是他满足不了自己的欲望，不懂得知足。

老子在《道德经》中也说："祸莫大于不知足。"意思是说一个人最大的坏处就在于他不知足，奉劝人们学会知足。孟子说："养心莫善于寡欲；其为人也寡欲，虽有不存焉者，寡矣；其为人也多欲，虽有存焉者，寡矣。"说的也是清心寡欲，知足常乐的道理。一个人，活在世上，首先要学会清心，懂得知足，一个不知足的人，永远和幸福无缘。虽然这一道理人人都懂，却鲜有能真正做到者。

一生中，人们会有许多追求、许多憧憬。追求真理，追求理想的生活，追求刻骨铭心的爱情；追求金钱，追求名誉和地位。有追求就会有收获，我们会在不知不觉中拥有很多，有些是我们必需的，而有些却是完全用不着的。那些用不着的东西，除了满足我们的虚荣心外，最大的可能就是成为我们的一种负担。

古人有句话叫"大道至简"，用今天的话来说，就是"越是真理就越是简单"。著名的美籍华裔数学家陈省身先生有一个很有趣的"数学人生法则"，数学的一个重要作用就是九九归一，化繁为简。智者的简单并非因为贫乏或缺少内容，而是繁华过后的一种觉醒，是一种去繁就简的境界。简单的过程是一个觉醒的过程。大道至简，幸福的人生一定是一个去繁就简的人生，是一个节制自己欲望的人生。

财富也好，情感也罢，或是其他方面的欲望，都应把握有度，适可而止。多贪多欲，乃失败之根本。生活中，我们想要这个或那个，如果不能得到我们想要的，我们就不停地去想我们所没有的，并且保持一种不满足感。如果我们已经得到想要的，我们仅仅是在新的环境中重新创造同样的想法，因此，尽管得到了我们所想要的，我们仍旧不高兴。当我们充满新的欲望时，是得不到幸福的。

一位心理学家指出：最普遍的和最具破坏性的倾向之一就是集中精力于我们所想要的，而不是我们所拥有的。对于我们拥有多少我们似乎并不为意；我们仅仅不断地扩充我们的欲望名单，这就导致了我们的不满足感。你的心理说："当这项欲望得到满足时，我就会快乐起来。"可是一旦欲望得到满足，这种心理作用却不断重复。因而，幸福也随之变得越来越远，甚至成了一个遥不可及的梦。

幸福与物质无关，它是一种心态，一种满足感。在世俗的生活中，放下欲念的人无疑是个幸福的人。幸福，其实很简单：别勉强自己去做别人，放下欲念，知足常乐即可。

放下欲念，知足常乐是一种看待事物发展的心情，不是安于现状的追求态度。《大学》曰："止于至善。"是说人应该懂得如何努力而达到最理想的境地和懂得自己该处于什么位置是最好的。只有知足常乐，知前乐后，透析自我、定位自我、放松自我，才不至于好高骛远、迷失方向，弄得心力交瘁。

知足是一种处世态度，常乐是一种幽幽释然的情怀。知足常乐，贵在调节。做到知足常乐，良好心态就会和为人处世并驾齐驱，充满和谐、平静、适意、真诚。这是一种人生底色，当我们都在忙于追求、拼搏而找不着北的时候，放下欲念，知足常乐，这种在平凡中渲染的人生底色所孕育的宁静与温馨对于风雨兼程的我们是一个避风的港口。真正做到知足常乐，人生会多一份从容，多一些达观。

多贪多欲的人，纵然富甲天下，还是不满足，等于是个穷人，他们拥有的是痛苦的根源而非幸福的靠山；而少欲知足的人，才是真正的富人。

爱有时是一种放手

爱情不是盛开在天堂里的花朵，在这个纷繁复杂的物质社会里，爱情也常常会受到各类"病毒"的侵袭，遭遇一些或大或小的冲突。当爱情的伊甸园危机四伏时，是坚守还是突围？突围后又是否能有个灿烂的未来？越来越多的人为此举棋不定，日夜嗟叹。

"爱到尽头，覆水难收"，勉强维持没有爱情的关系是没有意义的。有时候，放手也是一种明智。一个不想失去你的人，未必是能和你一直走到老的。正是因为其占有欲太强，难免会做出各种不理智的事情。

其实，当爱情已经走到了尽头，无论你如何费尽心力去维持它，都于事无补。爱是一种自然而然的感觉，爱散了、淡了、完了，就随他去，"死缠烂打""寻死觅活"也于事无补。对于一个已经不爱你的人，坚持也没有什么意义。生命中总会有人与你擦肩而过，有人为你停留，不必苦苦抓住一个人不放。这对他或她是一种解脱，对你也是一种解脱。

芊芊曾经听妈妈讲过她和爸爸之间的爱情故事，很美、很浪漫。她为此感到骄傲：自己的父母是因为爱而结婚的！甚至在一年之前，她仍然认为他们会一直相爱到白头。可理想和现实终究是有距离的。

那是一个飘雪的冬日。清晨，她被爸妈的争吵声惊醒。她走出房门，见爸爸正在穿大衣。

"这么早，你要去哪儿？"她想拦下爸爸。"这个家已经没有我的容身之地了！"爸爸大吼着冲了出去。

妈妈倒在沙发上，无声地哭泣着。自那以后，爸妈天天吵，时时吵，刻刻吵。她不得不充当和事老的角色，不停地去平息他们的"战火"。如此持续了几个月，大家都已经筋疲力尽了。突然有一段日子，他们不再吵了，而是变得相敬如"冰"，谁都懒得多看对方一眼。爸爸日日晚归，有时整夜都不回家。妈妈还是原来的样子，照常做饭洗衣，只是郁郁寡欢，难得一笑。

一天，芊芊实在忍不住了。"你们离婚吧。你们早就想这样了不是吗？只不过碍于我而迟迟不下决定。实际上我没有你们想的那么脆弱。既然不再相爱，何苦硬凑在一起？即使你们离婚，也仍是我的爸爸妈妈，我也仍然是你们的女儿。"

妈妈哭了，这芊芊早就料到了，但她不曾想到的是，爸爸也流下了眼泪。

半个月之后，爸爸搬出了他们曾经共有的家。芊芊现在生活得很自在，她的爸爸妈妈也过得很快乐。

因为放手，芊芊的爸妈得到了解脱，因为释怀不值得再纠缠的婚姻，他们找到了各自的幸福与快乐。既然不爱了，就应该放手。

爱情没有尺度来衡量，婚姻没有标准来量化。如果爱就要学会宽容，学会等待。爱情就像做菜，适时地添加佐料才有美感。如果这份爱走到尽头，没有挽回的余地，那就放手。爱过知情重，如果实在难以割舍，那么告诉自己，放手也是因为太爱他，然后，将这份情深深地埋在心里，等待时间告诉你一切的结果——生活并不需要无谓的执着，没有什么不能被真正割舍。

婚姻不是占有，也不是付出多少就能得到多少的等价交换，有的时候我们会品尝到失去爱人的苦涩，需要明白放手也是一种爱。只有这样，你才能不为自己的执着所困惑，不为自己的妄念所痛苦，才能真正拿得起、放得下。只有这样，当你遇到飞鸟与鱼的爱情时，才能感激爱情的美好，而不是为了不能在一起而悲伤痛苦。

逝去的爱情无法挽回，再去死死地抓住不放手，也没有意义。虽然世人都希望"有情人终成眷属"，但世人总会受到很多限制，不能真的从心所欲。如果你真的爱一个人，却无法相守，你要记住：爱一个人并不是一定要得到。放开手，守望对方的幸福，也是一种真爱。

能够相爱是幸福的，但我们总会看到一些爱情的悲伤结局。要培养一份清净无染的爱，在感情上不要有得失心，这样就不会有烦恼。我们都要学着洒脱，学着接受，"爱过，就是慈悲"，爱一个人最大的幸福不是得到对方，而是让对方得到幸福。

第十二章 忍让是一种力量

忍一时之气，免百日之忧

忍让是一种度量，能克己忍让的人是智慧而有度量的，是拥有雄才大略的表现。中国人做人向来提倡"以忍为上""吃亏是福"，这是一种玄妙高深的处世哲学。这并非专指那些纵横驰骋如入无人之境，冲锋陷阵无坚不摧的英雄，而应是那些看准时局，能屈能伸的处世者。

古往今来，"忍"字堪称众多有志之士的人生哲学。越王勾践也罢、韩信也罢，都曾忍受过常人难忍之辱，最终渡过了难关，成就了大业。清代金兰生《格言联璧》中说："必能忍人不能忍之触忤，斯能为人不能为之事功。"

忍，是一种韧性的战斗，是一种永不败北的战斗策略，是战胜人生危难和险恶的有力武器。忍，是医治磨难的良方。忍人一时之疑、一时之辱，一方面可脱离被动的局面，同时也是一种对意志、毅力的磨炼。

《菜根谭》中有一句话："处世让一步为高，退步即进步的根本；待人宽一分是福，利人实利己的根基。"忍住自己的私欲、怒火，实际上是帮助你自己成就大业。

楚汉相争，刘邦由于势力较弱，经常吃败仗。汉四年，刘邦兵败，被项羽围困在荥阳。

刘邦的大将韩信亲自率领一队军马北上作战，捷报频传，接连攻下魏、赵、燕各国，最后又占领了齐国全境。

韩信派使者来见刘邦说："齐人狡诈反复，齐国又与强大的楚国为邻，如果不设王进行威慑，不足以镇压安抚齐地百姓，请大王允许我暂时代任齐王。"

刘邦一听，勃然大怒，破口大骂："我现在被围困在荥阳，日夜盼望你韩信带兵来增援，你不但不来，反要自立为王！我……"此时的刘邦只看到自己所处的危险境况，全然没有了王者该有的风度，把自己的本性暴露无遗。

正说着，刘邦感到自己的脚被人狠狠踩了一下。他发现坐在他身旁的张良向他使眼色，便止住了下面一连串骂人的话语。

张良清楚地知道韩信是当世首屈一指的将才，眼下又拥有强大的兵力，举足轻重。刘邦如果现在与韩信翻脸，会对他大大不利；反过来，如果能调动韩信的兵马，就能给楚军以沉重打击，使楚汉对峙的局面向着有利于自己的方向转变。

因此，张良靠近刘邦，悄声说："大王，韩信手握重兵，投靠大王则大王胜，投靠项羽则项羽胜，我们对他的要求要慎重考虑。"

刘邦气还没消，不高兴地冲着张良说："那你说怎么办？难道就被韩信挟持不成？"

张良说："现在我们正处于危急时刻，把关系弄僵，他自立为王，我们也毫无办法。把他逼急了，他一旦与项羽联手，大王就麻烦了！不如趁势正式立他为王，调动他的军队攻击楚军。请迅速决断，迟则生变！"

刘邦毕竟是非常聪明的人，听了张良的话，马上恢复了理智，但他故意接着刚才的口气骂道："男子汉大丈夫，要做齐王就做真齐王，做什么代齐王！"

刘邦当即下令派张良为使节，带着印绶到齐地去，立韩信为齐王，并征调韩信的军队攻打楚军。局势很快发生了重大转折：汉军由劣势向优势转变，逐渐对楚形成了包围之势。

后来，刘邦终于在垓下全歼楚军，赢得了楚汉战争的最后胜利。应该说，刘邦在隐忍方面做得非常好。如果刘邦没有隐忍，那么后果不堪设想。

"小不忍，致大灾"，"忍一时之气，免百日之忧"。古往今来，人世间多少憾事、多少不幸、多少悲剧，皆因人与人之间争强斗胜，不能相互容忍而发生。

在这个世界上，每年都有成千上万的人因个性偏激而付出了很大的代价，因不能够礼让而毁了自己的前程，因一时的冲动而结束了自己宝贵的生命。我们应该有勇气接受世界上的一切不幸和灾难，并在此基础上求生存和发展，尽可能地把这些不幸和灾难对我们造成的损失降到最低限度。如果我们不负责任地感情用事，企图以更大的代价来补偿已经付出的代价，以更大的损失来弥补已遭受的损失，那不是太和自己过不去了吗？

聪明的人总是懂得礼让，因为礼让能带来幸福。很多时候，两强相遇，狭路相逢，双方如果能够明智地各退一步，那么，大家都有条生路，还有可能赢来生命中的另一个契机。忍让，是在诠释包容中以退为进的智慧与力量。懂得忍让，可以利人利己，实现共赢。

☙ 隐忍待机，用忍耐成就未来

一位西方学者曾经说过："忍耐和坚持是痛苦的，但它会逐渐给你带来好处。"人要获得某方面的成就，必须学会忍耐。从某种程度上说，忍耐是成就事业所必需的。

很多成就都来源于忍。孔子的克己复礼是忍耐，他的思想至今在人间散发着理性的光辉，成为众人提倡的奉行之本。刘邦在取得基本胜利后广积粮、高筑墙、缓称王是忍耐，终成就一代帝业；项羽急不可待，最终却是霸王别姬，饮恨乌江。韩信甘愿受胯下之辱是忍耐。司马迁受到宫刑忍耐而出《史记》。可以说没有忍耐就谈不上真正的成功。当滕文公面临忍耐与攻击的抉择时，孟子就曾用忍道说服了滕文公，大丈夫应该懂得忍。

一次，滕文公面临强大的齐国将在邻国薛筑城时，心里非常恐慌，于是请教孟子应该怎么做。孟子回答说："昔者大王居邠，狄人侵之，去之岐山之下居焉。非择而取之，不得已也。苟为善，后世子孙必有王者矣。君子创业垂统，为可继业。若夫成功，则天也。君如彼何哉！强为善而已矣。"孟子举出了周朝先祖太王的例子，即太王为避狄人的侵犯，体恤百姓，到岐山避难。意在劝谏滕文公面临强敌时，不要与人争强斗胜，而是自己勉励为善，巩固内部，然后自立图强。

孟子在这里提出了使国家保存下来的最实用的办法，也就是忍道。当国力不够强，无法与外敌抗衡时，为了生存下去就要忍。勾践灭吴的故事就是忍道的最好体现。当他被吴国打败，困于会稽山上时，他忍了下来，自己成为夫差的马夫，妻女沦为侍婢。后来终于麻痹了敌人，使夫差放他回去。回国后，他卧薪尝胆，励精图治，终于一举灭吴。这正是勾践忍的结果。

为国要忍，为人更要忍。称得上豪杰的志士，一定有一般人所没有的度量。普通人受到侮辱，拔剑而起，挺身上前搏斗，这不能算是勇敢。天下有一种真正勇敢的人，遇到突发的情形毫不惊慌，无缘无故地对他施加侮辱也不动怒。为什么能够这样呢？因为他胸怀大志，目标高远。

人生在世，不如意事十之八九，很多方面都需要忍。事业失败需要忍耐，感情受挫需要忍耐，人生磨难需要忍耐，人际关系需要忍耐，家庭生活需要忍耐。

忍耐是一种执着，一种谋略；忍耐是一种意志，一种修炼；忍耐是一种信心，一种成熟人性的自我完善。

明代憨山大师讲："荆棘丛中下脚易，月明廉下转身难。"人生处处都是障碍，等于满地荆棘，都是刺人的。普通人的看法，荆棘丛中下脚非常困难，但是一个有决心的人，并不觉得太困难，充其量满身被刺破而已！最难的是什么呢？月明廉下转身难，要行人所不能行，忍人所不能忍，这才是最难做到的。

在人生的历程中，我们会遇到一些需要忍耐的事情，借以历练自己的心智。学会忍耐，在生命历程中实践忍耐，你就能够在不久的将来收获成功。

退不是让，而是以退为进

古语说，"临渊羡鱼，不如退而结网"。退，不代表不作为，而是以退为进，做一些着眼于长远的事，通过"退"为企业长远的"进"奠定坚实的基础。

在竞争对手众多的情况下，大多数人将面临严峻的生存与竞争环境。比如在职场中我们需要与自己的同事竞争，竞争的过程需要能力，却更需要懂得以退为进，学会避开对手的锋芒。

第二次世界大战之后不久，松下接手了一家面临倒闭的缝纫机公司。当时，他信心十足地想让公司死而复生，但由于他不善长于此方向的业务、加之竞争对手强，自感无力抗争，便立即撤了回来。当然，费了一番工夫以后退出来，财力、物力、人力都会有些损失，但总比继续毫无希望地撑下去来得划算。

松下最为震惊的"撤退"，是从大型电脑领域的撤退。故事还得从1964年说起。那时，松下在大型电脑的制造方面投入了十几亿日元的资金，并且已经研制了样机，达到了实用化的程度。可是，松下却毅然从此领域里退了出来。当时的情形是，小小的日本，有包括松下在内的7家公司都在从事大型电脑的科研开发，而市场却远不是那么乐观。如果松下要继续进行下去，势必形成恶性竞争的局面。与其两败俱伤，不如毅然放弃。经后来的事实证明，松下的这步棋走得很正确。

是进是退，关键在于分析当时的大局势，把握时机。然而，这一切都是不容易的。松下认为，准确地把握时机，全靠第六感觉。这并不神秘，因为这种第六感觉是经过长期的修炼得来的，是历尽沧桑而获得的心得。特别是对于大公司来说，更要如履薄冰，及时悟道。对此，松下的经营理念是经常向前辈、批发商、零售商、顾客等讨教，以他们的观点来检验自己的想法。

不成功绝不罢休固然是真理，但敢于撤退才是最伟大的将军。

"以退为进，天空海阔"是哲学思想的两分法在产品营销上的实践应用。换句更直接的话说，就是失与得的关系，是放弃与占有的关系，成败尽在取舍之间。

那些只盯着自己的主要竞争对手不放的人，最后只会与对手两败俱伤。既然如此，何不学学打太极拳，借力打力、以退为进呢？硬碰硬是打，以柔克刚也是打，殊途同归罢了。

当今社会，市场竞争越来越激烈，我们的生活与工作也承受着越来越严峻的考验。在这个时候，我们要懂得在忍受压力的同时，进一步磨炼自己忍耐的品质。如果自己够强大，要学会与人为善；如果他人够强，要学会退一步，避其锋芒，避免两败俱伤的局面。退让不是懦弱，懂得退让就已经收获了不同凡响的胜利。

接受生活中的变数，忍中求坚

坚忍是一种痛苦的磨炼，由于历经炼狱般的折磨而使自己铭刻于心。学会坚忍，我们就懂得宽容；学会坚忍，我们就懂得了尊重；学会坚忍，我们就理解了奋斗的意义。

生活对于我们来说，总是会充满各种各样的阻力，我们应该让自己坦然接受生活中诸多不平坦的事情。我们承认生活中的不顺利，并不意味着消极处世，正因为我们接受了这个事实，才能放平心态，找到属于自己的人生定位。

命运中总是充满了不可捉摸的变数，如果它给我们带来了快乐，当然是很好的，我们也很容易接受，但事情往往并非如此。有时它带给我们的会是可怕的灾难，这时如果我们不能学会接受它，反而让灾难主宰了心灵，生活就会永远失去阳光。

美国哲学家威廉·詹姆士曾说："心甘情愿地接受吧！接受事实是克服任何不幸的第一步。"我们应该能接受不可避免的事实。即使我们不接受命运的安排，也不能改变事实分毫，我们唯一能改变的，只有自己。面对不可避免的事实，我们不能给自己留下太多抱怨与无奈的时间，我们要尽快振作起来，用自己对困难与挫折的忍耐实现在沉默中的爆发。

但是，面对现实，并不等于束手接受所有的不幸。只要有任何可以挽救的机会，我们就应该忍受挫折，坚持奋斗。而当我们发现情势已不能挽回时，最好是不要再思前想后、拒绝面对，而要坦然地接受不可避免的事实，唯有如此，才能在人生的道路上掌握好平衡。

明白了这些，我们就会善于利用不公正来培养自己的耐心、希望和勇气。比如在缺少时间的时候，可以利用这个机会学习怎样安排一点一滴珍贵的时间，说不定会收获意想不到的成果。

生活的不公正能培养美好的品德，我们应该做的是让自己的美德在不利的环境中放射出奇异的光彩。

你也许正为一个专横的老板服务，并因此觉得很不公平，那么不妨把这看作是对自己的磨炼吧，用亲切和宽容的态度来回应老板的无情。借着这样的机会磨炼自己的耐心和自制力，转化不利的因素。而老板经过你的感化，将会认识到自己行为的不妥，从而改变对你的不公正做法。同时，你自己也将提升到更高的精神境界，一旦条件成熟，你就能进入崭新的、更友善的环境中。

外界的事物什么样，这由不得我们去选择和控制，但用什么样的态度去对待，可以由我们自己做主。面对生活中的种种不公正，能否使自己像骆驼在沙漠中行走一样自如，关键就在于自己是否有足够的坚忍，这也是成大事者的一种格局。

忍小谋大，能屈能伸

人的一生只有短短数十年，谁不想在这世上干出一番事业，留下一世英名。可是做事的人不少，能成大业者却微乎其微。为何会这样呢？因为能成事者除了要有各方面的主客观条件外，还必须具有过人的心理素质，"能屈能伸、善于忍让"便是其中之一。

孔子曾说："小不忍，则乱大谋。"意思就是如果不能忍受一时一事的干扰，不能忍住一星一点的欲望需求，则会因此而影响全局，以至于破坏即成的大事。

忍小谋大，就是要用远大的眼光来看待目前的小是小非，不计一时一事的得失，排除各种干扰，忍住各种小功利的诱惑，为实现大目标、成就大事业扫清障碍，铺平道路。

有一位在美国留学的计算机博士，辛苦学习了好几年，总算毕业了。虽说是拿到了响当当的洋博士文凭，他回国后却一时难以找到工作。每每被各大公司拒绝，这个滋味可是不好受。博士决定收起所有的学位证明，降低身份去求职。

这个法子还真灵，一家公司老板录用他做程序输入员。这活可真是太简单了，不过，博士还是一丝不苟，勤勤恳恳地干着。没多久，老板发现这个新来的程序输入员非同一般，他竟然能看出程序中的错误。这时，这位博士掏出了学士学位证书，老板二话没说，立刻给他换了个与大学毕业生相对口的工作。又过了一段时间，老板发现他时常还能为公司提出许多独到而有价值的见解，这可不是一般大学生的水平。这时，这位博士又亮出了硕士学位证书，老板看了之后又提升了他。

博士在新的岗位上干得更出色，老板觉得他还是与别人不一样，于是，把博士找到办公室，对他进行询问，这时，这位聪明人才拿出他的博士学位证书。

老板由于已经对他的水平有了全面的认识，便毫不犹豫地重用了他。凭借着他低调做事的态度，于踏实地做平凡小事的淡定，这位博士终于获得成功。

能屈能伸，善于忍让是做事必备的条件之一。"先低头，后抬头"，低调做人，低调做事，看上去是自贬身份，其实却是以退为进，每后退一步，就是多给自己留一份空间，这是做人做事的策略与机智。

我们常说"忍一时风平浪静"，可是，又有几个人能真正做到？"忍"其实就是一种自我控制，也是成功的基础，更是经过千锤百炼而形成的一种习惯。

小不忍，则乱大谋，坚忍的人懂得何时是成功的时刻，也就是爆发的时刻。因此，欲成大事，必然要有善于忍耐的心性，知道什么时候该忍耐，才能赢得职场竞争的最终胜利。

忍让有度，过犹不及

生活中，我们应该学会以隐忍、平和、共融的态度为人处世，促进并实现人生的和谐与平衡。忍可以让风波归于平静，让浮躁的心恢复平常，让大事化小小事化了。忍就是遗忘，就是将所有的伤感和烦恼抛于脑后或深埋于心底，只有这样，生活才能快乐一点。

然而，无论哪件事都不能太极端，忍让也要有度。一味忍气吞声、逆来顺受，就变成了一种懦弱。把握不好隐忍程度的人，终会吃尽其中苦。而只有懂得权衡它的人，才能维护自己正当的利益。

齐国的相国晏婴，将出使楚国。楚王知道这个消息后，便对他左右的人说："晏婴是齐国很善于言辞的人，现在正动身来我国，我想侮辱他，用什么办法呢?"左右的人出了个主意。晏婴来到了楚国,楚王举行酒宴来招待他。正当大家酒兴正浓的时候,两个差人捆着一个人,走到楚王的面前。楚王故意问道:"你们捆绑的这人是干什么的?"差人回答说:"他是齐国人,犯了偷盗罪。"楚王笑嘻嘻地望着晏婴,说:"齐国人本来就善于偷盗,是吗?"

晏婴站起身来离开座位,郑重其事地回答道:"我曾听说过这样一个故事:橘树生长在淮河以南是橘树;生长在淮河以北就成了枳树。橘树和枳树虽然长得很像,但它们结出的果实的味道却不大相同。橘子甜,枳子酸,为什么呢?由于水土不同啊!如今,在齐国土生土长的人,在齐国时不做贼,一到楚国就又偷又盗,莫不是楚国的水土使老百姓惯于做贼么?"楚王听后苦笑着说:"德才兼备的圣人,是不能同他开玩笑的,我现在是有些自讨没趣了。"

晏婴面对楚王的侮辱与人身攻击,并没有选择忍气吞声,而是坚定地给予了回击,用言论维护了自己与国家的尊严。面对他人的无理挑衅时,不要一味忍让,要懂得捍卫自己的尊严与利益。这就是这个故事告诉我们的道理。人要会忍,但需掌握分寸。分寸得当,便可保全自己的利益。分寸不当,最初的坚忍就可能成为懦弱。所以,做一个聪明的隐忍者吧,这样的生活才会更加从容和快乐。

第十三章 感谢折磨你的人，感恩折磨你的事

对生活怀有一颗感恩之心

当忙碌成为生活的主节奏，当电脑成为娱乐的替代品，当音乐成为大自然的鸟鸣，当白炽灯成为我们的太阳，当水泥地成为脚踏的土地，当微笑和友好成为一种奢侈时，我们是否有所知觉，是否更为快乐？又或者，我们已经在这个繁华的世界中迷失了自己，忘记了那些心灵深处的密语？

细细地触及，那阳光中沐浴的温暖与希望，那清新的泥土的气息，那朋友之间蓦然相逢的感动，那知己相逢的赐予，今天拥有的一点一滴的快乐和回忆，风轻云淡的纵情，甚至于身旁那最亲爱的人，那不经意间贴心的呵护……现在不妨静下心来，在静谧中倾听自己心灵深处的渴望，那些美好和热爱的，凡是我们拥有的，我们都将感谢他们，感恩他们。

是啊，能够沐浴在阳光下，能够漫步在清新的空气里，能够与久别的亲友重逢，能够与最爱的人享受点滴幸福……这世间最为平凡又最为普通的事情，却因为拥有而让我们激动而欣慰了。

"为了看看阳光，我来到这世上。"巴尔蒙特如是说。"我来到这世上是为见到太阳和高天的蓝辉。我来到这世上是为见到太阳和群山的巍巍。我来到这世上是为见到大海和谷地的多彩。我把世界囿于一瞥之内，我是它的主宰。我建立起我的幻想后战胜冷冰冰的忘怀。"

感恩是人类千年传唱的美德，洋溢着浓浓人性气息，感恩之情经久不衰。一个懂得感恩的人，会珍惜周遭的一切，并且生活得积极而快乐。英国的塞缪尔·约翰逊博士有一句名言："感恩是伟大教养的果实，你不会在粗俗的人们中

间发现这种品质。"

感恩是一种生活态度，一种处世哲学，一种智慧品德。学会感恩，这是立身做人的要求。感恩不同于一般的知恩图报，而是跳出狭隘的视野，追求健全的人格，坚定崇高的信仰，树立远大的理想。不但关心自我，注重个性发展，更关心他人、社会、国家、民族和人类的进步事业。感恩需要砥砺德行，自觉培养良好的道德和高尚的情操，不仅要学会如何做事，更要学会如何做人。

一个寺院的方丈，曾立下一个奇怪的规矩：每到年底，寺里的和尚都要面对方丈说两个字。第一年年底，方丈问新和尚心里最想说什么，新和尚说："床硬。"第二年年底，方丈又问新和尚心里最想说什么，新和尚说："食劣。"第三年年底，新和尚没等方丈提问，就说："告辞。"方丈望着新和尚的背影，自言自语地说："心中有魔，难成正果。"

"魔"，就是新和尚心里没完没了的抱怨。像新和尚这样的人在现实生活中有很多，他们总是怨气冲天，牢骚满腹，总觉得别人欠他的，社会欠他的，从来感觉不到别人和社会为他所做的一切。这种人只会心存抱怨，不会有所成就。一位哲人说，世界上最大的悲剧和不幸就是一个人大言不惭地说："没人给过我任何东西。"对生活常怀有一颗感恩之心的人，即使遇上再大的灾难也能熬过去。

因为感恩，我们愿意更好地活着，以报答这种恩情；因为感恩，我们愿意好好热爱生命，让生命的每一天都不虚度；因为感恩，我们比以往更加珍惜时间，珍惜生活中的一草一木。一个人心怀感恩，则必定能拥有真正的快乐与前进的动力。

懂得感恩，时时触摸生活的慰藉

感恩是一种处世哲学，是生活中的大智能。人生在世，不可能一帆风顺，种种失败、无奈都需要我们勇敢地面对、旷达地处理。这时，是一味埋怨生活，从此变得消沉、萎靡不振？还是对生活满怀感恩，跌倒了再爬起来？英国作家萨克雷说："生活就是一面镜子，你笑，它也笑；你哭，它也哭。"你感恩生活，生活将赐予你灿烂的阳光；你不感恩，只知一味地怨天尤人，最终可能一无所有！成功时，感恩的理由固然能找到许多；失败时，不感恩的借口却只需一个。殊不知，失败或不幸时更应该感恩生活。

感恩，使我们在失败时看到差距，在不幸时得到慰藉、获得温暖，激发我们挑战困难的勇气，进而获取前进的动力。换一种角度去看待人生的失意与不幸，对生活时时怀有一份感恩的心情，则能使自己永远保持健康的心态、完美的人格和进取的信念。感恩不纯粹是一种心理安慰，也不是对现实的逃避，它是一种歌唱生活的方式，来自对生活的热爱与希望。

感恩是一种生活的态度，是对当下生活表现出来的豁达风度，它是为困境中的人们带去快乐的源泉。

在一个小镇上，饥荒让所有贫困的家庭都面临着危机，因为对于他们来说，最起码的温饱问题都难以解决。

小镇上最富有的人要数面包师卡尔了，他是个好心人。为了帮助人们渡过饥荒，他把小镇上最穷的20个孩子叫来，对他们说："你们每一个人都可以从篮子里拿一块面包。以后你们每天都在这个时候来，我会一直为你们提供面包，直到你们平安地渡过饥荒。"

那些饥饿的孩子争先恐后地去抢篮子里的面包，有的为了能得到一块大点的面包甚至大打出手。他们心里只想着要得到面包，当他们得到的时候，立刻狼吞虎咽地把面包吃完，甚至都没想到要感谢这个好心的面包师。

面包师注意到一个叫格雷奇的小女孩，她穿着破旧不堪的衣服，每次都在别人抢完以后才去拿最后的一小块面包，她总会记得亲吻面包师的手，感谢他为自己提供食物，然后拿着它回家。

面包师想："她一定是回家和自己的家人一起分享那一小块面包，多么懂事的孩子呀！"

有一天，那些孩子和每天一样抢夺较大的面包，可怜的格雷奇最后只得到了与以往相比大约一半大小的面包，但她仍然很高兴。她亲吻了面包师的手后，拿着面包回家了。到家后，当她妈妈把面包掰开的时候，一枚闪耀着光芒的金币从面包里掉了出来。妈妈惊呆了，对格雷奇说："这肯定是面包师不小心掉进来的，赶快把它送回去吧。"

小女孩拿着金币来到了面包师家里，对他说："先生，我想您一定是不小心把金币掉进了面包里，幸运的是它并没有丢，而是在我的面包里，现在我把它给您送回来了。"

面包师微笑着说："不，孩子，我是故意把这枚金币放进最小的面包里的。我并没有故意想要把它送给你，我希望最文雅的孩子能得到这枚金币，是你选择了它，现在这枚金币是属于你的了，算是对你的奖赏。希望你永远都能像现在这样知足、文雅地生活，用感恩的心去面对每一件事。回去告诉你的妈妈，这枚金币是一个善良文雅的女孩应该得到的奖赏。"

这个女孩很单纯、很善良、很懂得感恩他人的给予。因为懂得感恩，所以哪怕拿到最小的一块面包，她也很知足、很快乐。她虽然没有长大，但是她却已经拥有了世界上最为宝贵的财富——快乐活在当下。因为，她拥有感恩的高贵品质。

要想拥有幸福的生活，就要怀有一颗感恩的心。有一颗感恩的心，才更懂得尊重，尊重生命、尊重劳动、尊重创造。有一颗感恩的心，会让我们的社会多一些宽容与理解，少一些指责与推诿，多一些和谐与温暖，少一些争吵与冷漠，多一些真诚与团结，少一些欺瞒与涣散。

而一个不知道感恩的人，只会向别人索取，而不能给予社会什么，只能是一个自私自利的人。更严重的是，他们的生活会因此而缺少许多快乐，体验不到相互给予的快乐和从为他人制造的快乐中延伸出的一种快乐。他们将无法融入社会大家庭，甚至他们的生存将会受到威胁，以致产生极端心理，做出危害社会的行为。

"滴水之恩，当涌泉相报"的原意就是告诉人们要知道回报。在一个文明的社会，知道感谢，怀有一颗感恩之心是很必要的，可促进社会各成员、群体、阶层、集团之间的关系，使人与人之间互相尊重、信任、帮助。

如果你有一颗感恩的心，你会对你所遇到的一切都抱着感激的态度，这样的态度会使你消除怨气。早上起来的时候，你看到窗外的阳光，你会感恩；接到朋友的电话，你会感恩；看到一只鸟在树上唱歌，你会感恩；看到猫咪睡在你的床头，你会感恩……你的一天乃至你的一生，就在这感恩的心情中度过，那你还有什么不幸福的呢？有一颗感恩的心，才更能体会到自己的职责。感恩，让我们能够消除更多对生活的抱怨，更加快乐地活在当下。

把苦难当成朋友

"进步是有味的，但进步也是痛苦的。"如果成功是我们人生最大的梦想，如果实现它注定要披荆斩棘、风餐露宿，我们为什么躲避而不是拥抱？如果世间的所有事情都因果相连，那么苦难的存在是否也是幸福的开始？

如果在整个生命中，总有一段路是坎坷的，我们为什么不豁然地接纳，甚至给自己寻一条更刺激、更充满波折的路去走？我们要活得更有价值，而不是在四平八稳中得过且过。这是我们自己选的路，伟大和渺小间只有一线的距离。所以，如果期待华美的生命乐章，不如勇敢地拥抱生命中的苦难，给自己一个悬崖。试试胆量，壮壮雄心，世界就会大为不同。

有一个老人在山里打柴时，捡到一只样子怪怪的鸟，那只怪鸟和出生刚满月的小鸡一样大小，也许因为实在太小了，还不会飞，老人就把这只怪鸟带回家给小孙子玩。老人的孙子很调皮，他将怪鸟放在小鸡群里，充当母鸡的孩子，让母鸡养育。母鸡没有发现这个异类，全权负起一个母亲的责任。怪鸟一天天长大了，后来人们发现那只怪鸟竟是一只鹰，人们担心鹰再长大一些会吃鸡。为了保护鸡，人们一致强烈要求要么杀了那只鹰，要么将它放生，让它永远也别回来。因为和鹰相处的时间长了，有了感情，这一家人自然舍不得杀它，他们决定将鹰放生，让它回归大自然。然而他们用了许多办法都无法让鹰重返大自然。他们把鹰带到很远的地方放生，过不了几天那只鹰又回来了，他们驱赶它，不让它进家门，他们甚至将它打得遍体鳞伤……许多办法试过了都不奏效。最后他们终于明白：原来鹰是眷恋它从小长大的家园，舍不得那个温暖舒适的窝。

后来村里的一位老人说："把鹰交给我吧，我会让它重返蓝天，永远不再回来。"老人将鹰带到附近一个最陡峭的悬崖绝壁旁，然后将鹰狠狠向悬崖下的深涧扔去。那只鹰开始也如石头般向下坠去，然而快要到涧底时它终于展开双翅托住了身体，开始缓缓滑翔，然后轻轻拍了拍翅膀，就飞向蔚蓝的天空，它越飞越自由地舒展，越飞动作越漂亮。它越飞越高，越飞越远，渐渐变成了一个小黑点，飞出了人们的视野，永远地飞走了，再也没有回来。

其实我们每个人又何尝不像那只鹰一样，对压力和困境有着难以名状的恐惧。我们总想逃脱，想找个安逸的地方躲藏起来，以为生命就可以因此安歇，养精蓄锐。其实，压力会一直存在，它不会因为躲避而与你远离。只有正视它，让它成为刺激自己的动力，才能激发自身更多的潜能。

请珍视生命中的波折，珍视它给我们的点点滴滴。无论是痛楚、忧伤还是暂时的彷徨，都要以更豁然的心胸去包容它、拥抱它，认识到它对我们的价值。

苦难是人生中用来考验我们的一份含金量最高的试卷，只有经历过苦难磨砺的人生，才会光芒四射。命运在赐予我们苦难的同时，往往也把一把开启成功之门的钥匙放到了我们的手中。我们每个人的一生都会遇到各种困难，有时甚至是不幸、厄运。拥有对生命的热爱，苦难便对我们永远奈何不了。

把苦难当成自己的朋友，笑纳苦难的伴随，才不会彼此伤害。而真正懂这一点，我们将会在高觉悟中实现高成就。

感谢折磨自己的朋友

真正的朋友是敢于折磨你的人，能够让你在神志不清醒的时候狠狠地给你一拳。在人生的旅程上，我们每个人都不能离开友情的关怀与呵护。没有朋友的人是可悲的，也是难以成就事业的。对待敌人，我们讲究要用包容的胸怀来容纳敌人的强大与不足，进而激发出自己的发展潜力。对待朋友，我们则应该明白要学会用心来交换。在生活之路中，我们感谢对手，更感谢朋友，尤其是敢于折磨你的朋友。

朋友的一拳，胜过敌人的一吻。毕竟，不论敌手如何与我们和睦相处，可在本质上依旧存在对立的竞争关系。这样的关系实际上并不牢靠。一般情况下，当你处在顺风顺水时，敌人或许会为了某一部分的利益而深深地给你一个甜蜜的吻。这个时候一定不要把自身的防线降低。或许敌人之吻的背后就是重重的一击。然而与之相对的是，无论朋友对我们的所作所为做出什么样的批评和职责，他总会在我们最困难、最需要帮助的时候伸出援手拉我们一把。所以，真正的朋友能够雪中送炭，而真正的敌人则总是喜欢笑里藏刀。

尽管在现实生活中，有一些人并不相信世界上存在永久的朋友，因为但凡出现利益冲突的时候，有些平日里的朋友可能会翻脸不认人。如果真是这样，你应该庆幸你可以从中看清虚伪朋友的面目，也可以为剩下的真朋友感到侥幸。真正的朋友不会因为我们位居高位就极力攀附，也不会在我们身处困境的时候袖手旁观、视而不见。真正的朋友会在我们人生得意的时候，为我们指出将要注意的问题，尽管这些话或许不会很好听甚至像是给自己泼了一身的凉水，但是却能够让我们不至于被得意的热度冲昏了头脑。真正的朋友在我们人生失意的时候会与我们手牵手、肩并肩地走下去，无论前行的路充满了多少坎坷与荆棘。

真正的朋友懂得用"折磨"来显示对我们的关怀。他们不会总是扮演安慰的角色，而是时刻警醒我们应该注意的不足与缺陷，应该如何做到平和地面对生活的顺境与逆境。然而敌人却喜欢在我们处在顺境的时候给予虚伪的笑脸，在我们不慎失足的时候落井下石。这是朋友与敌人的根本区别，即朋友会让你在折磨中进步，而敌人则会想方设法让你在不幸中落难。

真正的朋友带给我们的真诚与劝导就像家人般美好而温馨。我们的生活中可以没有胜利、没有财富、没有权势地位，但是却不能没有朋友，尤其是真正的朋友。即使我们天天与自己的朋友争执、拌嘴，但是不可否认朋友的信义会让我们在琐碎的争议中得到更多有利于我们为人做事的启发。

真正的朋友就像冬天里的皑皑白雪，虽然让人觉得寒冷刺骨，却预示着瑞雪兆丰年的好兆头。所以不要对朋友的直言不讳感觉到压抑，越是不好的声音才对自己的进步越有帮助。而敌人就像寒冬中呼啸的北风，只会让你酷冷至极。

对于敌人，我们不一定非要选择远离，毕竟敌人的存在会让我们时刻保持战斗的警惕性。但是我们却更应该懂得珍惜能够折磨自己的真心朋友。不要再被敌人短暂的笑容迷惑，也不要再对朋友的批评耿耿于怀。用心珍惜你身边可以直言的朋友吧，他们的"折磨"会让你不断提升自己，会让你的敌人变少，人生之路变广。

接受磨难，先苦后甜

幸福是人类追求的最后目的和至善总和，它赋给人类生命以真正的意义……我们只认为，幸福是心灵活动，由此活动而认识真理，快乐是获得心灵完美之后的一种必然反应。生命中遭遇到的一些可怖的风暴、挫折、磨难，只能使人不快乐，却没有力量使人不幸福，只看你在用怎样的心态面对这些风暴、挫折和磨难。

走在康庄大道上的人，毕竟是少数，大多数的人都是在崎岖的羊肠小道上走过自己的人生，正如歌词中唱到的那样："不经历风雨，怎么见彩虹，没有人能随随便便成功""阳光总在风雨后，乌云上有晴空"。只有经历过重重磨难的人，才能明白人生的真谛，才能体味生活的意义。

苦难，是一个人人敬畏的词语，是一种避之唯恐不及的"灾难"，每个人都希望自己的人生远离苦难，充满幸福，但苦难就像沙尘一般，总是会洒落在每个人的身上。尼采曾说："极度的痛苦才是精神的最后解放者，唯有此种痛苦，才能强迫我们大彻大悟。"苦难，是一块磨砺人心的试金石，它可以帮助人成长，也可以使人更深刻地领会幸福的甜蜜。一切的苦难，不过是人生路上崴脚的"小水坑"，它们会让我们的心灵经历尘世的洗礼，但却无法让我们的人生从此停顿。

一日，佛印与苏东坡在船上把酒话禅，突然听到喊声："有人落水了！"佛印听毕，马上跳入水中，把人救上岸来。救上来后，才发现原来落水的是一位少妇。佛印十分不解，于是便问她："你年纪轻轻，为什么要寻短见呢？"少妇回答道："我刚结婚三年，丈夫就抛弃了我，孩子也死了，你说我活着还有什么意思？"佛印又问："三年前你是怎么过的？"少妇眼前一亮，说："那时我无忧无虑、自由自在。"佛印接着问："那时你有丈夫和孩子吗？"少妇马上说："当然没有！"佛印笑了笑，说："那你不过是被命运送回到了三年前。现在你又可以无忧无虑、自由自在了。"少妇揉揉眼睛，恍如一梦。她想了想，向佛印道过谢便走了。以后，这位少妇再也没有寻过短见。

结婚三年，便被丈夫抛弃，孩子也早夭而死，这无论对谁而言，都是致命的苦难与伤痛。但佛印的话让少妇跳出了苦难的泥潭，原来一切不过是恢复到三年前的状态而已。其实，每个人总是习惯于将自己所遭遇的苦难扩大化，总是认为自己正在经历的是世间最大的痛，是一道无法跨越的鸿沟，但多年之后，当我们再回过头看时，曾经以为如天塌了般严重的事情，原来也不过尔耳。

罗曼·罗兰说："痛苦是一把犁，它一面犁破了你的心，一面掘开了生命的新起源。"不知苦痛，怎能体会到快乐？痛苦就像一枚青青的橄榄，品尝后才知其甘甜；苦难就像人生路上的一个小水坑，可能会让你崴脚，却永远也敌不过幸福的汪洋。生命在延续，苦难就必定会有终结之日，幸福的伊甸园终会降临。

苦难是每个人在人生中都需要经历的必修课程，悦纳苦难，我们将会成为人生中真正的强者，强者从来都是在风吹雨打中磨炼出来的。

笑对挫折，练就自己

在话剧界有一位著名演员，叫做波尔赫特，她在世界戏剧舞台上活跃了50年之久。但当她71岁时，却突然发现自己破产了。更糟糕的是，她在乘船横渡大西洋时，不小心摔了一跤，腿部伤势很严重，而且引发了静脉炎。

她的主治医师认为，必须把腿截去才能使她转危为安。可是，医生迟迟不敢把这个可怕的消息告诉波尔赫特，怕她承受不了这个打击。

但事实出乎医生的意料。当他最后不得不把这个消息说出来时，波尔赫特注视着他，平静地说："既然没有别的更好的办法，就这么办吧。"

手术那天，波尔赫特高声朗诵着戏里的一段台词，一副乐观的样子。有人问她是否在安慰自己，她的回答是："不！我是在安慰医生和护士，他们太辛苦了。"

手术后，波尔赫特继续顽强地在世界各地演出，又在舞台上工作了7年。

面对生活或工作上的挫折，你要像波尔赫特一样抬起头来，笑对它，相信

"这一切都会过去，今后会好起来的"。希望是不幸者的第二灵魂，乐观面对未来，是遭遇挫折时最好的自我安慰。在多难而漫长的人生路上，我们需要一颗健康的心，需要在脸上时常绽放绚烂的笑容。

在社会中生活，不要总是抱怨领导不懂得欣赏自己，同事、下属素质低，家人不争气，拖自己的后腿；要正视现实，面对现实的困境，以一种乐观的心态来对待，争取做一个快乐的老实人。

而要想获得一种乐观的心态，我们首先必须了解什么是乐观。乐观是无论在什么样的情况下，都可以保持良好的心态，在厄运中依然充满快乐的心境。乐观者通常会用快乐去感染他周围的人。心理学家对乐观的定义是，一种主观上安乐的状态——平衡而满足的内在感受。当我们拥有快乐的时候，会喜爱自己，热爱生活，能够从每一天的生活中得到乐趣。

许多看似与快乐联系在一起的因素——财富、盛名和好运——其实只是假象。研究人员发现，在富有的美国和欧洲，财富与乐观之间的相互联系微乎其微，事实上几乎没有联系，甚至连那些巨富也比普通人快乐不了多少。也就是说，真正的乐观心态，其实与外在无关，它更多的是源于内心，源于面对挫折与磨难时自己所持有的态度。

《动物世界》里，一只骆驼步履蹒跚，艰难地在烈日下行走。

解说词旁白：这是一只正在生病的骆驼，它要独自步行40多公里，去沙漠深处的水源旁采摘一种植物。据说吃下那种植物，骆驼的病很快就能好转、痊愈！生病的骆驼，居然独自走这么远的路去找药，实在可怜呀。屏幕上，骆驼默默无语地走着，好像根本就没有想过需要陪护之类的！四只蹄子分别有规律地抬起又沉重地落下，庞大的身躯忍受着阳光的烤灼和病痛的折磨而缓缓前行。孤苦吗？很疼吗？想哭吗？那就痛快地大哭一场吧。可是再细瞧骆驼的面庞，却全然没有一般人想象中的悲伤，除了倦怠，骆驼的脸上是一种平静而怡然的情态。

单调枯黄的沙漠、沉闷的天空、灼热的太阳随着镜头的推进一一浮现。生病的骆驼终于走完了寂寞的路程，找到了治病的植物。几天之后，生病的骆驼康复了，它甩开蹄子在大沙漠上快乐地奔跑游玩，充分享受着自救带来的幸福感觉。

沙漠、病痛，对于人来说，可能是生命的绝境，而骆驼却可以坦然面对，没有绝望和无助。骆驼这种乐观顽强的精神，给人很大的震撼和启发。

现代社会是一个竞争激烈的社会，如何保持乐观的心理状态相当重要。许多研究心理健康的专家一致认为，适应能力良好的人或心理健康的人能以"正视现实"的心态和行为面对挑战，而不是逃避问题，怨天尤人。

但是，在现实生活中，能够以正确的态度和行为面对挫折与挑战其实并非易事。我们可以看到周围有不少人，他们或因工作、事业中的挫折而苦恼抱怨，或因家庭、婚姻关系不和而心灰意冷，甚至有的因遭受重大打击而产生轻生的念头，生命似乎是那么脆弱。

其实，人一生中或多或少都会遇到一些意外和不如意的事情，我们能否以乐观的心态来面对是至关重要的。学会用我们的微笑赶走人生中的挫折。如果说挫折是人生的冬天，那乐观便是通往春天的桥梁。既然冬天已经来了，春天还会远么？

第十四章 有一种爱叫包容

爱人者，人恒爱之

爱的力量是相互的，要获得他人的喜爱，首先必须要真诚地喜欢他人。这种喜欢必须是发自内心的，而非另有所图。

一个人如果只关心自己，很难成为一个被人喜欢的人。要成为令人敬重的人，必须将你的注意力从自己的身上转到别人身上去。哲学家威廉·詹姆斯说："人性中最强烈的欲望便是希望得到他人的敬慕。"这句话对于"别人"也同样适用，他人也希望得到你的敬慕。如果你只是过度地关心你自己，就没有时间及精力去关心别人。别人想获得你的关心，却无法从你这里得到，当然也不会去注意你。

一个人希望被别人喜欢、敬重，必须先学会关爱别人、包容他人。要真正地去关心别人、爱别人，容忍他们不好的一面、激励他们展现最好的一面。那样，正如不求报酬做善事终会有所回报一样，别人也会加倍地关心你、爱护你。

最好的朋友是能将你内心中最好的潜质引导出来的人。你必须透过表面现象，看清一个人的真相。如果你帮助他，使他达到他内心中所期望的境界，你当然可以赢得他的敬重和信赖。如果在一个艰难的处境中，你能对一个人表现出你的理解和耐心，则不只是那个人，其他的人也同样会对你非常敬重。

你的行动和语言一样能表明思想，有时甚至比你的语言更明白、更直接。我们大都知道说话是一种与人交流的沟通方式，而没有注意到行动也是一种语言，因此使人与人之间的沟通受到阻碍。然而，我们大多数人甚至不知道如何倾听别人谈话。当别人有问题来找我们时，我们常说得太多。而且我们总是试着提出太多建议，其实大多数时候最重要的也许只是沉默，同时把耐心、宽容和爱传达给对方。

受欢迎的人大多也拥有一种特质，他们似乎知道如何去关怀被别人、使别人接受自己。谁能做到这一点，谁就能获得别人的喜爱。所以，过分以自我为中心的人总会令自己不快乐。

以自我为中心的人，常常不懂得接受自己。这种心境常会产生悲悯和受挫感。因为一个人内心感到痛苦，其他人往往会不自觉地加剧他的紧张情绪，并且他也绝不能与其他人一起获得成功。

如果我们对他人真正有兴趣，并且认为他们很重要；如果我们经常关心他们，这无疑会增加自己获得成功和幸福的概率，别人也会因此而喜欢我们。我们需要经常给需要帮助的人们提供建设性的帮助，同时具备与人沟通的技巧。知道如何帮助别人是一门艺术，一个人如果知道该怎么做的话，他必能获得别人持久的感情。

爱人者，人恒爱之。爱人者，往往能够接纳他人的不好，激发他人的优势，能够真正为别人着想。不要再抱怨自己是一个缺少爱的人，缺少爱是因为没有更好地去关爱别人。爱他人，你才能收获更多的美好、幸福与满足。

做善事不留名

《聊斋志异》里有这样一个小故事：

一个读书人做梦去参加考试，主考官是关公。关公发下题目，读书人一挥而就，其中卷子里有几句话："有心为善，虽善不赏。无心为恶，虽恶不罚。"读书人认为，一个人有心地去做好事，表现给别人看，或表现给鬼神看，虽然是好事，也没有什么值得奖励的；又例如一个人在扔掉一把不好用的旧刀时不幸伤了人，他并没有存心要伤害对方，虽然是一件坏事，也不该处罚。关公当场阅卷，拍案叫好。

这个故事说的就是"为善无近名，为恶无近刑"的道理。"为善无近名"，说的是做好事并不是为了让别人知道，如果为了做好人而做好事，为了做好事的名声，那就不算是真正的善事。"为恶无近刑"，更不是鼓励我们去做坏事。

我们应该尝试拥有做善事不留名的气度。做善事，是为了满足自己的仁慈之心，是为了向世间赐予美好，不求被发现，不求回报。但在无形间会收获到最大的回报，那就是好的名声。

小镇上有一家菜摊，平时顾客不多，因为这里的人都比较穷而买不起菜。不过，经常有些穷人家的孩子来这里转悠。可店主还是像对待大人一样与他们打招呼。

"孩子们，今天还好吧？"

"我很好，谢谢。老板，这些马铃薯看起来真不错。"

"可不是嘛。你妈妈身体怎么样？"

"还好。"

"那就好。你想要点什么吗？"

"不，先生。我只是觉得你的马铃薯真新鲜！"

"你要带点儿回家吗？"

"不，先生。我没钱买。"

"用东西交换也可以呀！"

"哦……我只有几颗赢来的玻璃球。"

"真的吗？让我看看。"

"给，你看。这是最好的。"

"看得出来。嗯，只不过这是个蓝色的，我想要个红色的。你家里有红色的吗？"

"差不多有吧！"

"这样，你先把这袋马铃薯带回家，下次来的时候让我看看那个红色玻璃球。"

"一定。谢谢你，老板。"

每次店主和这些小顾客交谈时，店主太太就会默默地站在一旁，面带微笑地看着他们。她熟悉这种游戏，也理解丈夫所做的一切。

镇上很多贫困的人家没有钱买菜，也没有任何值钱的东西可以交换。为了帮助他们，他就这样假装着和孩子们为一个玻璃球讨价还价。就像刚才的这个孩子，这次他有一个蓝色的玻璃球，可是店主想要红色的；下次他一准儿会带着红玻璃球来，到时候店主又会让他再换个绿的或橘红的来。当然打发他回家的时候，一定会让他捎上一袋子上好的蔬菜。

许多年过去了，店主因病去世。镇上所有的人都去向他告别，包括以前那些和他交换东西的孩子们。他们都已经成了社会上的成功人士。

店主太太站在丈夫的灵柩前，小伙子们走上前去，逐一拥抱她，亲吻她的面颊，和她小声地说几句话。然后，她目视他们在灵柩前停留，看着他们把自己温暖的手放在店主冰冷苍白的手上。

　　这是一位很有善心的店主，店主体谅穷人的难处，却又不直接给予施舍，因为他懂得不能够让自己的施舍与同情站在一边。他不是在同情穷人，而是一心想要帮助穷人、满足穷人们的快乐。他有一副佛陀般善解人意的好心肠，于是在他看似讨价还价的做法，却一直感动着镇上的所有人。他不会想到在他去世以后会有这么多的人来悼念他，因为他从没有想过要得到别人的报答。可是他的好心一直被人们深深地记在了心里。

　　给他人一份包容、理解与关爱，不要怕会没有回报，因为你的善名将会一直为你诠释着你的高贵。

　　我们很难估量做善事对一个人生命价值的影响。做善事并不是为了引起别人的关注，而应该真诚地爱他人，去宽慰失意的人，安抚受伤的人，激励沮丧泄气的人，至善无痕，让爱心就像玫瑰花儿一样散发芬芳。

人无大不同，皆可为善

　　人为了把世界弄个明白，总是喜欢分类。例如，把人按照地域分为了亚洲人、欧洲人、美洲人等；按照肤色分为了黄种人、黑种人、白种人；按照性别分为了男人、女人；此外，还可以按照年龄、地位等来分。在研究他们各自特点，述说他们不同的时候，有时却忽视了最重要的一点：他们都是人，一起生活在这个星球上，他们的命运有的是更多的相似之处。

　　有人说："自其异者而观之，而无往而不异；自其同者而观之，则实亦无大不同。"

　　墨子有尚同之说，而章士钊先生有尚异之说。对此，我们在见解主张上要做到"宽以居之"，对于相同或者不同的意见不用太计较。本着这样的态度去处事，也许会失败，但这种态度依然是要坚持的。

　　其实，每个人彼此之间永远都是同大于异的，只是如果你想要去挑剔不同的话，世界上并没有两片相同的叶子，你自然会找到彼此的界限；相反，只要你站在"大同"的视角上去看，那么所有的事物都可以找到共同之处，即便是处于地球两端的南极和北极也有一道地轴相连。

　　每个人的心底最深处都是善的，"最初的动机都是好的"，因此人与人都是可以相互了解、相互沟通的。我们应该懂得包容人与人之间的不同，用理解支起人与人之间友善相处的桥梁。

　　同理，在这个世界上，没有谁是"莫名其妙"的，只要我们愿意去听，就一定能够听懂。正是出于对人性本善的信念，我们更应该要与人为善，要对他人施与爱和信任。有了这样的执着信念，那么在看待尘世的污浊时，才能够拂去那些表面现象，不为它们所困扰，安静地走自己的路。

一天，村里几个年轻人凑在一起窃窃私语。

"喂，你们知道吗？在那荒岛上的一个洞穴里，每天晚上，云居禅师都在那里打坐，听说他的禅定功夫很厉害。"

"不仅如此，听说，云居禅师在打坐的时候，山上的老虎、豹子和狼从不伤害他。还为他站岗放哨，都是他的护法呢。"

"你们说得也太玄了吧？我就不信他不怕鬼。"

"要不今儿晚上，我们就来试试他的定力如何？"

于是，这几个年轻人便秘密地策划了一番。

当天夜里，天黑得伸手不见五指，月亮和星星都躲进厚厚的云层里，四周悄然无声。像往常一样，云居禅师踏着夜色，向着荒岛的洞穴走去。他点燃一支小小的蜡烛，借着烛光，慢慢地向前行进着，当他穿越前面的一片树林时，一阵冷风把手中的蜡烛吹灭了，眼前顿时一片漆黑。他正摸索着想把蜡烛点燃，突然，一双大手从树上垂了下来，死死地扣在禅师的头上。这如果是换了别人，早就吓得魂飞魄散了，但是云居禅师却纹丝不动，他屏住呼吸，站在原地入定了。这一招真是厉害，那个原本想吓唬禅师的人，却被禅师给吓着了，赶紧缩回了双手，连大气都不敢出一声。只见云居禅师松动了一下身体，便若无其事地离去了。

第二天，那几个装神弄鬼的青年人来到云居禅师的住所，试探地问道："大师，听说附近经常闹鬼，有这回事吗？"

云居禅师不动声色地说："并无此事。"

"是吗？可是我们听说，有人在晚上走路的时候被恶鬼按住了头。"

云居禅师笑了笑说："那不是鬼，而是村里的年轻人。"

"您凭什么这样说呢？"青年人追问道。

"因为恶鬼没有那么宽厚暖和的手。"云居禅师答道。

所有的水，终将流入大海；所有的叶子，终将归入土壤；而所有的人，都必定有一颗善良温暖的心。如果怀有这样的信念，那么无论遇见什么风风雨雨，都能滋养出一段美丽的人生经历。

如果一定要说人与人之间的差异，那就是人与人之间性格的差异、外貌的差异、生活方式与处世态度的差异。但是在本质上，人与人之间的相处要讲究宽容与慈爱。人无大不同，我们皆可与之为善。这就需要我们时刻怀有一颗热爱生命、关爱他人、包容他人、接纳他人的大爱之心。与不同的人为善，便会让我们在施与更多善行的同时，收获更多的自我价值。

让品格经得起风雨

林肯身材瘦弱，从外表上人们很难把他与美国总统联系在一起，而在美国人民心里，他却是分量最重的一位总统，这是由于他的精神是最为高贵的，他的形象伟岸而有力，具有先知般的能力。

林肯像马库·阿勒留斯一样深沉，像马克·吐温一样幽默。他平静而又有力，庄严而又忧郁。他像站在上帝的庙堂里一样站在白宫，他像美国所有牧师一样，为美国的自由、公正、幸福而工作。

他是一个平凡、简单而又亲切的人，他知道人性在某些地方受到了伤害，他要医治好这些创伤。1892 年在芝加哥召开了一次由各宗教界领袖参加的会议，开幕式上提到了很多领导者的名字，有保罗、弗朗西斯、路德、莱辛，而当提到林肯名字的时候，人们全体起立，报以热烈的掌声。

正因为林肯拥有美好的情操，正因为他的魅力来源于他的品格而不是外表，他的影响力才旷日持久，渗透到每个人的内心深处。在他身后，是经久不息的民主、平等的理念，而不是易逝的虚名。

品格能影响你的一生。在时间面前，外表无能为力，唯有人的品格才能经得起风雨。我们日常的所作所为足以说明我们是什么样的人，人品给人的印象是外表改变不了的，外表影响的是人的心情，品格影响的则是人的命运。善良作为一种耐人寻味的美好品格，具有非常强大的精神力量。

日本哲学家西田几多郎说过："善行就是一切以人格为目的的行为。人格是一切价值的根本，宇宙间只有人格具有绝对的价值。"品格换来的是品格，而外表只能和外表交换。做人要讲求有一颗善良的心。有了善良的心，会受到生活的眷顾；有了善良的心，思想也就纯洁无污，就不会做出奸诈险恶的事情，也就不会受到外界的诱惑。

在现在这个社会里，我们应该胸怀不求回报的善良，当你用一颗无私的心去付出时，你收获到的也将是累累的硕果。帮助他人就是帮助自己，时刻保持一颗同情心，力所能及地关心周围需要帮助的人，我们会看到人性中最美丽的花朵。

一天，一个中年妇女见自己家门口站着三位老人，便上前对老人们说："你们一定饿了，请进屋吃点东西吧！"

"我们不能一起进屋。"老人们说。

"为什么？"中年妇女不解。

一位老人指着同伴说："他叫成功，他叫财富，我叫善良。你现在进屋和家人商量一下，看看需要我们当中哪一位？"中年妇女进屋和家人商量后，决定把善良请进屋。她出来对老人们说："善良老人，请到我家来做客吧。"善良老人起身向屋里走去，另两位叫成功和财富的老人也跟进来了。中年妇女感到奇怪，问成功和财富："你们怎么也进来了？"

"哪里有善良，哪里就有成功和财富。"老人们回答说。

品格是伦理道德范畴中最基本的概念，这一概念的具体体现就是善行，就是善举，就是对社会、对他人做一些符合道德要求的、具有有益后果的事情。一个社会善行越多，那么，这个社会的道德风尚就越高，人际关系就越融洽，社会的凝聚力、亲和力就越高，这个社会就会越稳定。

不过，要真正学会行善不是一件容易的事，因为善与恶是相对立的伦理道德。那些真正的行善者都是真诚的、道德品质高尚的人。这些行善者的心是宽容的，他们待人厚道、心灵质朴，因此，常能获得人们真正的友爱。

多一份爱，多一份美好

寒冷的街头，一个衣着破烂的丹麦小女孩站在一家蛋糕店门前，看着橱窗里的大蛋糕，眼睛都直了。她已经在寒风里站了很久。

这时，蛋糕店里走出来一个漂亮的女店员："小妹妹，你是在这里等人吗？"

"不，我是在向上帝祷告，请他赐给我一块漂亮又美味的大蛋糕，"小女孩认真地抬起头问，"姐姐，你说上帝能够听见我的请求吗？"

"会的！"女店员认真地点点头，接着，她把小女孩带进了蛋糕店。小女孩看着五颜六色的蛋糕和光亮的蜡烛，一脸的美慕和陶醉。一会儿，女店员端来了一盆热水，拿了一条毛巾。她把小女孩带到一边，开始给小女孩洗手洗脸。小女孩的脸已经在外面被寒风冻得通红了，她睁着一双大眼睛看着这位女店员在她身边忙着，一脸的疑惑。到了最后，女店员用碟子端来一块大蛋糕，上面放着许多亮晶晶的果仁。小女孩迟疑地接过大蛋糕，眼眶里蓄满了泪水。女店员对小女孩笑了笑，说："小妹妹，还有什么需要吗？"

"我可以吻你一下吗？"小女孩亲了一下女店员，俯在她的耳边轻轻地问了一句："姐姐，你是上帝的妻子吗？"

这是哈佛大学印度研究所的一位老教授经常讲给人们的一个故事，告诉人们要心存仁爱。

寄予同情就像馈赠礼物一样。重要的是内心，只要拥有一颗仁爱之心，就会发现自己离上帝又近了一步。人之行善，并不是体现在喋喋不休的说教中，有时一个小小的善举也可以让你成为拯救他人的上帝。

仁爱是人性中蕴藏着的一种最柔软，但同时又是最有力量的情愫。仁爱不只是爱你所爱的人，还要用宽厚的胸怀来面对一切祸福，是一种爱人如己的智慧。以慈悲心爱众人，以责人之心责己，以恕己之心恕人，多一点关爱，少一点冷漠，这样的"温室效应"谁还会拒而不迎呢。

1979 年，诺贝尔委员会决定从 56 位候选人中选出一位除了爱之外什么都没有的人作为诺贝尔和平奖的获得者，在这次评选中，特蕾莎成为这个奖项的获得者。授奖公报对特蕾莎修女的事业给予了高度的评价："她的事业有一个重要的特点：尊重人的个性、尊重人的天赋价值。那些最孤独的人、处境最悲惨的人，得到了她真诚的关怀和照料，这种情操发自她对人的尊重，完全没有居高临下施舍的姿态。她在帮助穷人的事业中，做出了影响世界的最杰出贡献。"

在金碧辉煌的诺贝尔奖颁奖大厅里，特蕾莎修女深怀感激地对全世界说："这项荣誉我个人不配领受。今天我来接受这个奖项，是代表世界上的穷人、病人和孤独的人。"她宣布，将把得到的这笔巨额奖金全部捐献给慈善机构，全部用来为穷人和受苦受难的人谋利益。颁奖仪式结束后，特蕾莎修女得知，那天晚上还有一场为全体来宾准备的盛大宴会，总共要花费 7100 多美元。一向克己的她不禁黯然神伤，抹去了眼角的泪水，带着深深的不安向诺贝尔委员会提出了真诚的请求：取消按照惯例举行的授奖盛宴，将省下的钱用于帮助穷人。因为这是一种极大的浪费，盛宴只能供一百多位来宾享用，如果把这笔钱交给慈善机构，却可以让 1500 位穷人吃上一天的饱饭。

诺贝尔委员会很快就答应了这一请求，把 7100 百美元统统赠与了她所领导的仁爱修会。她的请求也没有得罪任何嘉宾，反而深深地打动了他们。与此同时，瑞典全国掀起了向仁爱修会捐款的热潮。自此以后，她帮助穷人的事业，得到了全世界各国人民越来越广泛的支持。获奖后，特蕾莎修女遵守了"自己为穷人、病人和孤独的人领奖"的诺言，把 19.27 万美元奖金连同那 7100 美元，全部捐给了一个为防治麻风病而建立的基金会，根本没有留下一点钱给自己。

博大的爱可以感动天地，一场盛宴在无私的爱面前不再声势浩大。无私的爱不仅可以给被爱的对象带来温暖和帮助，使其走出困境，更可以感染其他人一起献出自己的爱。特蕾莎修女用自己博大的爱和真诚感动了诺贝尔委员会，破例取消照惯例将举行的盛宴是最好的例证。

我们不一定要从事特蕾莎修女那样伟大的事业，但是至少可以形成这样的习惯：在自己过得很好时，想想那些还在困境中的人们，尽自己的所能伸出援助的手，让这个世界因为你的爱而变得更美好。

左手付出爱，右手收获爱

世上有两种人，一种乐于索取，一种乐于付出。我们给予别人的或许只是一点小小的帮助，但在他人眼里，却无异于天降甘露，甜美万分。

一个心怀包容与仁爱的人，会时刻播撒爱的种子，不会计较是否能够得到他人的感激与回报。他们喜欢去爱他人，喜欢给别人带去如获至宝的感觉。他们活着不只是为自己而活，还希望能够与更多人享受和睦的幸福。

一个匈牙利的骑士被一个土耳其的高级军官俘获了，这个军官把他和牛套在一起犁田，而且用鞭子赶着他工作。他所受到的侮辱和痛苦是无法用文字来形容的。因为那个土耳其军官所要求的赎金是出人意料地高，这位匈牙利骑士的妻子变卖了自己所有的金银首饰，典当了所有的堡寨和田产，许多朋友也捐募了大批金钱，终于凑齐了数目。匈牙利骑士总算从羞辱和奴役中获得了解放，但他回到家时已经病得支持不住了。没过多久，国王颁布了一道命令，征集人马去跟敌人作战。这个匈牙利骑士一听到这道命令，气血上涌，再也平静不下来。他无法休息，片刻难安，他叫人把他扶到战马上，参加了战斗。战争取得了胜利。

先前那位曾羞辱他、使他痛苦万分的土耳其军官变成了他的俘虏。土耳其军官被带到他的堡寨里来，一个钟头后，匈牙利骑士就出现了。他问这个俘虏说："你想到过你会得到什么待遇吗？"土耳其人说："我知道，报复！但是我怎样做你才能饶恕我呢？"

"一点也没错，你会得到报复！"骑士说，"放心地回到你的家里，回到你亲爱的人中间去吧！不过请你将来对受难的人温和一些、仁慈一些！"

这个俘虏忽然大哭起来："我做梦也想不到能够得到这样的待遇！我想我一定会受到酷刑的折磨。因此我已经服了毒，过几个钟头毒性就要发作。我必死无疑，一点办法也没有！不过在我死以前，请再让我听一次充满爱和慈悲的教义吧！它是这么伟大和神圣！让我怀着这个信仰死去吧！"

他的这个要求得到了满足。

匈牙利骑士是一个懂得给予他人慈爱的人，哪怕是曾经羞辱过自己的人，为此他得到的是他人的敬重与爱戴。他的大爱之心收到了灵魂中最纯美的回音。

灵魂最美的音乐是善良，爱心也总是能够为生命增添新的色彩。当我们用一颗虔诚而炽热的心去包容世间一切，并付出自己的一切时，心灵也能得到超脱。

有时候，我们只是给予了别人一颗善心，却能够得到对方感恩的反馈，从而听到两颗心灵跳动的声音。人与人之间彼此包容、彼此谅解、彼此关爱的心将久久地温暖着他人的心。世事就是这样，当我们左手付出爱时，便能从右手收获爱。就像我们能够在旅途所经之处播撒下各种鲜花的种子，即使我们不会再从同样的路上经过，但是这种美的传播让原野变得美丽，让道路两侧鲜花缤纷、生机盎然，让寂寞的旅人耳目一新。

愉快的心情是一种难得的体验，使我们生活的环境为此而焕然一新：轻风在驰骋，泉流在激溅，鸟儿在鸣啼，风的微吟、雨的低唱、虫的轻叫、水的轻诉，显得是那么抑扬顿挫，再加上夕阳的霞光，花儿的芬芳，高山的宏伟，彩虹的艳丽，空气的疏爽，这般令人陶醉的景象都源自爱的付出。

让爱驱逐黑暗情绪

《精神之友敌》一书中这样提到：思想观念，像别的东西一样，是同类相吸，异类相斥的。心胸为某一种思想所占领，则这种思想一定会将与之相反的思想驱逐；乐观的思想会驱除悲观，愉快会赶走悲愁，希望会赶走失望。心中充满了爱之阳光，怨憎同嫉妒的思想自然会逃走的。在"爱"之阳光下，这些黑影不能生存。

很多时候，人会被某种情绪驱使着做事。当我们被愤怒笼罩，愤怒就支配着我们的思想和言行，人们可能会因为一时的冲动做出荒唐事；当我们兴奋过头，就可能得意而忘形，丑态尽显；而当悲伤的情绪进入内心，内心就不再有快乐的情愫，人也因此消沉下来，丧失活力。精神的敌人不是真实存在的敌人，但它对我们的伤害却比真实的疼痛感要大得多。

《精神之友敌》中还提到说，每一次愤怒、自私、报复、悲秋的情绪进入我们的心胸，我们就会受到一次伤害。这伤害使我们的心境难以平复，幸福渐次递减，生命的灿烂光辉也受到打击。正因为坏情绪对我们有如此大的影响。因此，林语堂先生才说，当精神的敌人攻击我们的时候，就要用相反的思想抵抗它。当悲伤来袭，就用喜悦相迎；当软弱满溢，就用坚强回击。不断地在心中充溢善、美、爱人、助人的思想，就能抵御坏情绪的侵扰。我们要做情绪的主人，做生命的主宰，这样的人生才是鲜活有力的。

生活中不如意的事情常常发生，但我们不能总把乌云挂在脸上，把牢骚总挂在嘴边。任何时候自己都是生命的三军统帅，领导着身体内的各路大军，去战胜、消灭那些不受欢迎的敌人。

卡尔·赛蒙顿是美国一位专门治疗晚期癌症病人的著名医生。在他的从医生涯中，有这样一则有趣的故事。有一次，赛蒙顿医生治疗一位61岁的癌症病人。当时这位病人因为病情的影响，体重大幅下降，瘦到只有98磅（约合44千克），癌细胞的扩散使他无法进食，甚至连吞咽都很困难。赛蒙顿医生告诉这位患者，将会全力为他诊治，帮助他对抗恶疾。同时每天将治疗进度详细地告诉他，并清楚讲述医疗小组治疗的情形以及他体内对治疗的反应，使得病人对病情得以充分了解，并缓解不安的情绪，充分和医护人员合作。结果，治疗情形出奇地好。赛蒙顿医生认为这名患者实在是个理想的病人，因为他对医生的嘱咐完全配合，十分合作，使得治疗过程进行得十分顺利。更为关键的是，赛蒙顿医生教这名病人运用想象力，想象他体内的白细胞大军如何与顽固的癌细胞对抗，并最后战胜癌细胞的情景。结果数星期之后，医疗小组果然抑制了癌细胞的破坏性，成功地战胜了癌症。对这个完美的治疗结果，就连医生本人都感到惊讶。其实医生不必惊讶，他曾对患者说："你对自己的生命拥有比你想象的更多的主宰权，即使是癌症这么难缠的恶疾，也能在你的掌握之中。事实上，你可以运用心灵的力量来决定你的生与死。甚至，如果你选择活下去，你可以决定要什么样的生活品质。"

日常生活中也是如此，我们本可以完全控制情绪，可是却常常被一些小事所左右，在懊恼、沮丧、嫉妒、愤怒等情绪的指挥下，感到生活无味而灰暗。阴雨天气本身不能够使人抑郁，我们抑郁只是因为自己的一种心理作用。没有人能够左右自己的情绪，除了我们自己。只要学会自我控制，我们就能成为自己的主人。

但是，只要我们认定，自己的生命原本应该充溢着爱、善、真，生命就会展现出完全不同的色彩。爱人、助人、善意的思想都能够唤起生命的最高情感操守，它给予我们健康、和谐和力量。而想真正做到这一切，就要控制住自己的情绪，抵抗来自精神领域的敌人。

让爱占满我们的心胸，不要给黑暗的坏情绪以可乘之机，我们需要在一种积极情绪中，摒除自私、冷漠等的不良情绪。让爱占满心胸，让包容的智慧精髓贯彻全身。

爱需要成全，不需要报复

爱情本来是美好的，只是很多人把爱情的本质给定义错了。爱情不是一种自私的占有，而是一种理解与包容的和美。在爱情的世界中，往往是会有伤害的。因为完全不同的两个人却要因为爱的存在而天天在一起，所以两个人需要不断地磨合，在磨合中发现各自的不同与不足。只是当我们发现深爱的对方有如此多甚至大的缺点时，我们往往因为率真的个性而去抱怨。却忘记了，原来对方是与自己完全不同的一个人，不要强求对方趋近于自己的标准与意愿。

所以，在爱情的世界中，不要再去计较到底是谁伤害谁，要学会遗忘，学会释怀，学会体谅，而不是去报复。报复到头来折磨的只是自己。面对爱的伤害，即使我们不能够一笑而过，但也不要因为冲动而去寻找复仇的时机。既然爱过，何必再去计较受到的伤害呢？不要忘记伤害也是爱的组成部分。

一天早晨，王新的礼品店照常开张。当王新在店里忙着整理柜台上摆放的精美礼品时，一位脸色煞是难看的年轻人推门走了进来。这位年轻人细细看了一下店里面的礼品后，把目光锁在了一个精致的水晶乌龟身上。

"先生您好，请问您是送给您的女朋友吗？"

"不是，这个乌龟多少钱？"

"哦，50元一只。"

年轻人的脸色依旧那样难看，没有做任何的改变，而是将50元甩在了柜台上。在王新看来，买礼物送给他人应该是一件值得开心的事情，可是这位年轻人为什么看起来一肚子的愤怒呢？在好奇心的驱使下，她又问了一下："先生，您想将这个礼物送给谁呢？是您的女朋友吗？"

"不是，是我的新娘。我们明天就要结婚了。"这次年轻人终于做出了回答。

王新一听，先是一愣，婚礼的礼物怎么能够送乌龟呢？这可是有骂人的嫌疑啊。但是不一会儿，王新就隐去了疑惑的神情，她微微一笑说："先生，既然是婚礼的礼品，就需要我们精心包装一下，可是我们店里的包装盒刚好用完，请您明天早上再过来取，可以吗？"

"好，谢谢你！"年轻人说完就走了。

第二天早上年轻人来到店里取走了礼品盒，他来到了一个婚礼的现场，把礼物奉上。而婚礼的新郎并不是他，却是另外一个男人。他送完礼物就匆匆离开了现场，在家中焦急地等待新娘愤怒与指责的电话。可是出乎他的意料，新娘终于在傍晚的时候给他打来电话："真心谢谢你！谢谢你送我的礼物，谢谢你能够原谅我。"

年轻人顿时有点摸不着头脑，但是他突然间明白了什么，肯定是礼品的问题。他的礼物让她那样地感激他，她的感激让他在顷刻间感受到了爱的原谅所带来的快乐。他放下电话后飞快来到了王新的礼品店，店里面其实存放了很多的包装盒，柜台上还摆放着他选的那只水晶乌龟。

他一切都明白了，他感激地看着王新，并对她说："谢谢你，让我重新找到了自己，找回了快乐！"

原来，王新是拿包装盒不够为借口，借机将他的水晶乌龟换成了一对温馨的鸳鸯。原谅让新娘收获到了真挚的祝福，原谅也让年轻人懂得了爱情的涵义。

在爱中包容是一种风格，也是一种原谅的风度。包容，更是一种对爱的成全。

如果因为在爱的过程中受到了伤害，如果不能够与自己心爱的人厮守终生，那就学会忘记伤害，祝福曾经的爱人。选择报复，只会让自己的心志承受更大的痛苦与折磨。放飞爱的人，让他（她）找到真正的幸福，才是对自己的解脱、对爱的包容；也只有这样的人才能够真正体会爱的真谛，才会让自己的生活充满爱的存在。

赠人玫瑰，余香惠己

一位医生，在偏远的山区行医，治好一个穷苦的山里人，分文未取。后来，那山里人砍了一捆柴，不辞辛劳地走了几天山路，山一层水一重地把那捆柴背到医生家里，以谢医治之恩。殊不知，在医生所住的城市里，早已没有"烧柴"这个项目了。然而，那捆荒山中枯去的老枝，一定是那位医生在其行医生涯中，收到的最贵重、最真诚的礼物。

正如这位好心医生的经历一样，当我们送给他人玫瑰的时候，我们自己本身难免会沾染到玫瑰的香气。这就是为什么我们一直主张以一种爱的方式对待世界。因为当我们为别人付出了爱心的时候，并不是一味地给予，生活还会在某个节点上把这些爱心回赠给自己。

赠人玫瑰，手有余香，要时刻保持一颗同情心。我们不能对身处困境的人熟视无睹，那种丧失了同情心的人同时也会把自己推进冷漠的世界。帮助是不求回报的，当我们做善事而心存回报的企图时，帮助已然变味。帮助他人就应该是无私的，应该持一种大爱之心。

一枝娇美的鲜花，如果缺少阳光，就无法绽放；一部功能正常的汽车，如果没有汽油，就无法发动。同样的道理，如果得不到所需的感情关爱，我们就会远离欢乐，迷失人生的方向。换言之，当我们得到了所需的关爱，快乐就会随之而来。

在一座孤岛上，一个灯塔守护人生活了将近40年。当还是一个毛头小伙子时，他就随着父亲来到了这个孤岛。白天，父子两人出海捕鱼；晚上，就燃起篝火，为过往的轮船引航。20年后，父亲死了，他就一个人在孤岛上守护着这座灯塔。一个狂风暴雨的夜里，一艘客轮在灯塔的指引下，安全地停泊在孤岛避风处的港湾。船长上岸后，万分感激地对守塔人说："如果没有这座灯塔的指引，我这艘客船，还有满船的乘客，早就葬身海底了。作为感谢，我要带你离开这个地方，并且每月至少给你2500美元的薪水。"

守塔人笑着摇摇头。

船长大惑不解："难道你不想过安逸的生活吗？"

守塔人平静地说："想！但这里就是我的岗位。10年前遭遇风暴的船长和你一样，答应给我3000美元的薪水。可是假如我当时真的答应他离开了这里，后来的那些船只，包括你的这艘，今天还能获救吗？"船长听后，感激之言不溢言表，却也没有再强求守塔人离开。因为船长知道，守塔人的任务是要为更多的人送去光明的指引。

这位守塔人是位真正做到无私帮助他人的人。奉献是一种美德，既可以帮助身处困境中的人，又可以使自己的心灵得到安慰，使自己的修养得到提升。奉献是一种投资，当我们每个人都甘于为别人奉献自己，我们的心灵就会一直为人间的温情所滋润，我们的心灵也不会再给自私留下一片沃土。

当然，很多人在要帮助他人的时候，并不曾考虑过是否能够得到回报，只是一种发自本能的爱心驱使。爱心是人性光芒的闪耀，也是一种人格健全、心灵坦然的表现。

诚然，在快节奏的城市生活中，我们都已经习惯于忙忙碌碌地奔波，很少会有心境去体悟来自生活的哲理。于是，当你物质生活非常富足了，你的内心常常会感到孤独、冷漠。因为，人与人之间缺少了感情的纽带，人并不是仅仅为物质而活。如果你能够放缓脚步，细细品味人生，你会发现付出爱心会让你的内心充实而满足。你会获得身心的愉悦。其实，付出爱心并非都是一些扶危济困的大举动，有时只是一个非常简单的举动，诸如帮外地人指路、搭把手帮人推车之类的事情也可以给他人一份温馨、一份感动。当人们的内心里经常流淌着一股暖流，那么，一旦遇到有人需要帮助时，就会毫不犹豫地提供帮助。

　　在爱心的感染下，人们的内心都会盛开一朵香气四溢的花儿，播撒希望的种子。这种爱心的光芒能够穿越狭隘，辐射给周围的人，让整个社会都徜徉在爱的包围之中。

第十五章 悦纳当下，宽心便是幸福

给今天一个积极的笑脸

有一首世人皆知的诗，叫作《明日诗》："明日复明日，明日何其多。我生待明日，万事成蹉跎。"讲的是劝告人们珍惜眼前，珍惜当下的时光。而世人少知的是，还有一首《今日诗》："今日复今日，今日何其少。今日又不为，此事何时了。人生百年几今日，今日不为真可惜。若言始待明朝至，明朝又有明朝事。为君聊赋《今日诗》，努力请从今日始。"

昨天已经过去，明天还未到来，唯一能够让我们掌握与操控的只有今天。利用好今天，就等于留住了时间，当明天到来的时候，又是一个重新开始的今天。

从前有个年轻英俊的国王，人世间一切为世人所向往的他都拥有，但为两个问题所困扰，他经常问自己，他一生中最重要的时光是什么时候？对他最重要的人是谁？于是他宣布，凡是能圆满地回答出这两个问题的人，将和他一起分享他的财富。世界各地的哲学家们从各处赶来，但没有一个答案让国王满意。

这时有人告诉国王说，在很远的山里有一位年长的智者，也许老人能帮他找到答案。

国王扮成了一个农民，来到智者居住的简陋的小屋前，发现老人盘腿坐在地上，正在挖什么东西。国王说："老人家，你能告诉我谁是我生命中最重要的人，何时是最重要的时刻吗？"

"帮我挖点土豆，"老人说，"把它们拿到河边洗干净。我烧些水，你可以和我一起喝一点汤。"

国王以为这是对他的考验，就照做了。一连几天过去了，老人始终没有回答他的问题。

国王感到非常气愤。他拿出自己的玉玺，表明了自己的身份，并宣布老人是个骗子。

老人说："我们第一天相遇时，我就回答了你的问题，但你没明白我的答案。"

"你的意思是什么呢？"国王问。

"你来的时候我向你表示欢迎，让你住在我家里，"老人接着说，"要知道过去的已经过去，将来的还未来临——你生命中最重要的时刻就是现在，你生命中最重要的人就是现在和你待在一起的人，因为正是他和你分享并体验着生活啊。"

最重要的时刻就是现在，最重要的人就是现在与自己在一起的人。我们的生命中能有多少个今天？答案是只有一个。唯有把眼下的时光包容于心间，把现在身边与你分享今天的人视为最重要的人，才是留住时光的最好方法。

悲观的人总会认为：时间即如指间沙，留不住，悄悄逝去，他们在惆怅之中度过了今天，明天依然在继续惆怅，最终不仅没有享受到幸福与快乐，其人生也便在这惆怅中一去不返；乐观的人则会把今天当作一个全新的开始：用生命中最年轻的一天去迎接机遇与挑战，这样才有未来，才有希望。包容今天，包容易逝的时光，用心活在当下，给当下一个积极的笑脸，我们将在今天之后，迎接一个更加美好的"今天"。

顺其自然，活在当下

《庄子》提到："不忘其所始，不求其所终，受而喜之，忘而复之。是之谓不以心捐道，不以人助天。是之谓真人。"这段话的意思是，不忘记自己从哪儿来，也不寻求自己往哪儿去，承受什么际遇都欢欢喜喜，忘掉死生像是回到了自己的本然，这就叫作不用心智去损害大道，也不用人为的因素去帮助自然。

这就是人活着的价值。一切的作为，不去追究最初的动机是什么，也不要追求结果怎么样。一个人如果忘记了无始无终的时空观念，对现有的生命悠然而受之，天冷了就穿衣服，天热了就脱衣服，受而喜之，才能顺其自然，活在当下。

有个小和尚负责清扫寺院里的落叶。这是件苦差事，秋冬之际，每次起风，树叶总是随风飞舞。每天早上都需要花费许多时间才能清扫完树叶，这让小和尚头痛不已。他一直想找个好办法让自己轻松些。

后来有个和尚跟他说："你明天打扫之前先用力摇树，把落叶都摇下来，后天就可以不用扫落叶了。"小和尚觉得这是个好办法，于是隔天他起了个大早，使劲地摇树，以为这样就可以把今天跟明天的落叶一次扫干净了，他一整天都很开心。

第二天，小和尚到院子里一看，不禁傻眼了，院子里如往日一样满地落叶。

老和尚走了过来，对小和尚说："傻孩子，无论你今天怎么用力，明天的落叶还是会飘下来。"

小和尚终于明白了，世上有很多事是无法提前的，唯有认真地活在当下，才是最真实的人生态度。

佛家常劝世人要"活在当下"。所谓"当下"就是指：你现在正在做的事、待的地方、周围的人；"活在当下"就是要你把关注的焦点集中在这些人、事、物上面，全心全意认真去接纳、品尝、投入和体验这一切。活在当下是一种全身心地投入人生的生活方式。当你活在当下，你全部的能量都集中在这一时刻，生命因此具有一种强烈的张力。

人们之所以总是会有这样或者那样的麻烦，是因为人们总是生活在过去或者未来，而往往被我们所忽视或者并不予以理会的则是我们生活的"当下"。而一个真正懂得"活在当下"的人便能在快乐来临的时候就享受快乐，痛苦来临的时候就迎着痛苦，在黑暗与光明中，既不回避，也不逃离，以坦然的态度来面对人生。

美国的圣地亚哥是一个浪漫而富有魅力的城市，从它的边境走过去就是墨西哥的一个小城市。走进墨西哥，你立刻会感觉到一种十分不同的氛围，从城市面貌上讲，毫无疑问，比起邻居——幽静美丽的圣地亚哥，一个是地上，一个是天堂。贫穷落后的墨西哥，一眼看过去是尘土飞扬的马路、简陋的餐厅、卖小玩具讨钱的小孩子……

然而，游人能立刻被这里的欢乐气氛所感染，穿着朴实、热情友好的人们脸上写着喜悦，带给人一种久违的感动。不远处，个子不高的墨西哥男子三五成群地边拉手风琴，边卖烤肉，空气中弥漫着烤肉的香味。实际上，这只是当地人极为平凡的一天。

墨西哥人豪放欢快、热情洋溢、无忧无虑。他们的人生哲学是顺其自然，活着一天就享受一天的生命。相比之下，在比之更富有的国家里，人们的脸上却写着焦虑不满、严峻冷漠、不甚友好的情绪，似乎生活亏欠了他们什么。

是的，活在当下就要对自己当前的现状满意，要相信每一个时刻发生在你身上的事情都是最好的，要相信自己的生命正以最好的方式展开，你如果抱怨现状不好，不活在当下，就会失去当下。

人活在当下，应该放下过去的烦恼，舍弃未来的忧思，顺其自然，把全副的精神用来承担眼前的这一刻，因为失去此刻便没有下一刻，不能珍惜今生也就无法向往未来。

立足当下，才能抓住幸福

有一天，富人碰到穷人，问："你知道什么是幸福吗？"

穷人对自己的生活很知足，回答说："我现在的生活就很幸福。"

富人不以为然，看着穷人漏风的茅舍、破旧的衣着，说："我的生活才是真正的幸福，豪宅百间，奴仆千名，锦衣玉食，荣华富贵，你现在的生活穷困潦倒，怎能称为幸福呢？"

谁知好景不长，一场大火把富人的百间豪宅烧得片瓦不留，奴仆们各奔东西，一夜之间，富人沦为乞丐。他路过穷人的茅舍，想讨口水喝。穷人端来一大碗清凉的水，问："你现在认为什么是幸福？"

富人眼巴巴地说："幸福就是口渴时有水喝。"

每个人对幸福的理解都不同，富人在得志的时候认为生活的富足就是幸福，而在一无所有的时候才真正理解了幸福的涵义，幸福就是有口水喝，幸福就是能够快乐、满足地活在当下。

有句话这样讲"幸福的人基本相同，不幸的人各有各的不幸"。这就是说，幸福感对于每个人来讲有着一定的普适性。亦即当我们面临幸福的时候，那种心底的愉悦感和满足感基本相同。但是能让每个人感到幸福的事情却是千差万别的。"饿了甜如蜜，饱了抹蜜也不甜"就是这个道理。

幸福很简单，就是能够立足当下。幸福是一种刚刚好的感觉，是一种心底的自我满足。在幸福感的笼罩下，人们闲适惬意，能够平静地对待生活。

人不能弥补过去，也不能预测未来，唯一能做的，只有把握现在。有许多人都有并不光彩的过去，有的甚至是失败的往事，即使是世界名人、伟人也不例外。

命运的熔炉会锤炼各种各样的人，只有能经受住考验的人才能得以"百炼成金"。过去的已经过去，如果我们一味地沉浸在过去的痛苦中而忽略了现在，那么我们的整个人生都会是灰暗的。

上帝把一捧快乐的种子交给幸福之神，让她到人间去撒播。

临行前，上帝仍不放心地问："你准备把它们撒在什么地方呢？"

幸福之神胸有成竹地回答说："我已经想好了，我准备把这些种子放在最深的海底，让那些寻找快乐的人，经过惊涛骇浪的考验后，才能找到它。"

上帝听了，微笑着摇了摇头。

幸福之神思考了一会儿，继续说："那我就把它们藏在高山之上吧，让寻找快乐的人，通过艰难跋涉才能发现它的存在。"

上帝听了之后，还是摇了摇头。

幸福之神茫然无措了。

上帝意味深长地说："你选择的这两个地方都不难找到。你应该把快乐的种子撒在每个人的心底。因为，人类最难到达的地方，就是他们自己的心灵。"

的确，幸福其实不用寻找，即使需要寻找，也应该向我们的内心寻找。只要我们心在当下，懂得放下，学会知足，我们就会很幸福。

幸福藏在生活的每一个角落，套用一句俗话来讲就是："生活中并不缺少幸福，缺少的是发现幸福的眼睛。"看看当下你自己和你身边的人：家人健康，我们应该感到幸福，因为世界上还有很多可能连亲人都没见过的孤儿；有份工作，我们应该感到幸福，因为我们能自食其力，感受劳动带来的快乐；活在这个世界上，我们也应该感到幸福，因为还有那么多人没有来到这个世界上就离去了。欲望越大，幸福越远。简简单单的生活，往往蕴藏着许许多多的幸福。

不要总是埋怨幸福太难，不要抱怨上天的不公让自己失去了幸福的机会。其实只要你能够时刻放空自己，让自己感念地活在当下，便能够收获到幸福的滋味。幸福很简单，气度大的人，能够活得坦然的人，便已经很幸福。

不执着于烦恼，别跟自己过不去

一日，弘一法师来到禅堂，为众僧讲佛。十分钟后，弘一法师敲过木鱼，环视屋内众僧，只见一小沙弥额头冒汗，双手颤抖。弘一法师问其原因，小沙弥回道："方才听师父讲诵佛法，以为能课业圆满，没想到心思怎么也集中不到一点上，以至如此。"弘一法师微微一笑，双手合十道："诸生烦恼，不过是纠结过多。心在当下，又何来纷扰。"

上班下班，吃饭走路，或者挤公共汽车，有人闭目却思绪万千，有人微笑却面色憔悴；望浮云而忧人生岁月，看今朝而恼明日风雨。名缰利锁，奔忙劳累，一刻不得闲。这样的人，说来终归有些感时伤世。因为感时，故牵挂太多，明天将会如何，以后还能怎样，现在的落脚之处是否会是自己终身的陋室；因为伤世，而喜怒无常，试图寻求安宁的场所，眼见人来人往，空间被压缩，似乎连呼吸都显得如此困难。就像那个小沙弥一样，心思有碍，而不能彻悟。

在古人看来，这无疑是身心的"物役"，即为自己创造的事物所困，更为自己的精神世界所扰，想要寻得简单的生活，却终究不得。他们虽然工作着、生活着，却似一群被放逐的幽灵，生活在别处。执着于不可知的将来，于是雾非雾，花非花，朴质清新的一面也逐渐被世俗的尘埃所覆盖，不知道该往哪里去。自然万物无论怎么复杂，都是起于一物，最终落于一物。落于一物即是关照现在。执着于当下，庸人自扰似的无尽烦恼和因此而发的黯然神伤还会浮现于我们的心头吗？也唯有关照现在，执着于当下，内心才不至看似充沛实则荒芜，才可以用简单通达的心态面对错综复杂的人世。

一个女子得了重病，需要马上手术，当女子的丈夫在手术同意书上签字的时候，他的手都哆嗦了，因为他害怕手术会让他们生死两重天。手术很成功，女子听到了丈夫欣喜的喊声。可是她根本睁不开眼睛，因为全身麻醉的她药效还没有过。看着心爱的妻子苍白的面庞，丈夫极为心疼。

女子后来告诉丈夫，当手术结束后，她想大哭一场，因为她又活了过来，她又可以和他吵架了。丈夫紧握妻子的双手说：吃饭就是吃饭，睡觉就是睡觉，不许乱想、不许生气、不许生病，我要和你好好生活。女子投入丈夫的怀抱，她想握住现在。

过去的，已经过去，未来的，还没发生！也许只有当人们遭遇不幸时，才会意识到当下时光的宝贵。就像故事中那个经过手术煎熬的女子一样，她的痛哭来自于她对自己能够继续活下去的欣喜。

生活的起起伏伏总是很容易让我们回想过去，会让我们产生这样的叹息：为什么以前不那么做？为什么此刻才追悔莫及？慌乱和无措由此产生，继而对自己整个人生产生了怀疑。可是如果我们每一天都达成所愿，又何来明天之烦忧？不要跟自己过不去，不要让自己纠结过多，心在当下，才能抵挡得住外界的纷纷扰扰，才能让自己在宁静中心有所想、事有所成。

拥有生气时微笑的气度

生活就是一个大麻烦，在大麻烦的碎片下又由无数个小的麻烦组成。于是我们生活着就需要不断地与这些麻烦作斗争。斗争的过程，需要我们保持微笑的姿态，才能够将麻烦更轻易地赶走，如果一味计较，让自己总是处于生气的状态，只会让更多的麻烦缠身，于事于己都不是一件有利的事情。

生活虽然充满了酸甜苦辣咸等各种滋味，但是正因为这种不同的滋味，才让人生有机会变得丰富多彩。看开生活中的一切烦恼，不让自己陶醉在甜味生活中，学会在酸涩与苦辣人生中找到豁达。善待生活中的每一个方面，学会用平和的心态面对自己、面对他人、面对生活，让自己的脸上时刻挂着一个温暖的微笑，你就能够享受到豁达带给自己的非凡感受。

微笑就如寒冬里的一股暖风，它能够让你冰冷的、愤怒的内心得到最温柔的感化。微笑能够让人忘掉不快，想起更多人世间的美好。其实生气与微笑只有一念之间的距离，但是生气与微笑带来的意义却大相径庭。

有一位妇人脾气十分古怪，经常为一些无足轻重的小事生气。她也很清楚自己的脾气不好，但她就是控制不住自己。

朋友对她说："附近有一位得道高僧，你为什么不去向他诉说心事，请他为你指点迷津呢？"于是，她就抱着试一试的态度去找那位高僧。

她找到了高僧，向他诉说了自己的心事。她言语态度十分恳切，渴望从高僧那里得到启示。高僧一言不发地听她阐述，等她说完了，就把她领到一个禅房中，然后锁上房门，无声而去。

妇人本想从高僧那里听到一些开导的话，没想到高僧一句话也没有说，只是把她关在这个又黑又冷的屋子里。她气得跳脚大骂，但是无论她怎么骂，高僧就是不理会她。妇人实在忍受不了，便开始哀求，但高僧还是无动于衷，任由她在那里哀求。

过了很久，房间里终于没有声音了，高僧在门外问："还生气吗？"

妇人说："我只生自己的气，我怎么会听信别人的话到你这里来呢？"

高僧听完，说道："你连自己都不肯原谅，怎么会原谅别人呢？"于是，转身而去。

过了一会儿，高僧又问："还生气吗？"

妇人说："不生气了。"

"为什么不生气了呢?"

"我生气有什么用呢?只能被你关在这个又黑又冷的屋子里。"

高僧说:"你这样其实更可怕,因为你把你的气都压在了一起,一旦爆发,会比以前更加强烈。"说完又转身离去了。

等到第三次高僧问她的时候,妇女说:"我不生气了,因为你不值得我为你生气。"

"你生气的根还在,你还没有从气的旋涡中摆脱出来。"高僧说道。

又过了很长时间,妇人主动问道:"高僧,你能告诉我气是什么吗?"

高僧还是不说话,只是看似无意地将手中的茶水倒在地上,妇女终于顿悟:原来,自己不气,哪里来的气?心地透明了,了无一物,何气之有?应该在生气的时候学会微笑,用微笑的心态来面对一切可气之事。

生气是一座活火山,它爆发的时候会将一切美好化为灰烬。生活中,常有这样那样的事令我们心生愤怒,而在我们火冒三丈的时候,伤害的不仅是别人,更是我们自己。学会以豁达的心胸待人处世,不以人之犯己而动气,以坦然的微笑面对一切事、一切人,才能获得真正快乐的人生。就如在禅师的疏解下,妇人终于由一个动不动就爱生气的人转变成为了"自己不气,又何来之气"的顿悟者。这位妇人的开悟注定会让她未来的人生出现柳暗花明的转折。

何况世间万物,危害健康最甚者,莫过于怒气,"气"乃一生之主宰,与人体健康关系甚密。若"心不爽,气不顺",必将破坏机体平衡,导致各部分器官功能紊乱,从而诱发各种疾病和灾难。所以《内经》就明确指出:"百病生于气矣。"生气和发怒是身心健康的最大障碍。一个人要想生活得幸福、安然、自在,必须摆脱"嗔"的困扰。这就需要我们能够拥有在生气时记得微笑的气度。

立足长远，不被当下得失操纵

人的一生,总会有许多或大或小的成功与失败。有的人因为一时的成绩沾沾自喜,故步自封,停滞不前;有的人因为一时的失败心灰意冷,一蹶不振。人生需要立足长远,超越成败得失,塑造平常心态,以平常心面对生活与工作中的得失。

能够立足长远的人往往不会被眼下的得失绊住了前进的双脚,面对失败,他们坦然自若，面对成功，他们更能够保持十二分的清醒。尽管成功是人人向往的，但成功之后并不是什么问题都没有了，成功有时也会给人带来严重的障碍。美国著名心理学家和心理治疗医生卡瑟拉讲了这样一个病例：

在某届奥斯卡金像奖发奖仪式次日凌晨 3 点时，她被奥斯卡奖获得者克劳斯从沉睡中唤醒。克劳斯认为他所获得的成功"是由于碰巧赶上了好时间、好地方，有真正的能人在后边起了作用"的结果。他不相信自己获得奥斯卡奖是多年努力和勤奋工作的结果。尽管他的同事公认他在专业方面是最佳的，但他却不相信自己有多么出色和创新的地方。克劳斯进门后举着一尊奥斯卡奖的金像哭着说："我知道再也得不到这种成绩了。大家都会发现我是不配得这个奖的，很快都会知道我是个冒牌的。"

卡瑟拉认为，这是由于缺乏平常心，不能正确对待得失而引起的。除此之外，成功有时还会给人带来自大自负的消极后果。有的政治家取得一系列成功后，因过分自信而造成重大失误；有的作家写出一两篇佳作后，再无新作问世。有人对美国的 43 位诺贝尔奖获得者做了跟踪调查，发现这些人获奖前平均每年发表的论文数为 5～9 篇，获奖后则下降为 4 篇。造成这些现象的原因固然很多，但不能正确对待成功，不能说不是一个重要原因。只有那些不断超越成功的人，才能不断取得伟大的成就。牛顿把自己看作在真理的海洋边捡贝壳的孩子；爱因斯坦取得的成绩越大，受到的称誉越多，就越感到无知，他把自己所学的知识比作一个圆，圆越大，它与外界空白的接触面也就越大。

面对失败的时候，松下幸之助曾说："不怕失败，只怕工作不努力，态度不认真。只要你专心工作，即使失败也会有心理准备，当再度从失败中站起来时，心中必已获取了有助于日后成功的资料。"每一次失败与失去，都是一次超越的机会，逃离失败，躲避失败，就会把一个人的活力与成长力剥夺殆尽。所以，失去是超越自我的重要推动力，没有失去过的人是从来没有成功过的人。

历史告诉我们，志士仁人的生活始终充满着坎坷，他们正是以坚强的意志不断超越失败，才能从不断战胜困难中创造奇迹。在生活和工作中，无论面对怎样的失败，人都需要快速地将其摆脱，不断超越自我。在完全调动起力量的时刻，人才能达到创造的高峰，因此，应该抛弃以成败论英雄的偏见，着眼于充分发挥自己的潜力，着眼于在奋斗的过程中实现自我价值。这样，失去才会成为前进的动力。

苏联作家佩克利斯指出："人的伟大和强大正在于人能调动起自己体力、智力和情感上的潜力，始终不渝和一往无前地战胜一个又一个困难。而且，困难越大越复杂，就越能调动潜力的积极性，人的力量也就能得到最大限度的发挥。"所以，无论是在生活还是工作中，当我们遇到阻碍或不得不失去的时候，不要放在心上，要以平常心看待一切，只有这样才能超越失去所带来的收获与成功。

卸下包袱，在当下解脱

从前，有一个流浪汉在看不见尽头的路上长途跋涉，他背着一大袋沉重的沙子，一根装满水的粗管子缠在他身上。他右手托着一块奇形怪状的石头，左手拿着一块岩石，脖子上用一根旧绳子吊着一块大磨盘，脚腕上系着一条生锈的铁链，铁链上拴着大铁球，他头上顶着一个已腐烂发臭的大南瓜。

这个流浪汉一步一挪吃力地走着，每走一步，脚上的铁链就发出哗哗的响声。他呻吟着，抱怨自己的命运如此艰难，抱怨疲倦在不停地折磨着他。

正当他在炎炎烈日下艰难行走时，迎面来了一位老人。老人问："喂，疲倦的流浪汉，为什么你不将手里的石头扔掉呢？"

"我真蠢，"流浪汉明白了，"我以前怎么没想到呢？"他扔掉了石头，觉得轻了许多。

不久，他在路上又遇到一位老妇人。老妇人问他："告诉我，疲倦的流浪汉，你为什么不把头上的烂南瓜扔了呢？你为什么要拖着那么重的铁链子呢？"

流浪汉答道："我很高兴你能给我指出来，我没意识到我在做什么事。"他解开脚上的铁链子，把头上的烂南瓜扔到路边摔得稀烂。他又觉得轻了许多。但随着他继续往前走，他又感到了步履的蹒跚。

后来，他又遇到了一位小伙子。小伙子见到流浪汉十分惊异："啊，流浪汉，你扛了一口袋沙子，可一路上有的是沙子；你带了一根大水管，好像要去穿越大沙漠，可你瞧，路旁就有一条清亮的小溪，它已伴随着你走了很长一段了。"听到这些话，流浪汉又解下了大水管，倒掉了里面已经变了味的水，然后把口袋里的沙子也倒了出来。

他站在路上，看着落日沉思。落日的余晖映照在他身上。突然他看到脖子上挂着的磨盘，意识到正是这东西使他不能直起腰来走路，于是他解下磨盘，把它远远地扔进河里。他卸掉了所有负担，徘徊在傍晚凉爽的微风中，他突然发觉自己找到了心灵的归宿。

正如流浪汉所悟一样，原来生命可以不必沉重，只有在当下解脱才能让自己变得轻松起来，解脱才是快乐，只有放下身上的负担才能找到心灵的家园。

可是，生活中，人们常常给自己增添很多无形的包袱：昨天发生的事情，要及时地总结经验，并且从中吸取教训，不能忘记曾经发生过的悲伤往事；明天还没有到来，会发生什么，都是无法预料的，总是害怕则会给自己的生命增添太多负担。

如果带着过多包袱上路，注定举步维艰，只有卸下身上的包袱才可能走得更快。我们总是让生命承载太多的负荷，这个舍不得丢掉，那个舍不得丢掉，最终被压弯腰的是我们自己。放下太多的虚荣，放下太多的功利，放下金钱的压力，放下心理负担的包袱，为我们自己的肩膀减负，轻松简单地面对自己的生活。

如果生活中的人们想从这些重负中得到解脱的话，那么就学会放下心中的执着。如何放下，就是要学会遗忘。

假如有人问你还恨不恨你的仇人，你说我不恨他了，别人可能会将信将疑，但如果你的回答是说我哪有什么仇人，连自己都不记得这个人，那说明你真的解脱了，就没有烦恼了。

所以说世间的烦恼都是自找的，只有放开胸怀，才能获得解脱，才能活得快乐、幸福。如果人们想在当下解脱，那么就必须扩大自己的心量，放下心中的名和利，让以后的每一分每一秒都活得充实。放大自己的气度，看淡一切外在的烦恼，生命便有了最现实的意义。

做事不温不火

县城老街上有一家铁匠铺，铺里住着一位老铁匠。时代不同了，如今已经没人再需要他打制的铁器，现在他的铺子改卖拴小狗的链子。

老铁匠的经营方式非常传统。你无论什么时候从这儿经过，都会看到他在竹椅上躺着，微闭着眼，手里是一只半导体收音机，旁边放着一把紫砂壶。他每天的收入正够他喝茶和吃饭。他老了，已不再需要多余的东西，因此他非常满足。

一天，一个文物商人从老街上经过，偶然间看到老铁匠身旁的那把紫砂壶，因为那把壶古朴雅致，紫黑如墨，有清代制壶名家戴振公的风格。他走过去，顺手端起那把壶。

壶嘴内有一记印章，果然是戴振公的。商人惊喜不已，因为戴振公在世界上有捏泥成金的美名，据说他的作品现在仅存三件：一件在美国纽约州立博物馆；一件在中国台湾"故宫博物院"；还有一件在泰国某位华侨手里，是他1993年在伦敦拍卖市场上，以56万美元的价格买下的。

商人端着那把壶，想以10万元的价格买下它，当他说出这个数字时，老铁匠先是一惊，然后很干脆地拒绝了，因为这把壶是他爷爷留下的，他们祖孙三代打铁时都喝这把壶里的水。

虽然壶没卖，但商人走后，老铁匠有生以来第一次失眠了。这把壶他用了近六十年，并且一直以为是把普普通通的壶，现在竟有人要以10万元的价钱买下它，他转不过神来。

老铁匠有一把10万元茶壶的消息被传播了开来，他的生活被彻底打乱了，他不知该怎样处置这把壶。当那位商人带着20万元现金再一次登门的时候，老铁匠没有说什么，他招来了左右邻居，拿起一把斧头，当众把紫砂壶砸了个粉碎。

现在，老铁匠还在卖拴小狗的链子，据说他已经106岁了。

像这位老铁匠一样，能够将金钱视为身外之物的人着实有一种气魄。他只为好好活在自己的当下而感觉到满足。即使卖小狗链子赚不了几个钱，可这是他的乐趣，是生活赐予自己的平静。哪怕最后忍痛将自己的紫砂壶砸碎，也是因为他不愿意被壶所带来的困扰扰乱了自己的生活。

生活中，对人、对事、对金钱、对地位，只要我们不太去计较，那么我们真的就可以安安静静、快快乐乐地活在当下。

一位学者说："我总以为生活的目的即是生活的真享受……是一种人生的自然态度。"因此，对待外界的一切声音，若能波澜不惊，生死不畏，于无声处听惊雷，超脱眼前得失，不受外在情感的纷扰，喜怒哀乐，收放自如，就能体会到真正的自在。

就像我们平时的工作一样，总会有忙中出错受到批评的时候，也会有安排得当事半功倍获得表扬的时候。但是，无论面对赞还是毁，我们都应该持一颗平常心，保证自己高兴的时候不要得意忘形，失志的时候不要萎靡不振。要保持平和的心态，不温不火，胜不骄败不馁。

"乐而不淫，哀而不伤"，这是宠辱不惊的淡定，更是包容外在的大胸怀与大智慧。

合适的才是最好的

　　知足不是自满、自负，不是装饰、自谦，而是知荣辱，乐自然。知足的人能对可实现的欲望付诸奋斗，在自我能力达到的范围之内去要求自己，而不是刻意强迫自己去完成一些无法完成的事。自觉地知足，对浮华的欲望望而止步，才是心平气和、享受生活之乐的秘诀。

　　一位哲人到乡间拜访朋友。他的朋友住在一栋非常豪华的别墅里。一年前，它是附近最漂亮的房子。那个朋友闷闷不乐，哲人问他："什么事使你不快乐？"朋友告诉他是因为对面的邻居刚盖起来一栋巨大的花岗岩别墅，那栋房子比自己的房子漂亮。他们正交谈的时候，对门的邻居来访，邀请他们共进晚餐。哲人立刻就答应了。

　　但朋友说："噢，不行，我晚上还有一个约会，我太忙了！"等邻居走了，哲人就问朋友："你一点也不忙呀！你晚上有约会吗？"朋友说："不，我晚上没有约会，我也不忙，但是从今天起我就要忙起来了。在我还没有盖好一栋比他的房子更大的房子前，我绝不会走进他的房子。你等着瞧，等我盖好一栋更大的房子，我会走进他家，邀请他来和我共进晚餐。"

　　只有知足，才会感到永久的满足。可偏偏有人总像故事中的那个人一样，希望能拥有比现在更好的东西，于是常与别人进行攀比。其实，每个人有自己的活法，每个人有自己的世界，你不用羡慕别人的生活。有车有房的人，也许正在为还银行贷款而发愁；收入不菲的人，可能他的生活特别劳累；四处休假的人，可能是为了躲避债务。人应该懂得如何努力而达到最理想的境地、懂得自己该处于什么位置是最好的。

　　有两只老虎，一只在笼子里，一只在野地里。在笼子里老虎三餐无忧，在外面的老虎自由自在。两只老虎经常进行亲切的交谈。笼子里的老虎总是羡慕外面老虎的自由，外面的老虎却羡慕笼子里的老虎的安逸。一日，一只老虎对另一只老虎说："咱们换一换。"另一只老虎同意了。于是，笼子里的老虎走进了大自然，野地里的老虎走进了笼子。从笼子里走出来的老虎非常高兴，在旷野里拼命地奔跑；走进笼子的老虎也十分快乐，它再不用为食物而发愁。

　　但不久，两只老虎都死了。一只是饥饿而死，一只是忧郁而死。从笼子中走出的老虎获得了自由，却没有同时获得捕食的本领；走进笼子的老虎获得了安逸，却没有获得在狭小空间生活的心境。

　　如果你正在羡慕别人的生活，不妨好好体味一下上面这个故事。合适的才是最好的。许多时候，人们往往对自己的幸福熟视无睹，却觉得别人的幸福很耀眼。想不到，别人的幸福也许对自己不适合，更想不到，别人的幸福也许正是自己的坟墓。

　　这个世界多姿多彩，每个人都有自己的位置，有自己的生活方式，有自己的幸福，何必羡慕别人？把自己所有的看在眼里，存在心里，自觉地知足、自觉地快乐，自觉地安心享受自己的生活和自己的幸福，好好经营，就能拥有一个最真实、最与众不同的人生。

　　然而这种知足不是刻意、不是强制自己去接受当下的生活，而是要让自己养成悦纳当下的习惯，这样才能自觉地知足、自觉地快乐。